TRANS GENERO

Lacan e a diferença dos sexos

PATRICIA GHEROVICI

Copyright@2021 por Éditions Stylus
Título original: *Transgenre: Lacan et la différence des sexes.*

Publicado com a devida autorização e com todos os direitos reservados à Aller Editora.

É expressamente proibida qualquer utilização ou reprodução do conteúdo desta obra, total ou parcial, seja por meios impressos, eletrônicos ou audiovisuais, sem o consentimento expresso e documentado da Aller Editora.

Editora	Fernanda Zacharewicz
Conselho editorial	Andréa Brunetto • *Escola de Psicanálise dos Fóruns do Campo Lacaniano* Beatriz Santos • *Université Paris Diderot — Paris 7* Jean-Michel Vives • *Université Côte d'Azur* Lia Carneiro Silveira • *Escola de Psicanálise dos Fóruns do Campo Lacaniano* Luis Izcovich • *Escola de Psicanálise dos Fóruns do Campo Lacaniano*
Tradução	Cícero Oliveira
Revisão técnica	William Zeytounlian
Capa	Wellinton Lenzi
Ilustração de capa	*Alchemic n. 1*, de Cassils, 2017.
Diagramação	Sonia Peticov

1ª edição: fevereiro de 2024

Dados Internacionais de Catalogação na Publicação (CIP)
Ficha catalográfica elaborada por Angélica Ilacqua CRB-8/7057

G342t   Gherovici, Patricia

        Transgênero: Lacan e a diferença dos sexos / Patricia Gherovici. -- São Paulo: Aller, 2024.
        288 p.

        ISBN 978-65-87399-62-1
        ISBN *ebook*: 978-65-87399-63-8

        1. Psicanálise 2. Pessoas transgênero 3. Lacan, Jacques, 1901-1981 I. Título

23-6635   CDD: 150.195
                                                       CDU 159.964.2

Índice para catálogo sistemático
1. Psicanálise

Publicado com a devida autorização e com todos os direitos reservados por

ALLER EDITORA
Rua Havaí, 499
CEP 01259-000 • São Paulo — SP
Tel: (11) 93015-0106
contato@allereditora.com.br

 Aller Editora • allereditora

Sumário

Agradecimentos — 5

Prefácio — 9

Introdução — 19

CAPÍTULO UM
Transamérica — 37

CAPÍTULO DOIS
Despatologizar as pessoas trans — 49

CAPÍTULO TRÊS
O gênero no liquidificador — 62

CAPÍTULO QUATRO
Por um retorno do sexo — 74

CAPÍTULO CINCO
Um estranho casal: psicanálise e sexologia — 84

CAPÍTULO SEIS
Mudar o gênero, mudar a psicanálise — 95

CAPÍTULO SETE
Uma experiência natural — 105

CAPÍTULO OITO
Do transe ao trans na revisão da histeria por Lacan — 118

CAPÍTULO NOVE
Simulação, expressão e verdade — 128

CAPÍTULO DEZ
A doce ciência da transição — 145

CAPÍTULO ONZE
A singular universalidade das pessoas trans — 155

CAPÍTULO DOZE
Retratos em um espelho unidirecional — 172

CAPÍTULO TREZE
A beleza do sexo plástico — 184

CAPÍTULO CATORZE
Este objeto obscuro: da beleza ao excremento — 206

CAPÍTULO QUINZE
O escatólogo de Freud — 223

CAPÍTULO DEZESSEIS
A arte do artifício — 234

CAPÍTULO DEZESSETE
Clínica do clinâmen — 241

CAPÍTULO DEZOITO
Tornar a vida vivível — 253

CAPÍTULO DEZENOVE
Transtornos do corpo — 269

Coda — 283

Agradecimentos

Não posso citar as pessoas que tive em análise, mas quero agradecer a todas por tudo que elas me ensinaram e continuam me ensinando. Obrigada por me orientarem sobre como reorientar uma cura. Agradeço particularmente à falecida Diana S. Rabinovich, que desempenhou um papel decisivo, lançando-me em minhas primeiras explorações sobre a histeria e a transgeneridade. Sou grata a Manya Steinkoler e Jamieson Webster, pela amizade, incentivo incansável e apoio intelectual.

Obrigada a Geneviève Morel por ter me convidado várias vezes para participar dos eventos organizados pela *Savoirs et Clinique* e pelo CRIMIC[1] da Sorbonne em Paris, onde pude compartilhar meu trabalho e testar algumas de minhas hipóteses. Seu rigor intelectual me ajudou a formular certas análises de maneira mais convincente. Minhas conversas com Renata Salecl, Dany Nobus, Nestor Braunstein, Paola Mieli, Lázaro Lima, Nora Markman, Bruce Fink, Deborah Luepnitz, Colette Soler, Russell Grigg, Jean Allouch, Avgi Saketopoulou, Leo Bersani, Philippe Van Haute e Paul Verhaeghe provaram ser uma fonte de inspiração no decorrer das inúmeras etapas deste livro.

Sou muito grata ao programa New Directions, do Washington Center for Psychoanalysis, por me pedir para apresentar ao programa *Queering the Couch*, em que pude discutir alguns dos elementos que contribuíram para a primeiros passos deste livro. Tenho a sorte de ter tido a oportunidade de ser palestrante na Gay Pride 2012 em Dublin, onde pude compartilhar, com militantes trans, algumas das ideias subjacentes a este livro. Certas discussões

---

[1] Nota do tradutor: Centre de Recherches Interdisciplinaires sur les Mondes Ibériques Contemporains.

amigáveis com Carol Owens, Olga Cox Cameron, Ray O'Neill e Eve Watson provaram ser muito úteis no desenvolvimento de alguns dos meus conceitos.

Minhas entrevistas com Edward Helmore, em 25 de abril de 2015, para o *The Guardian*, Brandon Baker para o *Philly Voice*, em 13 de maio de 2015, Cassandra Seltman, em 8 de fevereiro de 2016, para o *Los Angeles Review of Books*, e Rose Hackman, em 9 de junho de 2016, para o *The Guardian*, foram um estímulo maravilhoso e abriram novas perspectivas em minha compreensão da experiência das e dos transexuais dentro de um quadro cultural mais amplo.

Beneficie-me muito dos generosos convites para apresentar meu trabalho em andamento. Sou grata pelas oportunidades que tive de pôr à prova e discutir muitas das ideias apresentadas neste livro. Agradeço especialmente a Sheila Cavanagh, do Graduate Program in Women's Studies, Canadá; a Lee Damsky, John Muller e Marilyn Charles, do Austen Riggs Center; a Liliane Weissberg, da Universidade da Pensilvânia; a Mavis Himes da Speaking of Lacan, em Toronto; a Vaia Tsolas da l'Association for Psychoanalytic Medicine, Graduate Society of the Columbia University Center for Psychoanalytic Research and Training; a Joan Copjec e Tim Dean, do Center for the Study of Psychoanalysis and Culture da Universidade de Buffalo, da Universidade Estadual de Nova York; a Todd Dean, da St Louis Psychoanalytic Society; Robin M. Ward, da Philadelphia Society for Psychoanalytic Psychology; a Miguel Caballero Vazquez, do Princeton Psychoanalysis Reading Group, da Universidade de Princeton; a Donna Bentolila da South East Florida Association for Psychoanalytic Psychology, na Flórida; a Laurie Laufer, Monique David-Ménard e Beatriz Santos da Universidade Paris-Diderot; a Vivian Eskin, do Psychoanalytic Training Institute of the Contemporary Freudian Society, em Nova York; a Chiara Bottici, da New School for Social Research, em Nova York; a Fanny Chevalier e Isabel Fernandez na Universidade Aix-Marseille em Aix-en-Provence; a Jennie Hirsh no Maryland Institute of Contemporary Art; a Rolf Flor e Marcos Cancado no Boston Study Group; a Martine Aniel, Jeanne Wolf Bernstein e Deborah Melman, no Psychoanalytic Institute of Northern California, em São Francisco; a Gabriel Rockhill, no Critical Theory Workshop da Universidade Paris-Sorbonne; a Anouchka Grouse no Centre for Freudian Analysis and Research, em Londres; Danielle Dronet e Valentino Zullo, no Cleveland Psychoanalytic Center; a Sheri Perlman e Anna Fishzon, no l'Institute for Psychoanalytic Training and Research, em Nova York.

Enriqueci-me muito com as discussões estimulantes e a atmosfera dinâmica do Philadelphia Lacan Study Group; as pessoas que participam dele foram interlocutores inestimáveis — elas sabiam como fazer perguntas relevantes e fazer objeções úteis.

Versões preliminares de partes dos capítulos V, VI e VII foram publicadas sob o título "Psychoanalysis Needs a Sex Change" [A psicanálise precisa de uma mudança de sexo] (*Gay & Lesbian Issues and Psychology Review*, vol. 7, nº1, 2011). Partes dos capítulos VIII e IX foram incorporadas em "How to Be a More Perfect Hysteric" [Como ser um histérico mais perfeito] (*European Journal of Psychoanalysis*, nº3, 2015). Pequenas partes do capítulo IX apareceram em "Lacan's Hysterization of the Unconscious: From Simulation to Stimulation" [A histerização do inconsciente de Lacan: Da simulação ao estímulo" (*Analysis*, nº15, 2009) e "Where Have the Hysterics Gone? Lacan's Reinvention of Hysteria" [Para onde foram os histéricos? A reinvenção da histeria de Lacan] (*ESC English Studies in Canada* 40, nº1, março de 2014, p. 47-70).

Passagens do capítulo XVI foram publicadas em "The Art of the Symptom: Body, Writing and Sex-Change" (em *A Concise Companion to Psychoanalysis, Literature and Culture*, publicado por Laura Marcus e Ankhi Mukherjee, Wiley Blackwell (Oxford, 2014). Partes do capítulo XVI foram integradas em "El escato-logos de Freud. Mojones de cultura" [O escato-logos de Freud. Cocôs de cultura] (em *Freud: A cien años de Totem y Tabú. 1913-2013*, publicado por Nestor Braunstein, Betty Fuks e Carina Basualdo (Siglo XXI, México, 2013). Partes do capítulo XVII foram retomadas em "Clínica do clinâmen, matéria e modo de amarração transexual" (*Savoir et Clinique: Revue de psychanalyse*, nº16, 2013), "Jacques Lacan, materialista". Uma passagem do capítulo XIX aparece em "*Born This Way*: a América posta à prova da transgeneridade" em *Genre et psychanalyse. La différence des sexes en question* (publicado por Jean-Jacques Rassial e Fanny Chevalier, Érès, Toulouse, 2016). Uma seção do capítulo XI foi publicada como "Lacans Gender Trouble: Henri und Michel H" (em RISS — *Zeitschrift für Psychoanalyse*, nº 91,

TRANS, 2019, p. 43-58). Partes do capítulo XIV foram integradas a "Quando o transgênero é psicótico? Lacan e a ética da diferença sexual" (em *Faces do sexual: Fronteiras entre gênero e inconsciente* (Rafael Kalaf Cossi (org.), Aller Editora: São Paulo, Brasil, 2019, p. 99-127) e "Transgender Expressions and Psychosis: Towards an Eethics of Sexual Difference" (em *British Journal of Psychotherapy*, vol. 35, nº3, 2019, p. 417-430). Versões preliminares de partes do capítulo II e da conclusão foram publicadas em "Transpsychoanalysis" (em *philoSOPHIA*, vol. 9, nº1, inverno de 2019, p. 147-151). Uma versão remanejada do capítulo XII foi publicado sob o título de "La 'réelité' du corps trans, entre beauté e plasticité" (em *La Clinique Lacanienne, La pluralité des genres? C'est l'heure de l'inventaire*, nº31, 2020, p. 55-76).

Todos esses trechos foram extensivamente revisados antes de serem incluídos neste livro. Agradeço aos editores e editoras dessas publicações por me permitirem usar este material.

Todos os esforços foram feitos para contatar os detentores dos direitos autorais para obter permissão para reimprimir os excertos presentes neste livro. A editora se coloca à disposição de qualquer detentor de direitos autorais não citado aqui e nos comprometemos a corrigir quaisquer erros ou omissões em futuras edições deste livro.

Prefácio

por Rafael Kalaf Cossi

Existe um ímpeto patologizante que marca a história da psicanálise. Patricia Gherovici, à medida que aponta seus problemas e nos mostra as péssimas escolhas de alguns de seus expoentes, nos orienta na direção de uma clínica renovada. Junto à discussão teórica, somos agraciados com algo que infelizmente não nos é tão comum, a prática pessoal do analista — Gherovici, corajosamente, fala muito da sua própria clínica, apresenta seus casos e a direção de tratamento que assume. Ao situar o leitor na atualidade do debate, reporta-se aos trabalhos de importantes autores contemporâneos — de Alenka Zupančič e Geneviève Morel, a Gayle Salamon e Patricia Elliot. Dialoga com a psicanálise relacional de Steven Mitchell e a mais difundida teoria das relações de objeto; assim como explora outros campos. O gênero virou mais um produto a ser consumido, um produto de mercado? — o Facebook oferece 56 opões! Qual a participação dos meios de comunicação e da tecnologia na dinâmica dos gêneros? As fronteiras são politicamente administradas: entre o normal e o patológico; o privado e o público; o legítimo e o ilegítimo.

Gherovici é atenta ao que se passa na mídia. A autora analisa desde divulgações jornalísticas de transição de gênero de pessoas célebres, séries de *streaming*, produções artísticas, filmes e documentários às campanhas publicitárias e desfiles de moda protagonizados por pessoas transgênero. As imagens propagadas por esses veículos inevitavelmente nos atingem — por sinal, quais seriam os estereótipos que a grande mídia constrói e dissemina sobre as identidades trans?

Se a curiosidade do público é incitada pelo que haveria de exótico — "o que se passa com essas pessoas? como assim querem abrir mão dos seus órgãos genitais? são loucos? como é a vida sexual delas? o que aconteceu para chegarem a esse ponto?" — deveríamos abandonar o sensacionalismo em prol de uma discussão mais humana que destaque a opressão, a violência, o preconceito e o sofrimento psíquico alarmantes de que padecem. A ênfase na excentricidade desfavorece a discussão sobre empregabilidade, proteção jurídica e acesso à assistência médica. Se há de considerar o lado positivo dessa exposição — já que pode contribuir para uma maior representatividade das pessoas trans e para que nos habituemos com a irrevogável fluidez e artificialidade do gênero —, essa maior visibilidade deveria favorecer sobretudo o debate em políticas públicas. E nesse debate mais amplo, Gherovici adverte, deve-se sempre levar em conta os fatores classe social e raça — dentro do universo trans, mulheres trans pobres e pretas tendem a estar em maior situação de vulnerabilidade.

Fazendo uso do prisma interseccional, em âmbito psicanalítico mais conceitual, somos provocados a questionar o estatuto da diferença sexual em relação a outras modalidades de diferença. Gherovici recupera a inquietação de Joan Copjec. Para Gherovici, o sexo deve ser simbolizado e o gênero, encarnado. A diferença sexual para a psicanálise não seria estabelecida como um elemento determinado fisiologicamente nem seria contida por construções discursivas — pelo contrário, apontaria justamente para uma falha na significação. A diferença sexual portaria uma modalidade de diferença cuja engrenagem seria a mesma em operação na diferença de raça ou classe? A suposta imutabilidade da raça seria contraposta à plasticidade do gênero? O caráter desestabilizador e contingencial do gênero posto em evidência na transexualidade contribuiria em que medida para o exame de outros marcadores de diferença?

O papel tecnologia é outro ponto polêmico interpelado. Donna Haraway já destacara o quanto a tecnologia está irrevogavelmente presente nos nossos corpos: cirurgias plásticas, implantes dentários, lentes de contato oculares, próteses para deficientes físicos, aparelhos auditivos, administração de hormônios etc. Sendo assim, por que se critica tanto a legitimidade das intervenções hormonocirúrgicas — "tecnológicas" — na transexualidade? Por que alguns as veem como um capricho ou sinal de loucura? Deveriam ser encaradas como uma intervenção em prol da saúde — e como tal, financiadas pelo Estado — ou como um mero evento estético?

PREFÁCIO

Gherovici nos lembra que, em 2014, Angelina Jolie optou por amputar cirurgicamente seus seios — saudáveis — e reconstruí-los com implantes. Seu objetivo teria sido evitar problemas que poderia vir a ter decorrentes de herança genética. Em que medida este tipo de solicitação cirúrgica difere da demanda por cirurgias de redesignação sexual? Em ambos os casos, tratar-se-ia de uma questão de vida ou morte, e não da requisição por cirurgias plásticas embelezadoras ou reparadoras. Para as pessoas trans, segundo Gherovici, o que está realmente em jogo não uma questão estética, mas existencial: uma afirmação do ser que teria uma função ética.

Ainda sobre os avanços tecnológicos, Henry Frignet, em *O transexualismo*, afirmava que "o que permitiu o nascimento do fenômeno do transexualismo encontra sua origem nas possibilidades abertas, a partir do início do século XX, pelo progresso dos conhecimentos endocrinológicos no âmbito do sexual e das técnicas de tratamentos hormonais"[1]. Hoje, uma assertiva como essa se torna muito suspeita — haja vista que nem todas as pessoas que se reconhecem como trans solicitam esse tipo de intervenção médica. Neste quesito, como reavaliar a clássica consideração de notórios psicanalistas — como Marcel Czermak e Moustapha Safouan —, de que a pessoa trans, por não reconhecer o verdadeiro caráter da diferença sexual — simbólico — tentaria fazê-la se inscrever no real do corpo via procedimentos médicos? Para tais psicanalistas, a tecnologia ofereceria recursos que se prestariam — em vão — fazer as vezes duma operação estritamente simbólica. Duas indagações aqui: o transexual estaria "fora do sexo", como alegava Catherine Millot? Em que medida a existência da transexualidade enquanto fenômeno dependeria da tecnologia?

Na proposta de abordar psicanaliticamente a temática da não conformidade ao gênero, Gherovici traz a histeria para a cena — a histeria desnuda a realidade sexual do inconsciente ao expor uma questão neurótica comum: "O que sou eu? Um homem ou uma mulher? O que faz de um homem, um homem, e de uma mulher, uma mulher?" A precariedade e a instabilidade das respostas

---

[1] FRIGNET, Henry. *O transexualismo*. Rio de Janeiro: Companhia de Freud, 2002, p. 15.

certificam o implacável não-saber que compõe o sexo, de todos nós. Gherovici atesta que na contemporaneidade, se tais questões neuróticas permanecem, outras vêm se sobressaindo — "Sou hetero; bi...?". Talvez aqui haja o testemunho da redefinição de um campo da política sexual no qual a heterossexualidade compulsória é confrontada, assim como a prescrição das práticas sexuais exclusivamente monogâmicas.

Tendo em vista que o posicionamento sexual não é determinado pelas diferenças anatômicas nem pelas convenções sociais, Gherovici avança para a teoria da sexuação de Lacan e a temática da autorização do sujeito como ser sexuado — que provocam renovações no entendimento de "diferença sexual". No caso, diferença sexual é concomitante ao aforismo "não há relação sexual" — só há incomensurabilidade, assimetria e desencontro entre um e outro. Sim, o falo continua presente — são as diferentes maneiras de se reportar logicamente a ele que fundam as distintas e incomensuráveis modalidades de gozo — gozo fálico e gozo Outro —, a partir do que se deduz a diferença dos sexos. Contudo, tais modalidades de gozo não são predicados identitários a partir dos quais se distinguiriam homens e mulheres. Lacan nunca esteve preocupado em definir homem e mulher, mas em formalizar logicamente um impasse, o obstáculo intransponível que há entre eles. A psicanálise põe em primeiro plano as incertezas e os entraves próprios ao sexual — não para saná-los. Todos encalhamos no terreno das frágeis identidades e da parcialidade dos objetos sexuais.

A obra Gherovici também tem o mérito de prover ao leitor recapitulações históricas — da genealogia dos conceitos às abordagens de quadros clínicos. Referindo-se à histeria de Freud a Lacan (e seus respectivos interlocutores), a autora apresenta como o movimento surrealista foi decisivo para o pensamento lacaniano — até então vertido à ortodoxia psiquiátrica — na elaboração da subversão do sujeito e da dialética do desejo. Também mostra como Lacan restitui valor à histeria: com a teoria dos discursos, ela é alçada ao status do discurso histérico; de um quadro clínico "depreciativo" — ao qual se atribuía predicados pejorativos como "simulação" ou "fingimento" —, vai-se em direção de uma modalidade de discurso produtora de saber e indutora do tratamento analítico. Se a histeria

PREFÁCIO 13

pode ser entendida como uma posição que interroga o desejo de todos os seres falantes, se questiona convenções culturais e confronta a ideologia normativa identitarista de uma época, podemos considerar que a transexualidade provoca novas desestabilizações, condizentes ao nosso momento histórico. Nesse sentido, Gherovici afirma: "Os corpos trans tornou-se um barômetro social para a política da diferença"[2]. Ou seja, os corpos trans exibiriam uma alteração própria ao nosso tempo, refletiriam as circunstâncias a partir das quais a diferença sexual é interpelada hoje. Em outros termos, não se compreende os fatores políticos vigentes que regem a diferença sem a transexualidade.

A proposta de pesquisa histórica se estende às questões terminológicas — como "parafilia" — e sua reverberação no campo da patologia e das formas terapêuticas. Gherovici nos lembra como no passado foi concebida certa terapêutica corretiva dentro da psicanálise aos sujeitos cujas manifestações da sexualidade não privilegiavam a genitalidade (lamentavelmente, tal orientação clínica ainda ecoa). O termo "transexualismo" teria sido usado pela primeira vez em 1923, por Magnus Hirschfeld — figura que, além de apresentar vasta produção na temática trans e homossexual, teve papel fundamental nos primórdios da psicanálise — e definitivamente estabelecido em 1949, por David Cauldwell. Henry Benjamin foi decisivo para a expansão do "transexualismo" como categoria clínica — médico endocrinologista pioneiro nas intervenções hormonocirúrigicas do que até então se designava "mudança de sexo", Benjamin as tinha como o método definitivo de tratamento a aplacar o sofrimento das pessoas trans, aliado ao tratamento psiquiátrico (para Benjamin, a psicanálise não teria muito a contribuir).

Desse contexto de inspiração médica derivou a prática que estabelecia os protocolos minuciosos como parte do processo de selecionar os candidatos aos tratamentos hormonocirúrgicos — separar os transexuais primários ou verdadeiros, aqueles que de fato poderiam ser beneficiados por tais intervenções, acreditava-se, dos secundários. A partir dos anos 50, John Money e Robert Stoller passam a ganhar notoriedade. Stoller trouxe o termo *gender* para

[2] Cf. *infra* p. 30.

a discussão sobre as identidades sexuais, dedicando-se rigorosamente à elaboração da sua polêmica noção de "núcleo de identidade de gênero" — tratar-se-ia de um domínio psíquico que permitiria ao sujeito adquirir, por conta própria, a convicção de ser homem ou mulher; sentir-se pertencente a um sexo ou outro; uma autodeterminação que, uma vez estabelecida, seria imutável.

Stoller foi amplamente discutido pelos *gender studies*. Judith Butler critica sua atribuição de substância e imutabilidade ao gênero, além de ter se restrito ao modelo binário. Lacan também se refere a Stoller. No Seminário 18, após comentar e se opor às bases da clínica stolleriana, Lacan argumenta que "a identidade de gênero" deveria contemplar a relação — ter-se como homem ou mulher não seria uma experiência individual, mas concernida ao reconhecimento do outro e veiculada pelo semblante ("parecer homem" ou "parecer mulher").

A psicanálise foi amplamente criticada por sua longa história de patologização da transexualidade. Stoller atribuía a ela o diagnóstico de distúrbio egóico quanto ao senso de ser homem ou mulher; Green: borderline; Oppenheimer: problemas narcísicos; Lacan: psicose — seguido por toda uma tradição de psicanalistas como Safouan, Czermak, Millot e Frignet. Por mais que se possa argumentar que a psicose lacaniana não tem caráter inferior, que não é uma estrutura clínica "pior" ou com recursos menos elaborados que a neurose — mas outros recursos —, mesmo assim, ter tomado a psicose como condição da transexualidade é no mínimo uma atitude clínica muito duvidosa. Todos as pessoas trans seriam psicóticas? E como justificar tal diagnóstico? Pela não conformidade entre sexo e gênero? O ponto central é: mantida nossa orientação estrutural tripartite — neurose, psicose e perversão —, manifestações da sexualidade são itens que não se leva em conta para o estabelecimento do diagnóstico diferencial, com o risco de nos guiarmos por prescrições normativas, demarcações políticas preestabelecidas aleatoriamente a partir das quais fenômenos sexuais são julgados — isso cabe à moral ou à religião, não à psicanálise.

Como nos posicionaremos daqui para a frente nesse contexto social de revolução de gênero? Gherovici aponta a importância de manter (ou recuperarmos) a especificidade da psicanálise no

PREFÁCIO 15

que compete o sexo e seu caráter pulsional — perverso polimorfo e infantil —, preservado na sexualidade adulta. A pulsão não tem objeto e é fundamentalmente parcial — sua totalização é um mito; também não tem como ser cerceada pelas normas de gênero. Nesse espírito, Gherovici sustenta a importância da clínica psicanalítica ser embasada na ética da diferença sexual — para desenvolver esse ponto, a autora, astutamente, recorre à clínica do próprio Lacan vertida à transexualidade.

Se o olhar lacaniano mais propagado sobre a transexualidade é problemático, Gherovici nos contempla com situações clínicas surpreendentes de Lacan, até então pouco examinadas. Delas, depuraríamos uma clínica apoiada na ética da diferença sexual em psicanálise. Entre 1952 e 1954, Lacan atendeu semanalmente, no hospital psiquiátrico de Sainte-Anne, em Paris, o paciente transexual Henri. Gherovici também retira consequências da entrevista conduzida por Lacan da paciente G. L., afirmando que o psicanalista jamais se prestou a apontar ou a tentar convencer o paciente que uma cirurgia jamais faria dele uma mulher — Lacan não teria contestado a feminilização vivida por G.L, mas também não teria se colocado como cúmplice de uma convicção delirante. Ademais, Gherovici apresenta outra entrevista conduzida por Lacan em 1976, desta vez de uma travesti, Michel H. — a autora destaca que suas intervenções procuravam explorar a origem do gozo do sujeito. Em nenhuma destas passagens clínicas, detectaríamos uma posição moralista. Levando em conta essas vinhetas recuperadas habilidosamente por Gherovici, há fortes argumentos contra a acusação de que a clínica lacaniana da transgeneridade seria essencialmente patologizante.

Outro mérito da autora — sinal de generosidade com o leitor —, é a análise aprofundada de conceitos: falo, castração, identidade, dentre outros, são discutidos tal como operariam na transgeneridade. Nesse programa, Gherovici dá destaque à noção *sinthoma* e sua relação com o corpo.

Gherovici aponta que a experiência trans ilumina um aspecto universal — a disjunção entre a forma com que vivemos nossos corpos e os contornos corporais impostos pela carne; todos estamos às voltas desse descompasso. A autora vai da discussão a respeito do corpo e sua percepção egóica — passando pela identificação imaginária na teoria do estádio do espelho — ao processo de encarnação da transição de gênero. Na transexualidade, os trâmites identitários se configurariam a partir de um tipo particular de corpo — um corpo que se torna. Gherovici trata desse ponto recorrendo a James Joyce — para Lacan, Joyce teria descoberto uma nova relação ao seu corpo. O corpo joyceano, um corpo que caiu, será reinventado por uma escrita que poderá contê-lo. A arte aqui teria uma função de inscrição corporal, de auxiliar no processo de encarnar um corpo em contradição com sua percepção egóica. Gherovici defende que, na experiência transexual, a assunção de um corpo outro ou transformado pode ser tomada em sua função estrutural tal como o papel que Lacan atribui a escrita na vida de Joyce. A arte do *sinthoma* é tomada em sentido amplo — um *savoir-faire*, um saber singular e intransferível, uma invenção, para além da resolução do sintoma ou da decifração do seu suposto sentido oculto. Com fins de formalizar esta experiência analítica revista pelo *sinthoma*, Gherovici chega a propor uma clínica do clinâmen, recorrendo à teoria atomista e sua ênfase na força do acaso e da espontaneidade, tendências de um princípio de movimento cuja causalidade é plural e que admitiria a criação de novos corpos, em uma segunda materialidade. Como se pode ver, a autora pensa longe, dialoga com outras áreas do conhecimento e nos faz avançar. Seu trabalho traz contribuições inestimáveis para a pesquisa e para uma clínica não fechada em si.

Por fim, acompanhando Gherovici, duas advertências — para nunca nos esquecermos. Primeira: frente a uma pessoa trans, devemos nos furtar da posição de "especialistas", de mestre detentor da verdade do outro, supostamente desconhecida por ele — não se trata mais de pensamos "em pessoas trans" e sim "*com* pessoas trans"[3].

Segunda: devemos ultrapassar o senso comum que reduz o sofrimento da população trans à disparidade entre sexo e gênero — como se tal discordância fosse motor de sofrimento por si só. Temos que ter em mente que, em larga medida, o sofrimento desta população é fruto da hostilidade que encontram quando expressam o

---

[3] Cf. *infra*, p. 27.

seu gênero; da estigmatização social — que toma a transexualidade como um transtorno mental, por exemplo —; da vulnerabilidade, violência e discriminação; da rejeição familiar e da exclusão social; das poucas ofertas de trabalho; da precariedade dos serviços de saúde e das condições de exercício de cidadania. Trata-se mais de uma questão de vida ou morte — como bem esclarece Gherovici.

Introdução

Uma das lições mais importantes que aprendi nos últimos anos trabalhando com pessoas que se reconhecem como trans nos Estados Unidos é que, para elas, o problema-chave não incide tanto sobre o gênero quanto sobre uma questão, que deve justamente ser chamada de vida ou morte. Como observa Griffin Hansbury, um psicanalista trans, a própria transição "é uma espécie de morte"[1]. Esse ponto importante me havia escapado em 2010 quando publiquei *Please Select Your Gender*[2]. Como muitos psicanalistas lacanianos, eu havia me concentrado sobre o problema do sexo e do gênero, que era, de fato, o da fronteira entre a vida e a morte disfarçada, como confirma a fala de um de meus analisandos, o qual declarou: "Não tive escolha. Teria morrido se não tivesse feito a transição — teria me suicidado". O que está em jogo é menos a fluidez do gênero do que conseguir encontrar um modo de ser, um modo de existir.

Este livro sistematiza as lições que duas décadas de trabalho com pessoas transgênero me ensinaram. Em 2010, sentindo a necessidade de dar forma à minha experiência clínica, publiquei um primeiro livro sobre os transgêneros e a histeria intitulado *Please Select Your Gender* [Escolha seu gênero, por favor], em resposta aos formulários administrativos americanos, cujo subtítulo pode ser traduzido como *Da invenção da histeria à democratização do transgênero*. Com efeito, mais de dez anos atrás, eu havia sido confrontada com um fenômeno então pouco visível, mas que, desde então, se tornou quase que visível demais e, sem dúvida, supermidiatizado: o

---

[1] HANSBURY, Griffin. "Mourning the Loss of the Idealized Self: A Transsexual Passage". In: *Psychoanalytic Social Work*, vol. 12, nº1, 19-35, 2005, p. 22.

[2] GHEROVICI, Patricia. *Please Select Your Gender: From the Invention of Hysteria to the Democratizing of Transgenderism*. Nova York: Routledge, 2010.

fenômeno trans. Este se tornou tão popular nos Estados Unidos que a possibilidade de mudar de sexo ou gênero é conhecida por todos, jovens e velhos, comentada em todos os lugares, mencionada todos os dias, seja positiva ou negativamente, nos noticiários, jornais, programas de TV. Nenhum dos escalões da cultura popular nos Estados Unidos está imune a isso: a palavra *trans* experimentou uma "ascensão meteórica" e se tornou um termo de uso comum[3]. Seu novo léxico, decorrente de uma percepção da fluidez dos gêneros que são acompanhados por uma rejeição global do modo "binário" de pensar a diferença entre os sexos, parece ter introduzido uma nova ordem sexual.

No final dos anos 1980, na tranquila solidão de meu consultório de psicanalista na Filadélfia, ou em meu trabalho em uma instituição de saúde mental no *ghetto* hispânico do norte da Filadélfia, nunca imaginei que teria que revisar minhas concepções sobre gênero e mergulhar nas águas profundas da política identitária. Porém, um dia ouvi algo inusitado nas falas de meus pacientes. Quando meus pacientes histéricos questionavam: "Sou hetero ou sou bissexual?", percebia que eles e elas colocavam da seguinte forma: "Sou um homem ou uma mulher?" Isso me levou a relacionar essa incerteza quanto ao gênero com o problema mais geral das pessoas trans pois, para elas, podemos dizer que essa questão faz as vezes de resposta, sobretudo quando proferem frases como: "Tenho a pior anomalia que uma mulher pode ter: nasci com um pênis e um par de testículos", ou ainda: "Apesar de ter nascido menina, sempre soube que era homem". Essa questão me levou a outras, que poderiam ser chamadas de ontológicas, pois se tratava da própria existência dessas pessoas, e também a novas explorações da metapsicologia freudiana e lacaniana, já que muitas vezes me via confrontada com a pulsão, fosse ela dita de vida ou de morte. As páginas que seguem ilustrarão todos esses problemas, propondo análises de casos específicos.

Quando alguém muda de gênero, a possibilidade de encarnar um gênero diferente daquele com o qual nasceu implica que a materialidade do corpo não se dá de imediato. Consequentemente,

---

[3] Ver STRYKER, Susan; AIZURA, Aren Z. (org.). Introduction. In: *The Transgender Studies Reader 2*. Nova York: Routledge, 2013, p. 2.

tanto os histéricos que questionam seu gênero quanto as pessoas transgêneras que respondem a isso revelam uma disjunção entre o sentido subjetivo do próprio corpo e sua realidade material. Para os histéricos e para as pessoas transgêneras é a diferença sexual que aparece como um enigma insolúvel.

Publiquei *Please Select Your Gender* antes de Caitlyn Jenner se assumir como mulher transgênero, e logo depois de ela receber o Arthur Ashe Courage Award da ESPY (Excellence in Sport Performance Yearly). Antes de a atriz Laverne Cox, da série original da Netflix *Orange Is the New Black*, ser nomeada pela *TIME* como uma das cem pessoas mais influentes do mundo e ter se tornado a primeira mulher transgênero indicada a um Emmy Awards. E mesmo antes de a gigante de cuidados estéticos Johnson & Johnson escolher a adolescente transgênero Jazz Jennings para a campanha de promoção de produtos contra acne #SeeTheRealMe da Clean & Clear.

Foi um verdadeiro turbilhão de atividades relacionadas à transgeneridade a que assistimos na esfera do grande público nos Estados Unidos. Não passa um dia sem que um evento ligado aos transgêneros seja transmitido no noticiário. No entanto, nem tudo é glamour e superexposição. Com séries como *Transparent*,[4*] um precedente foi criado na maneira como as histórias sobre transgêneros são apresentadas na cultura popular. Não somente a comunidade trans foi integrada no desenvolvimento da série, mas pessoas transgênero foram mostradas levando vidas comuns. Esta premiada série on-line foi a primeira a ter como protagonista um personagem transgênero cheio de nuances e ricamente retratado, e mesmo que seu personagem principal seja interpretado por um ator cis (não trans), a série envolveu pessoas transgênero em sua produção.

Estaríamos vivendo um "momento transgênero" (CNN, *The New York Times*), uma "transrevolução" (*Self magazine*, *Out magazine*), um "ponto de báscula transgênero" (*TIME magazine*), como anunciaram as manchetes nos Estados Unidos. Essa é a "nova fronteira

---

[4] Nota do tradutor: Comédia dramática criada por Jill Soloway, em 2014, para a plataforma de *streaming* Amazon Prime Video. Nela, uma família de Los Angeles vê as vidas de seus integrantes mudarem radicalmente após a descoberta de que a pessoa que eles conheciam como seu pai, Mort (Jeffrey Tambor), é uma mulher transgênero.

dos direitos civis" dos Estados Unidos, e os psicanalistas poderiam ter um papel a desempenhar aí. Quando comecei a trabalhar com questões relativas às pessoas transexuais, não havia previsto que estaria surfando numa onda que varreria o imaginário da cultura popular e que engoliu a maioria das práticas psiquiátricas e psicanalíticas; de fato, muitos psicanalistas se viram forçados a colocar em questão as abordagens clássicas do gênero e da sexualidade. Assim, em 21 de junho de 2019, durante o mês da Gay Pride, a American Psychoanalytic Association emitiu um pedido oficial de desculpas por sua conduta em relação à comunidade LGBT. Podemos esperar que essa crescente visibilidade possa contribuir para a luta das pessoas trans pela igualdade, que essa nova dimensão seja promissora para quem se identifica no espectro transgênero. Certamente, estaria na hora de as mídias abandonarem o tom sensacionalista dos *talk-shows* — que revelam uma obsessão infantil por questões absurdas e intrusivas sobre os órgãos genitais, as quais lembrariam Freud falando da curiosidade das crianças sobre a sexualidade —, para iniciar uma discussão mais séria sobre problemas como a opressão social, a discriminação, a violência e o suicídio. A presente obra visa avaliar essas novas tendências, forjando os conceitos necessários para compreender o que aconteceu em tão pouco tempo. O propósito deste livro é também explorar diversas experiências de encarnação para mostrar a maneira como elas modificam a construção da identidade nos níveis sexual, social e racial.

Este é um momento único para a psicanálise, pois o ou a psicanalista — ao menos na acepção lacaniana do termo — está em uma posição privilegiada para oferecer uma ética da escolha e da responsabilidade subjetiva. Os trabalhos de Jacques Lacan suscitam um interesse crescente entre psicólogas e psicólogos clínicos de outros horizontes teóricos. As contribuições daquele que é conhecido nos Estados Unidos como o "Freud francês" não são mais consideradas especulações teóricas alheias à clínica, mas começam a parecer utilizáveis no trabalho com os e as pacientes. Será que os psicanalistas de hoje não temem mais Lacan, mas têm mais medo da não conformidade sexual e de gênero?

Não há dúvida de que o momento transgênero alterou nossas ideias sobre gênero, sexo e identidade sexual. Essa evolução oferece uma chance de reinventar a prática psicanalítica. Historicamente, os psicanalistas adotaram uma posição interpretação normativa interpretando a transexualidade como um sinal de patologia[5]. Nada está mais longe do que aprendemos clinicamente sobre sexualidade. A psicanálise precisa de um realinhamento da sexualidade. É chegada a hora.

Quando o fenômeno da transexualidade atingira um ponto culminante em termos de visibilidade midiática, no momento da revelação, na TV, da transição de gênero de Caitlyn Jenner, fui entrevistada por Edward Helmore, jornalista do *The Guardian*. Ele desejava conversar com um psicanalista com experiência em questões trans; a comunidade trans, por sua vez, temia que a revelação de Jenner fosse apenas um golpe publicitário oferecendo "uma deformação e um espetáculo disfuncional sensacionalista apresentado pela família número um do *reality show*"[6].

Jenner era conhecido pelas gerações mais jovens como Bruce, um espirituoso atleta e orador, pai da supermodelo Kendall Jenner e da estrela das mídias sociais Kylie Jenner, padrasto de Kim Kardashian e ex-marido da matriarca do popular clã dos *reality shows*, Kris Kardashian. Para os mais velhos, ele era uma figura tutelar que havia estabelecido um recorde mundial ao ganhar o ouro no decatlo nos Jogos Olímpicos de 1976. Na ocasião de uma entrevista exclusiva para a televisão, ansiosamente esperada, com Diane Sawyer, Jenner revelou: "Para todos os efeitos, sou uma mulher".

Antes de falarmos sobre as *fake news* e a pós-verdade, Jenner declarou a mais de vinte milhões de telespectadores que, enquanto estrelava o *reality show* familiar — 425 episódios ao longo de quase oito anos — a única história real era aquela que ela mantinha em segredo: "Eu guardava a história! [...] A única história verdadeira

---

[5]Nota da editora: nesta edição, optou-se por utilizar o termo "transexualidade" ao tratar da posição subjetiva daqueles e daquelas que não se identificam ao sexo biológico ou à nominação socialmente atribuída a eles ou elas, ao passo que "transexualismo" é exclusivamente reservado à postura patologizante assumida por muitos teóricos, bem como às citações em que a palavra conste.

[6]HELMORE, Edward. "Bruce Jenner Throws Focus on America's 'New Civil Rights Frontier'". In: *The Guardian*. Disponível em: <https://tinyurl.com/4eyhrfma> (Acesso: 06 jun. 2021).

na família era aquela que eu escondia e que ninguém conhecia [...] e eu não podia contar essa história. Contar ou não contar? Eis a questão".

Jenner talvez possa ter quebrado o protocolo dos *reality shows* ao se mostrar honesta, e a entrevista televisiva para o programa *20/20* teve o cuidado de não banalizar o anúncio ao tornar público aquilo que muitas vezes é um processo muito privado, repleto de fatores desconhecidos. Durante sua conversa com Sawyer, Jenner disse que "sonhava como uma mulher" e que tinha uma "alma feminina", mas na época ela pediu para ser identificada como "ele". Presumi que era porque Jenner ainda poderia estar no início de um longo e lento processo de transição. Estava errada. O processo avançou muito rápido depois disso. Menos de três meses mais tarde, na capa da *Vanity Fair* de julho de 2015, sob o anúncio "*Call me Caitlyn*" [Me chame de Caitlyn], Jenner apareceu completamente transformada em uma *pin-up* dos anos 1950, vestida com um maiô de cetim. Tratava-se de uma verdadeira deusa cinematográfica, com longos cabelos castanhos e um rosto deslumbrante. Foi uma provocação, um verdadeiro apelo à interpelação, no sentido de Louis Althusser.

A transformação de Jenner, um símbolo de um ideal masculino, em uma *femme fatale* trouxe mais glória ao ex-campeão do que conquistar uma medalha de ouro olímpica. Dessa forma, ela pegou a tocha de Christine Jorgensen, a primeira celebridade mundial a aparecer como transexual e brilhar, o que prova que aparecer aos olhos de todos como trans não significa viver como pária. Pelo contrário: todos os recordes de popularidade na rede social Twitter foram quebrados no dia em que Caitlyn Jenner fez sua estreia pública, destronando o presidente Obama, que até então detinha o recorde de conta no Twitter que mais crescia. Sua popularidade se viu consolidada pelo *reality show I Am Cait*. Esta série documental contou com a participação de vários ativistas trans, que ofereceram um contraponto politicamente mais sutil à postura conservadora e republicana de direita de Jenner. Apesar das limitações do formato do *reality show*, a ideia era usar o programa como plataforma para educar o público sobre questões que afetam a comunidade transgênero, como o suicídio, a discriminação e a violência.

TRANSIÇÕES

A visibilidade das pessoas transexuais mostrou que a comunidade é muito diversa. *Trans* é um termo genérico, que se aplica às pessoas que não se identificam com seu gênero, transexuais de *M to F* e *F to M*, às pessoas que não se conformam com seu gênero, às *drag queens* e *drag-kings*, às travestis, uma ampla gama de pessoas que não se identificam com o sexo indicado em sua certidão de nascimento, e com todas as outras pessoas que se situam entre o binário sexual. As experiências das pessoas transgênero podem nos obrigar não apenas a reavaliar nossas ideias sobre o gênero, mas também a reconsiderar o modo como pensamos as outras formas de diferença, pois essas posições desvendam a identidade enquanto construto. Tomemos um exemplo: apenas duas semanas após a transição de gênero muito midiatizada de Caitlyn Jenner, no verão de 2015, Rachel Dolezal, presidente da filial da cidade de Spokane da Association for the Advancement of Colored People [Associação Nacional para o Avanço das Pessoas de Cor] (NAACP), que se identificou como uma mulher negra apesar de ter sido "declarada" (*outed*) branca por seus pais, se viu no centro de uma controvérsia sobre sua raça. A comunidade da Internet imediatamente explodiu em inúmeras comparações com Caitlyn Jenner. Dolezal então se descreveu como "trans-racial" e compartilhou que se identifica pessoalmente com Jenner.

Enquanto alguns ficaram escandalizados pelo fato de Dolezal apresentar a si mesma como uma afro-americana e acharam a comparação insultante, acusando-a de tentar enganar intencionalmente seu mundo, de se aproveitar do sofrimento dos negros para bancar a vítima em um "roubo cultural" ofensivo, de suma importância para o "blackface", outros a apoiaram, apreciando seu ativismo nas causas de justiça racial, e argumentaram que sexo e raça são, ambos, construções sociais. Sua história intrigante provocou uma discussão acalorada sobre identidade, raça e sexo. A raça é um fato biológico fixo como o tipo de cabelo ou a cor da pele, reconhecível a olho nu, uma determinação natural que não se pode mudar quando bem entender? Ou, como o sexo, ela poderia ser manipulada ou mesmo alterada em função de uma experiência vivida internamente?

Muitos ficaram contrariados porque acreditavam que Dolezal havia deformado sua verdadeira identidade. Podemos distinguir entre uma dada identidade e a autenticidade de um sentimento de si próprio? Quando Jenner referenciou vagamente um cérebro feminino em um corpo masculino para explicar sua transição, ela foi aclamada por ousar se tornar quem ela realmente era.

Em meio ao alvoroço, a opinião dominante era de que, assim como o sexo, a raça é uma construção social e cultural sem fundamento biológico (as diferenças genéticas, por exemplo, não são coerentes entre as raças). Então por que Dolezal foi tratada como mentirosa e fraudadora, um "falsária racial"? Por que, ao sustentar que a ideia de raça é produto do racismo, Dolezal insistiu em ser reconhecida como negra? As opiniões relativas ao gênero eram ainda mais divididas e contraditórias. Algumas das objeções à transição de Jenner foram acompanhadas pela convicção de que o gênero está baseado na biologia e não pode ser alterado à vontade: Jenner nasceu homem e será assim para sempre. Ironicamente, para aqueles que apoiam a observação de Jenner segundo a qual ela sempre teve um "cérebro feminino", o argumento de legitimação também situa o gênero na carne, não entre as pernas, mas mais acima, entre as orelhas. Nas múltiplas repercussões do debate em torno de Rachel Dolezal, a questão que permanecia sem resposta era saber de que forma a identidade de gênero pode ser verdadeira quando uma identidade racial é considerada fraudulenta. Esse caso lançou luz nas tensões que existem nas políticas identitárias entre as noções de escolha e de autoformação, por um lado, e essência e natureza, por outro. A experiência das pessoas transgênero, um movimento que desvenda a identidade enquanto construção, pode nos ajudar a repensar raça e etnia, pondo em evidência suas determinações ideológicas.

No paralelo entre Dolezal e Jenner, gênero e raça foram associados, obrigando-nos a confrontar a suposta imutabilidade da raça com a fluidez e artificialidade do gênero, paradoxo observado pelo sociólogo Rogers Brubaker, que escreve: "embora o sexo tenha uma base biológica muito mais profunda do que a raça, escolher ou mudar de sexo ou gênero é mais amplamente aceito do que escolher ou mudar

INTRODUÇÃO

de raça"[7]. Brubaker saúda a controvérsia de Jenner e Dolezal como uma oportunidade de refletir com grande potencial político. Segundo ele, essa polêmica marcou a chegada de um novo "momento trans" em que "não pensamos mais em pessoas trans" e sim *"com* pessoas trans"[8]. Isso pode ser visto como indicador de uma nova tendência: Susan Stryker observou que as narrativas transgênero eram usadas como um modelo cultural para explorar "outros tipos de transformações corporais que problemas relativos às classificações sociais das pessoas também colocam"[9]. Esse novo paradigma nos permite usar a experiência transgênero para pensar a fluidez das identificações raciais de maneira inédita. Como Brubaker nos faz observar, a transição entre gêneros não é somente um movimento entre categorias, mas também oferece novas posições entre as categorias existentes e além. Nesse sentido, a experiência transgênero desestabiliza a identidade ao mesmo tempo em que evidencia a plasticidade, a contingência e a arbitrariedade de categorias como raça ou gênero.

A realidade segue de perto a ficção. A história singular de Rachel Dolezal foi antecipada pelo livro de Jess Row, *Your Face in Mine*, publicado em 2014[10]. Nesse romance, Martin Wilkinson, nascido Lipkin e judeu, paga uma fortuna para se submeter a uma cirurgia visando mudar a cor de sua pele — de branco, ele se torna negro. O diagnóstico que Martin dá de sua condição é "síndrome da disforia da identidade racial", um problema de identidade racial que pode ser tratado e curado. Martin se compara a um transexual — ele nasceu com a raça errada. Essa raça pode ser modificada quando ele bem entender e negociada em um novo mercado de metamorfoses identitárias.

A realidade imaginária proposta em *Your Face in Mine* é inquietante, pois oferece uma caricatura da crença americana na tecnologia e na autorreinvenção; essa crença converte a raça em uma mercadoria, em escolha pessoal acessível àqueles e àquelas que

---

[7] BRUBAKER, Rogers. *Trans: Gender and Race in an Age of Unsettled Identities*. Princeton: Princeton University Press, 2016, contracapa.
[8] *Idem*, p. 71, grifos meus.
[9] *Idem*, p. 4.
[10] ROW, Jess. *Your Face in Mine*. Nova York: Riverhead Books, 2014.

podem comprá-la. Esse romance aborda as complexidades e até o absurdo das categorias de raça e gênero, ao mesmo tempo em que chama a atenção para a injustiça social inerente ao sonho liberal e consumista de autoinvenção.

Assim como a raça em *Your Face in Mine*, na mídia, a mudança de sexo é muitas vezes reduzida a uma escolha de modo de vida consumista, comparável a uma mudança de regime alimentar e à conversão ao veganismo, ou à passagem da periferia para um meio urbano. Como Jennifer Finney Boylan escreve em *She's Not There: A Life in Two Genders*, isso é exatamente o que a experiência trans não é: "definitivamente não é um 'modo de vida', assim como ser homem ou mulher não é um modo de vida"[11]. Este é meu principal argumento nesse livro: ser trans não é uma experiência relativa ao "ter", mas uma estratégia relativa ao "ser". Como minha experiência clínica me ensinou, e como veremos nas páginas a seguir, a transição é mais frequentemente uma questão de vida ou morte.

A epígrafe de *Your Face in Mine* — "E sugiro a você o seguinte: para aprender seu nome, você vai ter que aprender o meu" — é retirada do livro *Conversations with James Baldwin*[12]. Na conversa da qual esta citação é tomada, James Baldwin afirma: "De certa forma, o negro americano é *a* figura-chave neste país; e se você não a confronta, você nunca confronta nada"[13]. Ao apelar para o "confronto", Baldwin tentava fazer com que os leitores brancos distinguissem e compreendessem a experiência de ser negro nos Estados Unidos. Parafraseando Baldwin, poder-se-ia dizer que *Your Face in Mine* quer que enfrentemos algo que talvez não queiramos ver, o que nos faz correr o risco de nunca sermos capazes de enfrentar nada.

A figura do negro americano, que desempenha o duplo papel de negação do sistema, porque negado pelo sistema, foi recentemente retomada por Frank B. Wilderson III em seu livro sobre o que ele chama de "afropessimismo"[14]. Para Wilderson, os estragos causados

---

[11] BOYLAN, Jennifer F. *She's Not There: A Life in Two Genders*. Nova York: Broadway Books, 2003, p. 22.
[12] ROW, Jess. *Your Face in Mine*. Nova York: Riverhead Books, 2014, p. 1.
[13] STANDLEY, Fred L.; PRATT, Louis H. (org.). *Conversations with James Baldwin*. Jackson: University Press of Mississippi, 1989, p. 16.
[14] WILDERSON III, Frank. *Afropessimismo*. São Paulo: Todavia, 2021.

pela escravidão não esbateram. A posição minoritária dos negros os impediria de serem considerados seres humanos plenos. Tal estrutura de exclusão os colocaria em uma posição do que Orlando Patterson descreve como "morte social[15]", o que torna precária a sobrevivência dos negros, saturada de mortalidade. Tal mortalidade coloca uma questão de vida ou morte. É esta questão, que gostaria de chamar ontológica, que vamos encontrar escondida sob as questões de gênero. Diante de tais angústias, parece que somente a psicanálise é capaz de tratar conjuntamente a pulsão de morte e as modalidades subjetivas da não vida. Essa ligação nos remete a uma dimensão ética, pois é a própria existência do outro que está em questão.

No romance *Your Face in Mine*, um dos personagens principais não é um negro, mas um branco que passou por uma "redesignação racial" — um homem de rosto negro talvez? A recorrência da noção de "rosto" é reveladora pois, como argumentei em *Please Select Your Gender*, ela evoca o fato de que o rosto desempenha o papel mais importante como marcador corporal para atribuição de gênero. Na maioria das interações sociais, vemos o rosto do outro, não seus órgãos genitais. Emmanuel Lévinas sugeriu isso ao definir a ética como a relação entre duas faces[16]. Tal abordagem fenomenológica conceitualiza o rosto como uma estrutura. O que distingue aquelas e aqueles que mudaram de sexo, no entanto, é que a distância quase infinita entre um rosto e outro pode ser transposta dentro da mesma pessoa.

Essas análises não são abstratas ou puramente filosóficas, pois a ética da alteridade é declinada no cotidiano. Basta então mudar a linguagem para mudar de rosto, isto é, introduzir novas percepções? De fato, embora a palavra *transgênero* tenha entrado na linguagem do dia a dia, agora usamos cada vez mais o termo *cisgênero*. A experiência trans é cada vez mais aceita e coloca em questão as maneiras tradicionais de considerar a encarnação do gênero e da identidade em geral. Os Estados Unidos talvez sejam fascinados pelas questões

---

[15] PATTERSON, Orlando. *Slavery and Social Death*. Cambridge (MA): Harvard University Press, 1992.
[16] LÉVINAS, Emmanuel. *Totalité et infini*. Paris: Poche, 1990.

relativas aos trans, mas não avaliamos completamente as repercussões do momento trans sobre as identidades sexuais e de gênero, assim como aquelas ligadas à raça e ao gênero. No primeiro capítulo, "Transamérica", estudo as consequências da repentina visibilidade do movimento transexual nos Estados Unidos, avaliando as representações midiáticas da experiência transexual, que muitas vezes parecem estar em desacordo com o que ouço em minha prática da parte de analisantes que se identificam como trans. O corpo trans tornou-se um barômetro social para a política da diferença.

Tenho observado o apagamento progressivo, mas crescente, dos marcadores da diferença sexual na sociedade atual, constatando um movimento geral em direção a uma maior fluidez dos gêneros. A intervenção política mais radical de Lacan é sua teoria da sexualidade, que introduziu uma separação entre o falo, enquanto instrumento, e o pênis, enquanto órgão, esclarecendo assim a distinção entre sexualidade (que ele chamou de "diferença sexual" ou "sexuação"), sexo anatômico e gênero simbolicamente construído. Os capítulos II a V, "Despatologizar as pessoas trans", "O gênero no liquidificador", "Por um retorno ao sexo" e "Um estranho casal: psicanálise e sexologia", avaliam todos o notório negligenciamento da sexualidade na psicanálise relacional contemporânea, ao mesmo tempo em que examinam o papel controverso, mas central, da teoria da mudança de sexo para a psicanálise, em particular o papel crucial desempenhado por esta última na história da transexualidade. Trata-se de uma questão premente, dadas as mudanças que estão ocorrendo na sociedade e o crescente influxo, em nossas práticas, de analisantes que se identificam como trans ou fora do binário do gênero.

O laço estreito entre psicanálise e sexologia é um capítulo apagado na história desses dois campos. De fato, o sexólogo precursor e ativista, pioneiro da causa LGBTQ, Magnus Hirschfeld estava entre os fundadores da Sociedade Psicanalítica de Berlim. Hirschfeld era apreciado por Freud, embora rejeitado por Jung. É hora de historicizar e teorizar a estreita conexão entre sexólogos e psicanalistas. Preconceitos impediram sua colaboração. A sexologia e a psicanálise tomaram caminhos divergentes, até mesmo opostos. Apesar dessas tensões, o discurso da transexualidade permaneceu intimamente ligado à psicanálise.

INTRODUÇÃO

Essa parte do livro pede um diálogo mais frutífero entre a psicanálise e a clínica da transexualidade, explorando a forma como esses dois campos se encontram e se enriquecem mutuamente. Como sabemos que as noções de gênero e de patologia são determinadas culturalmente, é crucial contextualizar a exploração histórica da transexualidade e propor uma genealogia da nomenclatura. Isso mostrará que a discussão tendeu a permanecer no âmbito do patológico, e isso por meio da comparação com culturas não ocidentais em que escapatórias foram inventadas para a expressão legítima de identidades trans.

O capítulo VI, "Mudar o sexo, mudar a psicanálise", e o capítulo VII, "Uma experiência natural", analisam uma certa quantidade de estudos de caso psicanalíticos revolucionários que poderiam ser considerados canônicos, mas que foram negligenciados na literatura especializada. Conheceremos Elsa B., uma mulher de 34 anos que começou uma análise com Emil Gutheil no início dos anos 1920 a fim de obter autorização para usar roupas masculinas em público. Passarei a me referir às importantes contribuições de Wilhelm Stekel, Emil Gutheil, David Caudwell, Robert Stoller e Harry Benjamin, entre outros, que ilustram, todas, a complexa posição da psicanálise no contexto da então emergente clínica de mudança de sexo.

Prossigo esse estudo de exemplos clínicos e construções teóricas sobre a não conformidade de gênero com uma apresentação em duas partes contrastantes: por um lado, o "caso E", de Karl Abraham, um homem diagnosticado como histérico, que queria ser mulher e acabou se tornando uma, mas em uma espécie de transe; e, por outro, as primeiras abordagens de Lacan à histeria e sua rejeição das afirmações de Joseph Babinski sobre a sugestão hipnótica no tratamento de uma mulher traumatizada pela guerra que se recusava a andar em linha reta. Em seguida, exploro as vantagens clínicas de usar o modelo da histeria para estudar a não conformidade de gênero, já que, afinal, as questões "O que sou eu?", "Sou um homem ou uma mulher?" e "O que é uma mulher?" foram trazidas à psicanálise por pacientes histéricas como Dora, cuja "disposição viril" é revisitada e reavaliada através da lente trans. A incerteza sexual histérica revela as hesitações psíquicas causadas pela vida em um corpo sexuado e mortal, expressando um fundamento universal de incerteza sexual para todos os sujeitos falantes, cis e trans.

O capítulo IX, "Simulação, expressão e verdade", abre com o engajamento de sempre de Lacan para com a histeria, desde seu ponto de partida equivocado como discípulo de Babinski até a despatologização e generalizações ulteriores do termo, quando ele estabeleceu a histeria como uma forma de discurso social. Os primeiros trabalhos de Lacan sobre os histéricos, como a Dora de Freud, mostram que ele gradualmente integrou as ideias freudianas até reformulá-las por meio de seus próprios conceitos filosóficos com o apoio de Hegel e Kojève. Finalmente, na década de 1970, o programa teórico de Lacan voltado para a diferenciação e descrição dos discursos transforma a histeria em uma poderosa ferramenta de produção da verdade.

O capítulo X, "A doce ciência da transição", examinará os benefícios clínicos e políticos do uso da histeria ao levar em consideração expressões de gênero fora das normas correntes. Do *Testo Junkie*, de Paul B. Preciado, passando por Andrea Long Chu e suas *Females*, para chegar ao meu caso de Leslie, um atleta adolescente que se identifica como homem trans, envolvo-me em controvérsias recentes sobre a determinação do gênero "verdadeiro" dos atletas e levanto a questão relativa à existência de uma identidade fora do sexo.

O capítulo XI, "A singular universalidade das pessoas trans", e o capítulo XII, "Retratos em um espelho de duas faces", retornam aos estudos de caso. Estudo ali vários exemplos de pacientes trans tratadas e tratados por Lacan, os quais revelam uma ética inovadora da diferença sexual, assim como os contornos de uma nova teoria da diferença sexual. Justaponho vários exemplos clínicos extraídos de minha prática, como os de Melissa e Amanda, a fim de avaliar os limites do modelo edipiano. Isso me permite problematizar a noção de castração e sustentar que as questões relativas às pessoas transgênero são pertinentes para além dos limites da patologização das experiências trans e, portanto, podem ser universalizadas.

No capítulo XIII, "A beleza do sexo plástico", utilizo o conceito de "plasticidade", tal como idealizado por teóricos que vão de Hegel a Catherine Malabou, para mostrar que a busca por corpos belos que transcendam o sexo e o gênero — como exemplificado por Candy

INTRODUÇÃO

Darling, um dos ícones favoritos de Andy Warhol — abriu o caminho para a encenação atual do momento trans. Esse modelo, oscilando entre a feminilidade *camp* e um corpo andrógino, revela uma profunda mudança em nossa estética cotidiana. Refiro-me a uma vinheta clínica na qual a plasticidade oferece uma solução criativa à forma de conviver com a pulsão de morte. Concluo este capítulo examinando o trabalho do inovador cinegrafista Ryan Trecartin, cuja obra ilustra a maneira como a plasticidade libera a sexualidade das restrições do falo, assim como propõe o sociólogo Anthony Giddens, e se transforma em uma celebração alegre, até mesmo frenética, da não conformidade de gênero além dos limites impostos pelas oposições binárias.

O capítulo XIV, "Esse objeto obscuro: da beleza ao excremento", toma como ponto de partida o caso mais frequentemente mencionado na literatura psiquiátrica e psicanalítica, a famosa história do presidente Daniel Paul Schreber, um homem que pensava que se tornaria mulher porque Deus queria copular com ele para recriar a raça humana. Schreber também estava preocupado com a beleza de sua transformação. A abordagem de Lacan toma certa distância da hipótese freudiana da homossexualidade reprimida e, em vez disso, enfatiza a dimensão do gozo transexual exibido em cada página das memórias de Schreber. Lacan está atento à apreensão e à volúpia que Schreber sente diante da defecação. Ele observa o curioso papel desempenhado pela beleza e pela estética na ilusão transexual de Schreber. No delírio de Schreber, os excrementos mais repugnantes convivem com a imagem da beleza. Isso lembra a equação recorrente de Freud dos excrementos no inconsciente, substituídos por dinheiro ou presentes, e dos bebês, tema que aprofundo no capítulo XV, "O escatólogo de Freud". Se a relação entre "bebê", "pênis" e "excrementos" está em jogo no caso de Schreber, devemos relacionar tal labilidade simbólica ao movimento da pulsão. Em razão de sua mobilidade, Lacan estende o conceito de objeto da pulsão com sua noção de objeto *a*, desenvolvida neste capítulo. Esse objeto psíquico especial comemora a perda, mas não é o ponto de chegada do desejo: é sua principal força motriz. Os objetos representam esse objeto original perdido para sempre e entram em uma relação de equivalência, ou intercambialidade. É por isso que Freud era fascinado por um catálogo de ritos excrementais, *Scatalogic Rites of All Nations*, de John Bourke, livro raramente mencionado sobre o qual me deterei. Este capítulo aborda o uso da mitologia por Freud, o que acrescenta um toque de novidade ao seu uso do mito de Édipo. A psicanálise pode falar de diferença sexual sem fazer referência direta ao complexo de Édipo e à disputada noção de "falo"? Lacan não hesitou em ir além do complexo do Édipo quando propôs uma nova forma do sintoma que chamou de *sinthoma*. Essa noção será tratada mais adiante no capítulo XVI, "A arte do artífice", e encontrará aplicações clínicas no capítulo XVII, "Clínica do clinâmen", e XVIII, "Tornar a vida vivível".

Graças ao *sinthoma*, podemos repensar a diferença sexual sem nos apoiarmos totalmente sobre a noção de falo. Esta última parte de *Transgênero* propõe não mais considerar o sintoma como algo a ser decodificado, como portador de uma mensagem recalcada (um significante) a ser decifrada em referência ao inconsciente "estruturado como uma linguagem", mas como rastro da maneira única como alguém goza de seu inconsciente. Assim, ultrapassamos os limites do patológico e presenciamos um ato de criação. O sintoma, rebatizado de *sinthoma* por Lacan, pode ser definido como uma invenção singular que permite que alguém viva. Essa nova definição do sintoma traz consequências importantes para um final positivo da análise no caso de analisantes que se identificam como trans. Em minha prática, vejo o *sinthoma* como uma variação sobre o "clinâmen", a "deriva" dos átomos descrita por Lucrécio e os primeiros materialistas. Tento desenvolver uma clínica do clinâmen que funcionará como uma extensão da teoria do *sinthoma* de Lacan. Destaco suas vantagens práticas com o exemplo clínico da análise de Jay. Comparo essa vinheta de minha prática com o trabalho de uma artista transgênero, Swift Shuker, para quem a transformação corporal é uma reconciliação com a vida.

A experiência das pessoas transexuais ilustra os desafios que assumir um corpo diferente ou transformado representam. Essa trajetória poderia se tornar uma empreitada artística, um *corpus* de trabalho. Assim, uma arte semelhante à dos artistas atuais encontra-se na artificialidade transexual. Meu trabalho clínico com analisantes que mudaram de sexo revelou uma relação muito especial com seu corpo. Muitas vezes é como se a consistência imaginária de seu

INTRODUÇÃO 35

corpo tivesse desaparecido como um envelope aberto deixando cair seu conteúdo. Esta questão é desenvolvida no capítulo XIX, "Transtornos no corpo", no qual exploro a maneira como as práticas das pessoas trans nos orientam na direção de um "corpo escrito" que corresponde à elaboração por Lacan — inicialmente sobre James Joyce — da noção de *sinthoma*, um novo tipo de sintoma que não precisa ser extraído ou curado. Muitas vezes, a transição de gênero é explicada como uma identidade mantida pelo cérebro em dissonância com o resto do corpo. Seguirei o exemplo de Lady Gaga quando ela canta *Born this way*, cuja letra afirma ao mesmo tempo uma liberdade de escolha absoluta e uma aparente determinação corporal. Tudo isso, porém, não é uma mera produção artística. Minha experiência clínica me mostrou que a transição de um gênero para outro é, na maioria das vezes, uma questão de vida ou morte. No epílogo, "*Phallus interruptus*, ou a lição das serpentes", sigo o exemplo de Lacan quando ele diz que Tirésias, o mítico homem-mulher que também era vidente, deveria ser um modelo para todos os psicanalistas, até mesmo o santo padroeiro da psicanálise.

CAPÍTULO UM

Transamérica

Apesar da tendência de sensacionalizar a experiência trans, a percepção que os americanos têm das pessoas transgênero foi positivamente influenciada pela crescente presença midiática de figuras complexas como Caitlyn Jenner. Como uma pesquisa recente do Public Religion Research Institute (PRRI) mostrou, cerca de dois terços da população americana atual é relativamente bem-informada sobre pessoas e os problemas relacionados às pessoas transgênero e compreende o que o termo *transgênero* significa. Outra pesquisa recente da Human Rights Campaign indica que 22% dos americanos conhecem pessoalmente ou trabalham com uma pessoa transgênero. Essa crescente sensibilização pode ter contribuído para o fato de que uma esmagadora maioria da população (89%) seja favorável à proteção jurídica e à igualdade de direitos para pessoas transgênero. Em 2015, o presidente Obama se tornou o primeiro presidente a usar a palavra *transgênero* em um discurso do Estado da União. Ao fazer isso, ele reconheceu publicamente a comunidade transgênero ao mesmo tempo em que pressionava para que ela fosse protegida contra a discriminação.

Após o hiato de Donald Trump, marcado por reflexos antitrans, em seu primeiro discurso oficial ao Congresso, o presidente Joe Biden dirigiu-se aos jovens e às jovens trans elogiando sua bravura, dizendo "Estou com vocês". Ao mesmo tempo, os governadores republicanos continuavam a votar leis limitando os direitos da juventude trans. Biden também nomeou Rachel Levine, uma mulher transgênero, como ministra adjunta da Saúde.

No entanto, a população americana também permanece dividida sobre a questão de saber se as pessoas transexuais devem usar banheiros públicos que correspondem à sua identidade sexual.

A "segregação" dos banheiros públicos foi abordada por Lacan em 1957 de forma irônica. Ao discutir na época como a linguagem apresenta a diferença sexual, Lacan parece ter previsto a polêmica recente ao observar que a vida pública está sujeita às desigualdades da "segregação urinária"[1]. Ele ilustra isso com uma anedota que hoje se assemelha a uma viagem de transição: um irmão e uma irmã estão em um trem, sentados um em frente ao outro. Quando o trem para na estação, cada criança olha para a plataforma de sua janela. O menino exclama: "Olha [...] chegamos a Mulheres!", enquanto a menina declara: "Imbecil! [...] você não está vendo que estamos em Homens?". Como observa Lacan, há pouca chance de que o irmão e a irmã cheguem a um acordo: "Homens e Mulheres serão para essas crianças duas pátrias para as quais a alma de cada uma puxará sua brasa divergente, e a respeito das quais lhes será tanto mais impossível fazer um pacto quanto, sendo elas em verdade a mesma, nenhum deles poderia ceder da primazia de uma sem atentar contra a glória da outra"[2].

A ordem binária segundo a qual os banheiros públicos são divididos cria posições mutuamente exclusivas. Nenhuma das duas crianças realmente chegou em "Mulheres" ou "Homens", ao contrário do que elas acreditam. Ambos, irmão e irmã, estão errados e, com base em sua perspectiva enviesada, ele e ela terão que fazer uma escolha. Toda vez que uma pessoa usa um banheiro público, ela é obrigada a tomar uma decisão de gênero, escolhendo o mundo dos homens ou o das mulheres. Mas para quem expressa seu sexo de forma não normativa, a escolha dos banheiros públicos pode ser um verdadeiro desafio, que vai desde uma fonte de angústia até o estabelecimento de uma situação perigosa.

Em debates recentes sobre o acesso a banheiros públicos, as pessoas que se opunham aos "*gender-inclusive bathrooms*" ["banheiros inclusivos de gênero", em inglês] usaram argumentos sobre a liberdade religiosa que rapidamente se transformaram em uma questão de segurança pública. Elas conseguiram desviar o debate do campo dos direitos civis argumentando que a lei poderia permitir

---

[1] LACAN, Jacques. "A instância da letra no inconsciente ou a razão desde Freud". In: *Escritos*. Trad. Vera Ribeiro. Rio de Janeiro: Zahar, 1998, p. 503.
[2] *Idem*, p. 504.

que predadores sexuais acessassem o banheiro disfarçados. A ironia é que o assunto em questão era o da proteção dos direitos civis básicos destinados a tornar a vida cotidiana mais segura para pessoas homossexuais e transgêneros, que muitas vezes são as vítimas e raramente os perpetradores da violência.

Não sem conflito, a conscientização está crescendo e, enquanto sociedade, estamos aprendendo coletivamente a aceitar melhor as pessoas transgênero. Muitas coisas mudaram com a crescente integração cultural e política da identidade transgênero, mas ainda há um longo caminho a percorrer. Biden revogou a proibição feita às pessoas transgênero de servir nas forças armadas americanas, revertendo uma decisão controversa de Trump. À medida que a busca pela igualdade ganha terreno, a discussão não recai sobre a questão de saber se a mudança de sexo é aceitável, mas se se deve começar a mudança de sexo durante a infância.

A vida das pessoas transgênero tornou-se visível no imaginário popular americano não apenas pela aparição de Laverne Cox na capa da revista *TIME*, o que foi um verdadeiro divisor de águas, mas também pela presença de dois artistas transgênero na Bienal de Whitney de 2014, Rhys Ernst e Zackary Drucker, colaboradores de longa data, que são também atualmente produtores associados e consultores para a série de TV *Transparent*. Não apenas uma grande instituição artística americana deu destaque a dois parceiros de vida e da cena abertamente transgêneros, mas uma das principais obras em exibição era um diário fotográfico da paralela transição de gênero deles, recentemente publicado em forma de livro intitulado *Relationship*. Esse livro retrata a evolução de Drucker, uma mulher trans *M to F*, e Ernst, um homem trans *F to M*. Ernst e Drucker se conheceram logo depois que ambos começaram a tomar hormônios: injeções de testosterona para Ernst e a "inclinação lenta" (*"slow incline"*) da hormonioterapia de reposição para Drucker: bloqueadores de testosterona, pílulas de estrogênio e, por fim, injeções. Os dois começaram a namorar enquanto ainda estavam em pleno "período pouco lisonjeiro do início da puberdade"[3].

---

[3]DRUCKER, Zackary.; ERNST, Rhys. *Relationship*. Munique/Londres/Nova York: Prestel, 2016, p. 11.

Essa narrativa ambígua confunde e desvenda a identidade de gênero enquanto construção. Sua "autoetnografia e verdadeira intenção estética", para retomar os termos de Maggie Nelson, as/os mostram apaixonadas/apaixonados ao mesmo tempo que captam não só sua relação de casal, mas também a relação que esses dois artistas mantêm com os seus gêneros em evolução, com as suas sexualidades e, sobretudo, com seus corpos em transformação em toda sua "desconcertante singularidade"[4]. "Se nossa maior obra de arte é a maneira como vivemos nossas vidas", escrevem, "então um relacionamento é a colaboração última"[5]. O corpo transexual considerado como obra de arte é uma questão que explorarei detalhadamente nos capítulos XVI, XVII e XVIII.

O corpo transexual é também um barômetro social. A descrição que Drucker faz de sua "colaboração de vida" transexual de seis anos (o casal se separou em 2014) é esclarecedora:

> Nossos corpos são um microcosmo do mundo exterior mais vasto que se desloca na direção de um espectro mais polimórfico da sexualidade. Estamos, todas e todos, nos metamorfoseando coletivamente e nos transformando juntos, e esta é apenas a história de um casal transexual com orientações opostas vivendo em Los Angeles, o país da fantasia industrializada[6].

A fantasia, que deveria ser uma construção individual, privada e muito particular, pode ser produzida em massa? Drucker minimiza a excepcionalidade de seu caso e o torna sintoma de uma tendência histórica geral, de uma deriva para novas formas de sexualidade. Assim como a tecnologia permite que a fantasia se torne material, a combinação de tratamentos hormonais e procedimentos cirúrgicos desencadeia uma transição de um gênero para outro. De acordo com Drucker, a transição de gênero está se tornando uma indústria, e a aventura de Drucker e Ernst é apenas uma história entre muitas.

---

[4]NELSON, Maggie. "Notes on a Visual Diary, Co-Authored". *Idem*, p. 145-146.
[5]*Idem*, p. 10 e 16.
[6]*Zachary Drucker and Rhys Ernst*. Exposição no Museu Whitney. Disponível em: <https://tinyurl.com/2e8u63vu> (Acesso: 19 jun. 2021).

Essa tendência foi antecipada em 1987 pelo sociólogo francês Jean Baudrillard que viu na transgeneridade um novo horizonte ideológico, "um destino artificial", que ele fez passar "não [por] um desvio da ordem natural", mas, antes, como resultado de "uma mutação na ordem simbólica da diferença entre os sexos" [7]. Para Baudrillard, uma das consequências não previstas da revolução sexual dos anos 1960 foi apagar as noções tradicionais de diferença sexual, o que criou uma incerteza sobre gênero, resumida pela questão histérica fundamental "Sou homem ou mulher?" [8]. Baudrillard apresentou a liberação sexual como tendo desencadeado uma certa histerização, posteriormente reformulada como uma hesitação mais generalizada sobre as identidades sexuais em "uma etapa decisiva na direção da transexualidade"[9]. De modo geral, Baudrillard vislumbra a transexualidade de forma crítica e limitadora.

Para ele, não seria muito diferente do que acontece quando você leva um carro a uma oficina para consertá-lo, pois "trata-se de próteses e, hoje, em que o destino do corpo é tornar-se prótese, é lógico que o modelo da sexualidade se torne a transexualidade, e que esta se torne em toda parte o espaço da sedução [...] somos todos *simbolicamente* transexuais", pois o corpo se torna uma tela de signos, menos anatômica e mais tecnológica[10]. A transexualidade não é considerada por Baudrillard como radical e emancipatória, nem mesmo como uma crítica ao binário de gênero, mas simplesmente como uma simulação da diferença, um simulacro "indiferente", a construção de um corpo protético, o que deixa de lado a questão do gozo sexual. Baudrillard reconhece que a revolução sexual causou a indeterminação, a angústia e o consumo, mas acrescenta que também favoreceu a escolha, o pluralismo e a democracia. No entanto, o modelo político não funciona quando se trata de sexualidade:

---

[7] BAUDRILLARD, Jean. "Nous sommes tous des transsexuels". In: Écran total. Paris: Galilée, 1997, p. 19. [Nota da editora: o texto em questão não consta na edição brasileira de *Tela total: mito-ironias do virtual e da imagem*.]
[8] *Idem*, p. 22.
[9] *Idem, ibidem*.
[10] BAUDRILLARD, Jean. "Transexual". In: *A transparência do mal: Ensaios sobre os fenômenos extremos*. Trad. Estela dos Santos Abreu. Campinas: Papirus, 1996, p. 27-28.

"Simplesmente, não há princípio democrático de sexualidade. O sexo não faz parte dos direitos humanos e não há princípio de emancipação da sexualidade".[11] É precisamente isso o que as e os pacientes trans ensinaram aos psicanalistas: não podemos simplesmente ser pós-modernos e aplaudir a multiplicação de signos sem fundamento. Ao contrário de um argumento como o de Catherine Millot, a maioria das pessoas trans não busca estar fora da diferença sexual: vivem, antes, presas e presos nela.

DIZER E MOSTRAR

A crescente visibilidade das pessoas trans significa um empoderamento político? Ela torna a sociedade mais segura para as pessoas transgênero? Como será a sociedade quando o aparente interesse suscitado pelas pessoas transgênero superar a curiosidade obsessiva e invasiva pelas questões ligadas aos transgênero, que reduz essa experiência a histórias de órgãos genitais?

Uma figura bem conhecida no movimento pelos direitos dos e das transexuais pode nos ajudar a explorar a difícil situação em que vivem as pessoas transexuais sob o olhar cada vez mais intrusivo do público. Quando a jornalista e ativista Janet Mock publicou *Redefining Realness*, um diário de sua transição como pessoa multicultural de cor vivendo na pobreza, seu livro foi bem recebido e entrou na lista dos *best-sellers* do *New York Times*. A jornada pessoal de Mock foi difícil: ela escreve sobre a forma como enfrentou a discriminação e se envolveu com a prostituição para economizar dinheiro para a cirurgia de mudança de sexo. Hoje, Mock é uma personalidade midiática estabelecida, roteirista, diretora e produtora de filmes para a Netflix. Mas seu sucesso não é tão simples quanto parece, nem sua relação com as mídias.

O que é bastante notável na trajetória de Mock é que ela inicialmente relutou em se assumir publicamente como uma mulher trans. Como ela escreve, temia "ser 'estigmatizada'" ("*othered*"), ou

---

[11] BAUDRILLARD, Jean. "Nous sommes tous des transsexuels". In: Écran total. Paris: Galilée, 1997, p. 23.

seja, "reduzida a ser apenas uma trans"[12]. Mock queria se distanciar da representação de pessoas trans na cultura popular, o que as torna objetos de pena ou desprezo. Ela acreditava que suas conquistas profissionais como jornalista seriam suficientes para protegê-la contra esses estereótipos. Segundo ela, havia um segmento da população trans que nunca havia sido reconhecido: tratava-se das "garotas de verdade que estão por aí", mulheres trans que eram vulneráveis porque eram "rejeitadas e desumanizadas"[13]. Foram vítimas de violência e discriminação; suas vidas "se situavam na interseção de raça, gênero, classe e sexualidade"[14]. Sentindo que fazia parte desse grupo, Mock decidiu contar sua história para sensibilizar a opinião pública. Desde então, ela se tornou uma figura importante: é uma defensora fervorosa da comunidade transgênero que contribuiu para transformar a imagem das mulheres trans nas mídias e fortalecer sua autonomia.

Mock se assumiu publicamente como mulher trans em 2011 na edição americana da revista *Marie Claire*. No entanto, a maneira como ela foi apresentada contradizia a própria mensagem que ela queria transmitir. Primeiro, ela foi "malgenerizada" (*"misgendered"*),[15] já que o artigo afirmava que ela nascera e fora criada como um menino[16]. Mock discorda: "Nasci no que os médicos proclamam ser o corpo de um menino. Não tive a escolha da atribuição de meu sexo ao nascer [...]. Minha cirurgia reconstrutiva genital não me fez uma menina. Sempre fui uma menina"[17].

Sua definição de identidade sexual a colocou no centro de controvérsias. Após a publicação de seu diário, *Redefining Realness*, Mock foi entrevistada pelo jornalista britânico Piers Morgan no canal de televisão CNN. A entrevista desencadeou uma querela

---

[12]MOCK, Janet. *Redefining Realness: My Path to Womanhood, Identity, Love, and So Much More*. Nova York: Atria Books, 2014, p. XIV-XV.

[13]*Idem*, p. XV.

[14]*Idem, ibidem*.

[15]Nota do tradutor: *Misgendering* é o ato de designar ou se referir a uma pessoa por um gênero que não corresponde à sua identidade.

[16]MOCK, Janet. "More Than a Pretty Face: Sharing My Journey to Womanhood". In: *Janet Mock (blog)*, 07/05/2011 Disponível em: <https://tinyurl.com/474dtb3a> (Acesso: 11 jan. 2023).

[17]*Idem, ibidem*.

violenta entre eles no Twitter. Enquanto Piers Morgan afirmava que a apoiara, Mock o acusou de "sensacionalizá-la" em vez de discutir questões trans importantes. De um lado, o texto exibido na tela afirmava que Mock "era um menino até os 18 anos" (embora ela se identificasse como mulher desde muito mais cedo) e Morgan a designava como alguém que outrora "já havia sido um homem". Depois que o programa foi ao ar, suas altercações no Twitter foram ferozes. "Fui menino até os 18 anos... porra, vá se tratar!", tuitou Janet Mock. Morgan respondeu: "Como você reagiria se descobrisse que a mulher com quem está namorando era antes um homem?". Mock objetou: "Eu não 'era antes um homem'. Pare de fazer sensacionalismo com minha vida e malgenerizar [*misgendering*] as mulheres trans." Piers Morgan tuitou, em resposta: "Muitas pessoas muito irritadas estão me acusando de 'transfobia' porque eu dediquei um terço do meu programa à história inspiradora de Janet Mock. Que esquisito". Ele então acrescentou: "Estou muito desapontado com os tweets de Janet Mock esta noite. Deliberadamente, e erroneamente, ela alimenta o sentimento de que sou 'transfóbico'. Que desagradável" e "Nunca fui submetido ao tipo de absurdos que Janet Mock e seus partidários me acusam hoje [...] gostaria de nunca a ter convidado". Depois de ser maltratado no Twitter por causa de seus comentários, Morgan escreveu: "Para informação, Janet Mock não teve nenhum problema na época com nossa entrevista, mas agora ela parece interessada em marcar alguns bons pontos. É muito decepcionante." A situação se agravou até que Morgan escrevesse: "Ser transexual não lhe dá o direito de insultar, de deturpar e de ridicularizar alguém que apoia 100% a questão. Você devia se envergonhar." Por fim, Morgan convidou Mock de volta ao seu programa para debater sua "agressividade" ao vivo no ar: "Volte ao meu programa hoje à noite, Janet Mock, e vamos discutir minha suposta 'agressividade' ao vivo. #CNN."

Na tempestade midiática que se seguiu a essa troca, Morgan foi tão duramente criticado pela comunidade LGBTQ que quando Mock voltou ao seu programa, ele lhe perguntou diretamente: "Quero saber por que é tão chocante dizer que você cresceu como um menino e que, em seguida, porque você sempre teve a sensação de ser uma mulher, você se submeteu a uma operação para se tornar uma mulher — para se tornar uma mulher de verdade, como você diz no livro. Por que isso é ofensivo?"[18].

A resposta de Mock ofereceu um poderoso apelo para mudar a forma como os corpos e as vidas trans são representados na grande mídia: "Acho que precisamos ter uma discussão sobre o que é gênero e o que são expectativas em relação ao gênero em nossa cultura. Penso que nascemos e que nos é atribuído ao nascermos — nenhum(a) de nós tem controle sobre [isso]. Mas temos o controle de nossos destinos e de nossas identidades e devemos ser respeitadas e respeitados. Não se trata do passado, ou de quais cirurgias eu posso ou não ter feito, ou como eu revelo meu sexo para as pessoas — é sobre quem eu sou agora"[19]. Quanto ao fato de ela não ter corrigido Morgan durante a primeira entrevista, Mock destacou que se ela tivesse que corrigir todos os erros relativos às atribuições de gênero, não haveria tempo para falar sobre a pobreza, o desemprego, a falta de segurança social e a violência que as pessoas transgênero vivenciam.

Esse espírito de retificação semântica obrigou Mock a participar de uma versão inversa da entrevista padrão da mídia convencional — o procedimento habitual é que uma pessoa trans seja repetidamente questionada sobre seus órgãos genitais. Dessa vez, foi a entrevistadora que foi chamada: Mock foi quem fez as perguntas impertinentes à comentarista de televisão e escritora Alicia Menendez, a quem ela bombardeava com questões invasivas tais como "Você tem vagina?", "Você se sentiu como uma menina?" e "Quem foi a primeira pessoa para que você disse que era cis?". Assim, Mock pretendeu pressionar Menendez a provar seu sexo enquanto pessoa cis. A entrevista viralizou e proporcionou uma oportunidade única de discutir a forma como a vida e o corpo das pessoas trans são retratados nas mídias.

Essa técnica se assemelha à da atriz Laverne Cox, que conseguiu interromper perfeitamente as perguntas invasivas de Katie Couric

---

[18]THARRETT, Matthew. "Why Is It So Offensive to Just Say That Transgender Women Grew Up as Boys?". In: *Queerty.com*. Disponível em: <https://tinyurl.com/ycktmytd> (Acesso: 19 jun. 2021).

[19]*Idem, ibidem.*

sobre os órgãos genitais durante uma entrevista na televisão. Cox interrompeu Couric, dizendo: "A preocupação com a transição e a cirurgia objetifica as pessoas trans", e desviou a atenção de Couric, assim como a nossa, de estereótipos para direcioná-la para a discriminação e as taxas impressionantes de violência contra pessoas trans nos Estados Unidos. "Se focarmos na transição, perderemos a oportunidade de abordar essas coisas"[20].

Diversas pessoas transgênero querem se tornar visíveis, ser reconhecidas e ter sua existência validada, mas poucas têm controle sobre como são apresentadas. A visibilidade se traduz por uma mudança? Por exemplo, as crescentes especulações e curiosidade exacerbada sobre a mudança de sexo de Jenner é parte daquilo que Janet Mock chama de "um show de horrores dos tempos modernos"[21]. Mas assim como Jenner, que anunciou sua mudança de sexo na televisão, a própria Mock não conseguiu escapar do canto das sereias da imprensa e, como vimos, ela apareceu publicamente como uma mulher trans em um artigo publicado com o título sensacionalista "Nasci menino". Por que foi necessário que Mock e Jenner (ambas muito bem informadas sobre o mundo da mídia) fizessem tal revelação pública e se oferecessem à manipulação das mídias? Por um lado, embora a exposição possa ser perigosa, também pode ser financeiramente lucrativa: essas duas personalidades consolidaram seu *status* de celebridade e lançaram seus próprios programas de televisão.

Mas em que medida aquilo que vemos é realista? O que é mostrado é excepcional. Por "excepcional" não estou me referindo aos resultados impressionantes, até mesmo espetaculares, das tecnologias atuais de mudança de sexo que fascinam os espectadores e espectadoras com imagens de "antes/depois" e surpreendem com a maneira como as pessoas trans parecem "reais" em seu gênero. Na verdade, não deveríamos ficar tão surpresos, nem pensar que a transformação tecnológica do corpo humano seja algo raro,

---

[20] BHOJANI, Fatima. "Watch Katie Couric's Offensive Attempt to Interview 2 Transgender TV Stars". In: *MotherJones.com*. Disponível em: <https://tinyurl.com/3xddexzb> (Acesso: 19 jun. 2021).

[21] BRYDUM, Sunnivie. "Watch: Janet Mock Sounds Off on InTouch's Bruce Jenner Cover". In: *Advocate.com*. Disponível em: <https://tinyurl.com/2vyc84xd> (Acesso: 19 jun. 2021).

mesmo quando os resultados são fantásticos: como observa Paul B. Preciado, alguém como Caitlyn Jenner simplesmente usa as mesmas tecnologias "normais" que as mulheres (cis) utilizam regularmente no Ocidente desde os anos 1950 — hormônios (como a pílula anticoncepcional ou a reposição hormonal após a menopausa), cirurgia plástica, maquiagem[22]. Após uma certa idade, qualquer pessoa com acesso a cuidados médicos pode ter partes artificiais do corpo — implantes dentários, próteses de quadril ou joelho, lentes artificiais, marca-passos, discos vertebrais de plástico etc. Se estamos todos nos tornando o "Deus protético" de Freud ou os *ciborgues* de Donna Haraway, por que toda essa atenção recente dada ao corpo trans, como se fosse algo novo? Trata-se simplesmente de uma busca por entretenimento trivial em uma sociedade do espetáculo?

TRANSFORMAÇÕES

Janet Mock e Laverne Cox são bons exemplos de como a mídia tende a instrumentalizar as pessoas trans e como é difícil deslocar o foco voyeurístico dado à estética (a aparência das pessoas trans) para a atenção às experiências das trans (como essas pessoas vivem). Como Mock escreve: "Minha intenção é realmente transformar a estrutura midiática da vida trans e levar as produtoras e produtores de conteúdo a se engajar em um discurso que não seja tanto sobre a aparência ou a sensação de um corpo trans ou sua transformação e evolução do que sobre as razões pelas quais é perigoso viver em um corpo trans[23]. Isso confirma o que chamei de "democratização da transgeneridade" em meu livro anterior *Please Select Your Gender*. A transgeneridade, de fato, perdeu muito de seu estigma nos últimos dez anos, mesmo que seu poder de choque permaneça significativo. Apesar da crescente presença de pessoas transgênero na consciência popular, elas ainda despertam um fascínio mórbido.

---

[22]PRECIADO, Paul. B. "Pop Quiz: Paul B. Preciado on the Bruce Jenner Interview". In: *Artforum.com*. Disponível em: <https://tinyurl.com/39xebwy3> (Acesso: 19 jun. 2021).

[23]MOCK, Janet. "Why I Asked Alicia Menendez About Her Vagina & Other Invasive Questions". In: *Janet Mock* (*blog*). Disponível em: <https://tinyurl.com/4fxvpy99> (Acesso: 01/05/2014).

A deformação da representação das experiências das pessoas transgênero se deve essencialmente à redução de histórias únicas e singulares a generalidades, a meros exemplos de uma categoria coletiva. Trabalhando para transformar a forma desumanizante como as pessoas trans são apresentadas na mídia, ao mesmo tempo em que contesta a hipótese de que existe uma experiência trans universal, Mock está resolutamente consciente de sua imagem pública, uma imagem que combina inteligência e beleza. Ela também "põe em questão os ideais de beleza de nossa cultura" enquanto revela "as maneiras pelas quais deliberadamente desvalorizamos, rejeitamos e menosprezamos as pessoas que são femininas". Mock considera a beleza e a moda como ferramentas de empoderamento: "Para mim, a cultura da beleza e da estética é outro caminho que me permite adornar meu corpo e me expressar com determinação." A beleza afirma e expressa sua identidade como mulher transgênero. Mock diz: "Minha feminilidade era mais do que apenas adorno, era uma extensão de mim, permitindo que eu me expressasse e afirmasse minha identidade. Meu corpo, minhas roupas e minha maquiagem são desejados, assim como eu sou desejada." Para Mock, moda e beleza não são apenas preocupações estéticas, mas uma atividade criativa que tem uma função ética; elas não são simplesmente uma expressão identitária, mas uma afirmação existencial. Isso dá uma ressonância diferente à mensagem de Caitlyn Jenner para às jovens pessoas transexuais: "Somos todos e todas lindos e lindas". A palavra mais importante aqui é "somos", não "lindos e lindas". Nos capítulos XIII e XIV, desenvolverei ainda mais a ideia de que a beleza é mais uma questão de ética do que de estética; é uma afirmação do ser.

CAPÍTULO DOIS

Despatologizar as pessoas trans

Embora sejam porta-vozes com as quais possamos nos identificar, celebridades bonitas e ricas como Caitlyn Jenner, Janet Mock ou Laverne Cox estão longe de serem representativas. De acordo com um estudo amplamente citado, 700.000 adultos se identificavam como transexuais nos Estados Unidos em 2011[1]. Em 2016, esse número dobrou e a comunidade transexual adulta foi estimada em 1,4 milhão, cerca de 0,4% da população americana, segundo uma pesquisa de dados federais e de Estado efetuada pelo Williams Institut da faculdade de direito da UCLA[2]. Dados demográficos atuais e precisos sobre pessoas transexuais poderiam contribuir para expandir seu reconhecimento oficial, sua proteção jurídica e acesso a cuidados de saúde, mas essas informações ainda não estão disponíveis. Pode ser difícil obter números reais, já que muitas pessoas transexuais lutam em silêncio e lidam secretamente com seus problemas de gênero. Muitas delas sofrem anonimamente de discriminação e violência. No entanto, elas não parecem tão invisíveis quanto há dez anos. Para quem está no centro das atenções, os holofotes parecem mais compreensivos e receptivos do que em qualquer outro momento. Somos talvez mais

---

[1] GATES, Gary. G. "How Many People are Lesbian, Gay, Bisexual, and Transgender?". In: *UCLA School of Law, The Williams Institute*, abr. 2011. Disponível em: <https://tinyurl.com/5n6jx9p9> (Acesso em: 11 jan. 2023).

[2] HOFFMAN, Jan. "Estimate of U.S. Transgender Population Doubles to 1.4 Million Adults". In: *The New York Times*. Disponível em: <https://tinyurl.com/5ezvpywb> (Acesso: 19 jun. 2021).

tolerantes agora do que nunca, mas ainda temos um longo caminho a percorrer.

Não há dúvida de que a exposição na mídia teve um impacto positivo na opinião pública: não apenas aceitamos cada vez mais as pessoas trans, mas estamos nos familiarizando com a fluidez e artificialidade do gênero (e da raça) enquanto desconstruímos a identidade como um fato imutável. No entanto, essa atenção ainda não melhorou os direitos civis de todas as pessoas transgênero. Não se deve esquecer que as experiências da maioria delas são muito diferentes das de Cox, Jenner ou mesmo Mock, que encarnam a realização do sonho americano de autoaperfeiçoamento e mobilidade de classes. Muitas pessoas trans são pobres, algumas são sem-teto. A maioria sofre discriminação com relação ao emprego e continua a levar uma vida precária, em parte devido à falta de proteção legal. As taxas de pobreza, falta de moradia, desemprego e saúde precária, infecção por HIV, de agressão e de prisão são altas entre as pessoas transgênero em geral e excepcionalmente elevadas entre as mulheres transgênero negras.

A literatura disponível sobre a saúde mental de pessoas transgênero indica que elas apresentam uma taxa mais elevada de diagnóstico de transtornos mentais do que o restante da população. Alguns usaram esses resultados para questionar as transições médicas. É verdade que a taxa de suicídio entre pessoas que se identificam como transexuais é extremamente alta. Um estudo de três décadas realizado na Suécia pelo Instituto Karolinska (1973-2003), um dos mais importantes desse tipo, acompanhou pessoas trans por uma média de dez anos após a cirurgia e descobriu que elas tinham 19 vezes mais chances de cometer suicídio e uma taxa de mortalidade três vezes maior do que a da população cis (não trans)[3]. Nos Estados Unidos, um estudo de 2010 confirmou esse quadro alarmante: 41% das pessoas que se identificam como trans ou não conformes tentaram suicídio pelo menos uma vez — o percentual para a população geral é de 4,6%. As diretrizes atuais de cuidados exortam aquelas e

---

[3]DHEJNE, Cecilia. *et al.* "Long-Term Follow-Up of Transsexual Persons Undergoing Sex Reassignment Surgery: Cohort Study in Sweden". In: *PLoS ONE*, v. 6, n. 2, 22 fev. 2011.

aqueles que desejam fazer a transição a consultar um(a) profissional de saúde mental para "garantir a elegibilidade e a preparação para um tratamento hormonal" e "cirúrgico". Essa recomendação coloca no centro a e o profissional responsável pelo tratamento, seja ele psicanalista, psiquiatra ou psicólogo, que será chamado(a) a desempenhar um papel complexo e potencialmente controverso enquanto especialista autorizando ou vetando a transição. Esta é uma questão à qual voltarei e que também destaca a importância e a urgência que há em oferecer melhores cuidados às pessoas trans antes e depois de sua mudança de sexo[4].

Outro estudo feito com mais de 1.000 transexuais *M to F* e *F to M* (1.093 pessoas, para ser mais precisa) revelou alta prevalência de depressão clínica (44,1%), angústia (33,2%) e somatização (27,5%). Uma das principais causas de sofrimento psicológico foi o estigma social[5]. Este estudo exaustivo recomendou melhor acesso à saúde mental e aos serviços sociais.

"A única maneira de eu descansar em paz é que um dia as pessoas transexuais não sejam mais tratadas como eu fui, mas como seres humanos", escreveu Leelah Alcorn, uma garota trans de 17 anos de Ohio, antes de se jogar sob as rodas de um trator[6]. "Corrija a sociedade. Por favor"[7]. Até recentemente, nenhum estudo havia sido capaz de identificar as causas de uma taxa de suicídio tão alta dentro da comunidade trans. Sob o pungente título "Se não fosse isso, certamente já teria morrido", um estudo canadense realizado em 2015 pela Western University de Londres (Ontário) permitiu concluir que a marginalização social era um fator de risco preponderante[8]. Este estudo revelou

---

[4] HAAS, Ann P. *et al.* "Suicide Attempts among Transgender and Gender Non-Conforming Adults". UCLA School of Law, The Williams Institute, jan. 2014. Disponível em: <https://tinyurl.com/3emtcezk>.

[5] BOCKTING W. O. *et al.* "Stigma, Mental Health, and Resilience in an Online Sample of the US Transgender Population". In: *American Journal of Public Health*, v. 103, n. 5, 2013, p. 943-951.

[6] FANTZ, Ashley. "An Ohio Transgender Teen's Suicide, A Mother's Anguish". In: *CNN.com*. Disponível em: <https://tinyurl.com/2t9zptrn> (Acesso: 19 jun. 2021).

[7] LOWDER, J. Bryan. "Listen to Leelah Alcorn's Final Words". In: *Slate*. Disponível em: <https://tinyurl.com/2fbnh3wh> (Acesso: 19 jun. 2021).

[8] BAUER, G. R. *et al.* Intervenable Factors Associated with Suicide Risk in Transgender Persons: A Respondent-Driven Sampling Study in Ontario, Canada », *BMC Public Health*, n. 15, 2 jun. 2015, p. 525.

que as pessoas que tiveram apoio social e acesso a documentos de identificação pessoal, ou que fizeram uma transição médica com hormônios ou cirurgias, apresentaram uma redução pronunciada no risco de suicídio. O apoio dos pais face à identidade sexual também foi associado a uma redução acentuada na ideação suicida.

Não só o apoio social é importante no combate à estigmatização, mas é essencial ter em mente que ser transexual não é um transtorno mental ou uma condição psiquiátrica. Ou seja, o transgênero não deve ser definido como patologia. Se o transgênero não é patológico, a mudança de sexo não pode, então, ser considerada nem como tratamento nem como cura. Muitas vezes, a principal causa do sofrimento decorre da estigmatização social. Segundo um estudo recente, a principal causa de aflição e carência entre as pessoas transgênero é justamente a classificação da identidade transgênero como um transtorno mental[9]. Este estudo, realizado no México e atualmente sendo replicado na França, no Brasil, na Índia, na Líbia e na África do Sul, demonstra que a identidade transgênero não é um transtorno mental e nem deve ser classificada como tal. A presença de transtornos mentais entre a população trans não é universal, e o sofrimento mental está mais fortemente ligado a experiências de estigmatização e de violência do que à incongruência de gênero. O estudo apresenta um argumento convincente em favor da desclassificação da identidade transgênero como um transtorno mental. Em 2013, a Associação Psiquiátrica Americana retirou de seu manual o diagnóstico de "transtorno de identidade de gênero" e o substituiu pelo menos estigmatizante "disforia de gênero"[10]. Todavia, a patologização das expressões não normativas de gênero e sexualidade persiste na forma de discriminação e violência. Como a incongruência de gênero não é uma patologia em si, o realinhamento dos sexos não deve ser visto como um remédio ou um tratamento.

---

[9]ROBLES, Rebeca *et al.* "Removing Transgender Identity from the Classification of Mental Disorders: A Mexican Field Study for ICD-1". In: *The Lancet*, v. 3, n. 9, set. 2016, p. 850-859.
[10]AMERICAN PSYCHIATRIC ASSOCIATION. *Manual diagnóstico e estatístico de transtornos mentais, 5ª edição* (DSM-5). Porto Alegre: Artmed, 2014, p. 451-460.

A PSICANÁLISE NÃO É UMA PATRULHA DE FRONTEIRA

Para aquelas e aqueles que acreditam que sua certidão de nascimento corresponde ao sexo com o qual se identificam, agora é oficial. A palavra *cisgênero* entrou em vários grandes dicionários de língua inglesa. Atualmente, o dicionário *Merriam-Webster* inclui o termo *cisgênero* ("Pessoa que sente internamente que seu gênero corresponde ao sexo com o qual foi identificada no nascimento"), assim como o *Oxford English Dictionary*, que é referência ("Designando uma pessoa cujo sentimento de identidade pessoal corresponde ao sexo e gênero que lhes foi atribuído no nascer"). Embora a palavra exista na linguagem cotidiana há quase duas décadas, a inclusão oficial do termo *cisgênero* na nomenclatura é significativa em muitos aspectos.

Cisgênero transcende a divisão trans/não trans. Também coloca em questão a noção daquilo que é normal na sexualidade e na identidade sexual em um movimento de despatologização do sexo e da não conformidade de gênero e de sexo. Por exemplo, qual é o grau de universalidade da heterossexualidade? Como ela se tornou o *status quo*? Não muito tempo atrás, a homossexualidade era considerada uma aberração, um desvio. Como resultado, ninguém falava de "heterossexuais", pois se supunha que a heterossexualidade era a norma. É claro que esse tipo de terminologia é carregado ideologicamente e transmite ideias culturalmente construídas de norma e desvio. Como Jonathan Ned Katz mostrou em *A invenção da heterossexualidade*, até muito recentemente, 1923 para ser exata, o termo *heterossexualidade* se referia a uma "paixão sexual mórbida"; seu uso atual foi originalmente criado para tornar mais legítimo o prazer nas relações sexuais entre homens e mulheres.[11]

Freud sempre questionou a ideia de normalidade na sexualidade humana. O que é próprio da psicanálise não é a heterossexualidade, mas uma sexualidade que desfaz categorias binárias

---

[11] KATZ, Jonathan Ned. *A invenção da heterossexualidade*. Trad. Clara Fernandes. Rio de Janeiro: Ediouro, 1996, p. 99-100.

estáveis, como evidenciado na disposição erótica geral à perversão, o que faz assim do desvio uma norma. Da mesma forma, a adoção do termo *cisgênero* torna evidente a ideia de que gênero é um sentimento interno tanto para pessoas não trans quanto trans, e que assim como a heterossexualidade, a cisgeneridade tem determinações históricas e culturais. Não deveria, portanto, ser considerada uma fatalidade natural.

O processo de cidadania e o processo de adesão a um gênero podem ser colocados em paralelo. O gênero e a nacionalidade são declarados no nascimento, sem que haja qualquer esforço ou escolha por parte do indivíduo em questão. Caso se deseje alterar um ou outro, essa mudança implica um processo longo e complexo que depende da aprovação das autoridades legais. As regras para naturalização e modificação da designação de sexo nos documentos legais variam de país para país (para designação de sexo, as leis nos Estados Unidos variam segundo a jurisdição em cada Estado da União e, às vezes, cada organismo que emite documentos de identidade tem requisitos diferentes, assim como um processo distinto, para alterar o nome e marcador de gênero). A "naturalização" e a "modificação do gênero" geralmente vêm acompanhados de exigências específicas: um período determinado de residência no país ou de vida no gênero escolhido, conhecimento demonstrável da língua ou da cultura nacional dominante, ou prova de ter sido submetido a cirurgia de mudança de sexo ou tratamento clinicamente apropriado para fins de transição de gênero. Acontece também que é necessário um juramento ou juramento à bandeira. Muitas vezes, exige-se a renúncia a qualquer outra cidadania que também se possa ter, o que proíbe a dupla cidadania, assim como a indeterminação de gênero.

Em seu "Prefácio à edição inglesa do *Seminário 11*", Lacan escreve, referindo-se à identidade regional dos povos do Norte da França que são chamados de "chti" ou "cht": "O que me dizia um Cht é que eu o era, nato. Repudio esse certificado: não sou poeta, mas um poema. E que se escreve, apesar de ter jeito de ser sujeito"[12].

---

[12] LACAN, Jacques. "Prefácio à edição inglesa do *Seminário 11*". In: *Outros escritos*. Trad. Vera Ribeiro. Rio de Janeiro: Zahar, 2003, p. 568.

DESPATOLOGIZAR AS PESSOAS TRANS

Uma certidão de nascimento é um documento oficial emitido para registrar o nascimento de uma pessoa. Ele comporta marcas simbólicas como nome, gênero, data de nascimento, naturalidade e filiação; esses dados vitais são determinados de antemão, e temos pouca influência sobre eles. Um sujeito entendido como um poema é algo bem diferente. Como etimologicamente a palavra *poema* [*poème*] significa "coisa feita ou criada", a observação de Lacan nos faz pensar o sujeito como uma invenção criativa, como um "fazer novo".

De fato, uma pessoa trans precisa de uma boa dose de *savoir-faire*, de traquejo, para conseguir fazer sua transição. Nos Estados Unidos, a maioria dos estados permite alterações de nome e de sexo em uma certidão de nascimento, seja alterando a certidão de nascimento existente ou pela emissão de uma nova. Mas muitos estados dos EUA ainda exigem comprovação médica da "conclusão" da mudança de sexo (cirurgia) para justificar uma mudança de marcador de sexo. A mudança de nome já foi um procedimento quase impossível em países como a França, ao passo que para a população trans isso significava apresentar avaliações psiquiátricas, produzir evidências de cirurgia de mudança de sexo e submeter-se a uma esterilização forçada. Em 2016, em uma grande vitória para os direitos das pessoas transgênero, um projeto de lei foi aprovado na França permitindo que qualquer pessoa que demonstre que seu *status* legal de gênero não corresponde ao gênero vivido mude legalmente de gênero sem cirurgia ou esterilização forçada, pondo fim a procedimentos longos, incertos e humilhantes pelos quais as pessoas transexuais tiveram que passar no passado. Em um movimento pioneiro, a Argentina se tornou, em 2012, o ambiente jurídico mais favorável do mundo para pessoas trans. Em virtude de sua pioneira Lei de Identidade de Gênero (*Ley de identidad de género*), as pessoas trans foram autorizadas a mudar seu gênero e nome legais em seus documentos de identidade sem autorização judicial nem a necessidade de se submeter a um procedimento cirúrgico.

Os direitos fundamentais das pessoas trans são cada vez mais reconhecidos, de modo que a medicalização não é mais a regra em muitos países. Depois da Argentina, países como Dinamarca, Malta, Colômbia, França, Noruega e Irlanda agora permitem que seus cidadãos e cidadãs determinem seu gênero sem atestado ou intervenção médica. No outro extremo do espectro, poderíamos situar a situação paradoxal do Irã, um caso fascinante em termos de direitos das pessoas transgênero. A República Islâmica do Irã, país que criminaliza a homossexualidade e onde os direitos das mulheres são severamente restringidos, autoriza e subsidia parcialmente as operações de mudança de sexo desde meados da década de 1980; também ocupa o segundo lugar no mundo para o número de operações de mudança de gênero, logo após a Tailândia[13]. Esse desvio pelas sutilezas jurídicas da naturalização e da mudança de gênero dos cidadãos e cidadãs pode nos remeter ao velho debate natureza/cultura com uma perspectiva renovada, pois constatamos uma tendência promissora a priorizar a experiência vivida de gênero sobre as modificações do corporais medicalizadas.

A PSICANÁLISE DEVE SER REORIENTADA

Escrevo este livro como psicanalista, ciente das compreensíveis reticências para com a psicanálise que podem existir dentro da comunidade trans. A psicanálise tem uma história infeliz de patologização dos gêneros e das sexualidades não normativas. Quero romper com essa tradição. Em minha prática, não encontrei nenhuma evidência da crença segundo a qual todas as pessoas trans são psicóticas. Portanto, defendo uma despatologização da experiência trans e prefiro pensar em termos de sintomas trans. Algumas pessoas podem se perguntar por que chamo isso de sintoma. Se tomarmos emprestada a teoria posterior do *sinthoma* de Lacan, então um sintoma não é mais o que pode ser no campo médico, isto é, a manifestação de uma doença que deve ser eliminada; pelo contrário, ao usar a grafia arcaica francesa da palavra *symptôme* [sintoma], o *sinthome* [sinthoma] adquire um novo sentido, pois representa não uma patologia, mas uma espécie de solução criativa[14]. Para um(a) analista,

---

[13]Para uma avaliação científica confiável da complexidade da transgeneridade no Irã, ver: NAJMABADI, Afsaneh. *Professing Selves: Transsexuality and Same-Sex Desire in Contemporary Iran*. Durham: Duke University Press, 2014.

[14]Nota da editora: essa diferenciação entre o "sintoma" médico, a ser eliminado, e o "sinthoma", a solução criativa que sustenta os três registros da experiência subjetiva (o Real, o Simbólico e o Imaginário), foi desenvolvida por Lacan nos anos 1970,

um sintoma pode ser algo de que se goza, como lembra Slavoj Zizek, algo que pode permitir que você exista no mundo — sua estratégia de sobrevivência idiossincrática e criativa. Nesse sentido, a viagem entre os gêneros poderia ser um sintoma criativo, uma forma de tornar a vida vivível.

Enquanto psicanalistas, temos a responsabilidade ética de adotar uma atitude mais tolerante para com as diferentes manifestações não normativas da sexualidade e do gênero. Temos muito a aprender com pessoas transgênero sobre sexo e gênero, pois elas podem nos ajudar a reorientar nossa prática e melhorá-la. Como praticante clínica atuante nos Estados Unidos, distancio-me da posição historicamente adotada pela maioria dos psicanalistas lacanianos, que consiste em fazer o transgênero coincidir com patologias graves como a psicose. Também me dessolidarizo com a teoria e a doxa *queer* habituais, e vou de encontro às ideias populares atuais sobre sexo e gênero predominantes na cultura americana atual.

Conforme vimos, uma mudança de gênero não é uma escolha consumista semelhante às decisões de fazer um regime ou parar de fumar. A deformação midiática absurda, mas comum nos Estados Unidos, é reduzir a transição a um modo de vida mais autêntico, uma autorrealização. Ora, como aprendi em minha prática, ser trans implica um esforço implacável que consome o sujeito, e não uma escolha de consumo. É uma atividade voraz. Um gênero não é uma mercadoria, embora algumas pessoas possam se permitir uma encarnação mais bem-sucedida, tendo acesso a melhores cuidados médicos. A variável econômica está ali, e as regras do mercado se aplicam. No entanto, um corpo sexuado não é uma escolha de consumo, mas sim uma questão urgente que toca as coordenadas mais íntimas e privadas do ser de uma pessoa.

De que tipo de escolha estamos falando aqui? Lacan foi além de Freud ao postular que a assunção da sexualidade humana implica um processo pelo qual cada pessoa faz uma escolha e adota um posicionamento sexual que não depende inteiramente de diferenças

---

especialmente em seu seminário 23, *O sinthoma*, que teve por tema central o escritor irlandês James Joyce. LACAN, Jacques. *O seminário, livro 23*: *O sinthoma*. Trad. Sérgio Laia. Rio de Janeiro: Zahar, 2007.

anatômicas, nem mesmo de suas consequências psíquicas, ou das convenções sociais. Lacan lança seu conceito de "sexuação" para dar conta da escolha sexual inconsciente que esse processo implica. Trata-se de uma escolha que pode ser ou não imposta pela morfologia anatômica que define um sexo e outro, e que pode ou não ser determinada pela forma como a sociedade inscreve cada gênero com regras, papéis precisos e sua prescrição. A assunção de um posicionamento sexual resulta do modo como alguém se acomoda com a diferença sexual, uma diferença que não é determinada nem pelo sexo (anatomia) nem pelo gênero (construção social), pois, no fundo, trata-se de uma escolha subjetiva, inconsciente.

Lacan sustentava que, diante da sexuação, é preciso tomar partido. Há um "lado homem" e um "lado mulher", posições que não são determinadas pela biologia, mas pela lógica dos investimentos inconscientes. Libertada dos grilhões da anatomia, a hipótese de um posicionamento generificado decorre da autoautorização na fala. A ideia é que a autorização enquanto ser sexual (homem, mulher ou outro) tem origem no sujeito, o que quer dizer que, em matéria de diferença sexual, procede-se de própria autorização. Assim, todo posicionamento sexual situa-se numa zona de ambiguidade entre autor e autoridade, questionando tanto a função de autor quanto a de autoridade. Essa ideia é uma variante do conhecido aforismo de Lacan: "o analista só se autoriza de si mesmo"[15]. O fato de Lacan aplicar seu princípio radical de "autoautorização" no caso da formação dos psicanalistas em questões de identidade sexual revela que, em ambos os casos, trata-se de pensar uma nova propedêutica da diferença sexual.

Lacan também insiste em "...e alguns outros", o que remete ao grupo próximo dos amigos e conselheiros. A prudência de suas afirmações contrasta com o discurso usual da psicanálise.

---

[15]LACAN, Jacques. "Proposição de 9 de outubro de 1967 sobre o psicanalista da Escola". In: *Outros escritos*. Trad. Vera Ribeiro. Rio de Janeiro: Zahar, 2003, p. 248, e em *O seminário 21: Les non-dupes errent*, aula de 09/04/1979, inédito. Neste seminário, Lacan justapõe duas fórmulas: "O ser sexuado só se autoriza de si mesmo... e alguns outros" e "O analista só se autoriza de si mesmo... e alguns outros"; "é isso que equilibra meu dizer de que o analista só se autoriza de si mesmo. Isso não quer dizer que ele esteja sozinho ao decidir, como acabo de ressaltar com relação ao ser sexuado".

Com efeito, as relações entre psicanálise e pessoas transexuais são historicamente muito atribuladas, e as pessoas trans têm muitas razões para continuar a desconfiar dessa disciplina. Na medida em que uma grande porcentagem da população transexual se presta a alguma forma de terapia por meio da fala, esse conflito com a psicanálise não se deve ao desinteresse pelo processo. Segundo um estudo recente, 75% da população transgênero está atualmente envolvida em alguma forma de terapia pela fala ou já esteve no passado, e outros 14% expressam o desejo de seguir uma terapia semelhante no futuro. Em comparação, apenas 3,18% da população geral dos Estados Unidos está envolvida em alguma forma de psicoterapia[16].

O acesso ao tratamento pode ser complicado por vários fatores. Como vimos, um(a) profissional de saúde mental desempenha um papel central no processo de realinhamento de gênero. Muitas vezes, para começar a receber tratamento médico de transição, uma pessoa pode precisar de uma ou duas cartas confirmando que é uma boa candidata para receber prescrições hormonais ou se submeter a uma cirurgia. Essas cartas certificarão que a transição médica não prejudicará a saúde mental do ou da paciente. Essa demanda interfere na dinâmica analista/analisante, correndo-se o risco de colocar o(a) analista na posição de guardião ou mestre.

Mesmo quando essa exigência pode não estar presente, tanto de forma sutil quanto brutal, como vimos, a psicanálise ganhou má reputação por sua história de patologização das sexualidades e gêneros não normativos, impedindo, assim, que a cura ocorresse da maneira mais produtiva possível. Muitos analistas foram ameaçados, ou seja, desconcertados pela não conformidade de gênero e de sexo, e muitas vezes não conseguiram dissimular seus pontos de vista, o que resultou numa infeliz história homofóbica e transfóbica. Tim Dean e Christopher Lane observam que um dos maiores

---

[16]GRANT, J. M. *et al.* "Injustice at Every Turn: A Report of the National Transgender Discrimination Survey", *National Center for Transgender Equality and National Gay and Lesbian Task Force*, Washington (DC), 2011, disponível em: <https://tinyurl.com/cvv2yfjk> (Acesso: 17 jan. 2023); OLFSON, M.; MARCUS, S. C. "National Trends in Outpatient Psycho-therapy", *The American Journal of Psychiatry*, v. 167, n. 12, dez. 2010, p. 1456-1463, disponível em: <https://tinyurl.com/v8e5spds> (Acesso: 17 jan. 2023).

paradoxos nos anais da psicanálise é que, ao longo do confronto da prática com a não conformidade de gênero, suas instituições têm, em seu desenvolvimento, normalizado práticas moralizantes e discriminatórias, que são contrárias aos conceitos psicanalíticos[17]. A história transfóbica da psicanálise se baseia em uma reinterpretação seletiva dos textos freudianos ou em distorções redutivas decorrentes dessa história homofóbica e transfóbica. É triste, pois a psicanálise, desde que consiga se livrar de sua história normalizadora e discriminatória, tem muito a oferecer.

Escutar realmente o inconsciente é lidar com sexo, portanto, com identidade sexual e a sexualidade. O trabalho analítico se interessa pela complexa relação entre o corpo e a psique, ressaltando a precariedade do gênero, a instabilidade da oposição homem/mulher e a fragilidade da identificação sexual, cujas fissuras remontam à psicanálise freudiana. Como explico nos capítulos VIII e IX, Freud observa em seu relato do tratamento de Dora, uma histérica de 18 anos, que a jovem adotou uma atitude particular em relação à mulher casada com quem seu pai teve um caso extraconjugal. Dora descreve o "seu 'corpo branco encantador', num tom que lembrava antes o de uma namorada do que o de uma rival derrotada"[18]. Na verdade, o interesse de Dora pela "outra mulher" era sustentado pela crença de que a amante de seu pai encarnava o mistério da feminilidade — o tipo de mulher que poderia responder à questão "O que é uma mulher?". Em seu inconsciente, Dora estava posicionada como um homem (como seu pai) e estava tentando se tornar uma mulher amando uma mulher como um homem o faria. A situação de Dora pode ser universalizada. Os psicanalistas que seguem as ideias de Lacan costumam dizer que um(a) histérico(a) é uma pessoa que está presa em uma estrutura de indecisão, que não pode saber se é um homem ou uma mulher.

Por mais provocativa e contraintuitiva que essa teoria possa parecer, eu ficaria, contudo, tentada a segui-la, mesmo porque, em

---

[17] DEAN, Tim; LANE, Christopher (orgs.). *Homosexuality and Psychoanalysis*. Chicago: University of Chicago Press, 2001.
[18] FREUD, Sigmund. "Fragmento da análise de um caso de histeria". In: *Obras completas*, v. 6. Trad. Paulo César de Souza. São Paulo: Companhia das Letras, 2016, p. 243.

minha prática, os histéricos que trato acham extremamente difícil assumir uma posição de homem, de mulher ou qualquer outra coisa. As categorias usuais de orientação sexual fazem muito pouco sentido quando se considera a sexualidade inconsciente. Em última análise, o trabalho analítico nos obriga a enfrentar o enigma da diferença sexual, chamando a atenção para as incertezas da sexualidade e as dificuldades de fazer uma escolha sexual e assumir um posicionamento sexual. Todas essas questões essenciais com as quais os analistas lidam diariamente poderiam ter implicações importantes para os teóricos, teóricas e ativistas da igualdade entre os sexos, assim como para as pessoas trans, pois elas provavelmente enriquecerão os debates atuais sobre gênero, sexualidade e identidade.

CAPÍTULO TRÊS

O gênero no liquidificador

"Por que eu? Não sou uma mulher. Queria que isso parasse. Mas não, não parou. Tentei viver com isso. Tentei esquecer. Mas me sentia morta por dentro. Queria sair disso. Não se pode transformar um homem em uma mulher. Não se pode esconder quem se é realmente. Tentei me acalmar. Estou na casa dos 60 anos, uma esposa, dois filhos crescidos, um bom emprego. Deveria ter pensado em me aposentar. Eu queria refutar tudo isso. Mas não pude. Mudei. Agora vivo como sou. Tudo mudou em mim e, no entanto, sou mais eu mesmo do que nunca".

Estas são as palavras que minha analisante Jana proferiu durante sua primeira sessão. Ela decidiu consultar uma psicanalista quando estava nos estágios iniciais de sua transição de homem para mulher. Jana procurava um lugar acolhedor onde pudesse falar livremente sobre sua situação atual, sua identidade sexual — algumas "questões de gênero", para usar seus termos. "Nunca conversei com nenhum profissional sobre isso, mas a perspectiva de não fazer nada me incomoda cada vez mais. Sinto que cheguei a um ponto em que preciso falar com alguém".

Abioye, 19 anos, que trabalhava comigo há algum tempo, começou sua última sessão com um comentário sobre o fato de que a anatomia não deveria ser um destino: "Essa é a minha conclusão — se alguém diz 'sou uma mulher', 'sou um homem', ou simplesmente 'sou (o que quer que ele ou ela pense que eu sou)', essa pessoa deve ser levada a sério". Abioye havia marcado sua primeira consulta alguns meses antes porque, como ele explicou, "pensei na transição e queria falar sobre isso primeiro. Estou pronto para iniciar a terapia de reposição hormonal. Sempre senti isso, mas guardei num canto escondido na minha cabeça, pensando que não era normal. Mas tomei minha decisão. Basicamente, passei a me aceitar. Nasci mulher, mas desde que me lembro, sempre quis ser homem. Estou pronto para mudar".

Jana e Abioye entraram em contato comigo em um ponto de virada em suas vidas. Ficou claro que algo havia mudado drasticamente para essas duas pessoas. Percebi que minha posição como psicanalista também precisava mudar. Sabemos que psicanalistas e pessoas transgênero têm um passado difícil. Os praticantes clínicos do passado adotaram atitudes condescendentes e moralizantes, relegando sistematicamente as sexualidades não normativas e as variações de gênero ao terreno da estigmatização e da patologia. Rejeitadas e rejeitados, discriminadas e discriminados, pacientes trans mantiveram uma atitude muito desconfiada em relação à psicanálise — e podemos entendê-los.

"Por que você se interessa por pessoas transgênero?", me perguntam frequentemente. A resposta é simples: o divã da análise é uma janela. Através dela, podemos ver o que está acontecendo na sociedade. Se você mantiver um ouvido psicanalítico aguçado, há muito para ouvir e descobrir. Em minha clínica, deixo meus e minhas pacientes me guiarem e, através de suas palavras, aprendo. Ouvi uma mudança em seus comentários: das questões de escolha sexual ("Quem eu amo? Os homens ou as mulheres?"), a ênfase se deslocou para questões de identidade sexual ("Sou hétero ou bissexual?"). Por outro lado, observei que, para o(a)s pacientes cujos corpos e seres não se alinham, a questão não está relacionada a uma certeza quanto à sua identidade. Por outro lado, essas pessoas se perguntam: "Por que não posso ser amado(a) pelo que sou?".

"Então, você é especialista em pacientes LGBTQ+?". Devo admitir que essa questão me incomoda às vezes. Como psicanalista, nunca se é especialista em nada, no sentido de que se deve manter a mente aberta e abster-se de limitar seu campo de ação. A chave está na regra fundamental da análise: a associação livre. Ela se refere ao convite a dizer o que vier à mente, independentemente de ser constrangedor, ofensivo ou inapropriado. Essa regra não apenas ajuda o(a) analisando(a) a falar livremente, mas também implica que o analista está disposto a escutar sem julgar ou perseguir uma ideia preconcebida. Poder-se-ia dizer que a regra fundamental faz do(a) analisando(a) o(a) único(a) especialista no consultório. Expressando-se sem restrições, o(a) analisando(a) pode dizer tudo o que tiver intenção de dizer, mas também mais do que quer dizer, mais do que pensa saber. Em outras palavras, essa regra supõe que o(a)s analisando(a)s são os especialistas, possuidores de um saber que lhes é desconhecido por estar em seu inconsciente, mas que pode emergir durante o tratamento. Assim, quando perguntada se sou uma especialista LGBTQ+, respondo: "Não sou — meus/minhas analisandos/as são". Graças a essa atitude, vejo em minha prática muitas pessoas que não se conformam às regras de gênero.

SUPERAR A DICOTOMIA MENINO/MENINA

Mudanças rápidas estão ocorrendo nas atitudes da sociedade em relação ao sexo e ao gênero. Elas são claramente percebidas no nível do consumo. Em resposta às demandas de uma base crescente de consumidores preocupados com a fluidez de gênero, as principais cadeias de lojas nos Estados Unidos estão se livrando da divisão menino/menina em seus departamentos infantis. A separação rosa e azul nos departamentos de brinquedos, roupas de cama, decoração de interiores e lazer dos grandes varejistas desapareceu. A neutralidade dos gêneros é um argumento de venda para os pais do novo milênio que agora estão na casa dos vinte ou dos trinta e que cada vez mais escolhem nomes unissex como Hayden, Charlie, Emerson ou River para seus bebês, a fim de criar seus filhos com papéis e identidades sem gênero, isto é, borrando as linhas tradicionais entre meninos e meninas.

Para as gerações mais jovens que nunca experimentaram a vida sem a internet, como aquelas do pós-segundo milênio ou a geração Z, as fronteiras entre homens e mulheres estão cada vez mais borradas. Os meninos podem usar esmalte, as meninas andam de skate. O gênero foi para o liquidificador, não é mais determinado pelo nascimento, mas, antes, pela escolha — ou, para mudar a metáfora, eu diria que o muro entre o binário dos sexos sucumbiu ao mesmo destino que o Muro de Berlim. Ainda estamos pegando seus pedaços e examinando-os. A experiência dos transgêneros, que põe em questão as formas tradicionais de pensar sobre a encarnação do sexo e do gênero, ganha cada vez mais visibilidade e perde seu caráter outrora excepcional. As mídias exercem um fascínio inegável sobre as histórias cotidianas das pessoas transgênero. Toda essa encenação de uma presença trans nos torna mais conscientes da discriminação, da desigualdade e da violência que as pessoas trans continuam sofrendo? O mundo está mudando? Ou trata-se apenas de uma imagem?

Como vimos, a mutabilidade dos gêneros entrou na linguagem cotidiana desde a transição muito pública de Caitlyn Jenner. Refletindo essa tendência à fluidez dos gêneros, a rede social Facebook há algum tempo introduziu uma variedade de pelo menos 56 opções de gênero para seus usuários norte-americanos. Claro, a seleção se afasta do binário tradicional de masculino ou feminino. Além da possibilidade de manter seu sexo privado, a plataforma oferece uma enorme variedade de opções de identidade de gênero. A lista completa na aba "Gênero" do Facebook é a seguinte: agênero, andrógino, bigênero, cis (abreviação para aquelas e aqueles cujo sexo de nascimento e sentimento de gênero se alinham), cisgênero, cis feminino, cis masculino, cisgênero feminino, cisgênero masculino, dois espíritos, feminino para masculino, FTM, *genderqueer*, questionamento de gênero, gênero fluido, inconformismo de gênero, variação de gênero, homem cis, homem cisgênero, homem para mulher, homem trans*, homem trans, homem transgênero, homem transsexual, intersexo, MTF, mulher cis, mulher cisgênero, mulher trans*, mulher trans, mulher transgênero, mulher transsexual, não binário, nenhum, neutro, outro, pangênero, pessoa trans*, pessoa trans, pessoa transgênero, pessoa transsexual, trans*, trans, trans* feminino, trans feminino, trans masculino*, trans masculino, transexual, transfeminina, transgênero masculino, transgênero, transmasculino, transsexual feminino, transsexual masculino[1].

Após o sucesso desse recurso personalizado, foi oferecida aos usuários britânicos uma lista ainda mais abrangente, abrangendo

---

[1] OREMUS, W. "Here Are All the Different Genders You Can Be on Facebook". In: *Slate*, disponível em: <https://tinyurl.com/4yu8vt4z > (Acesso: 03 jun. 2021).

71 opções de gênero[2]. Apesar de suas nuances, nenhuma dessas opções se relaciona com a sexualidade. Como a escritora e ativista transgênero Jennifer Finney Boylan disse, esta lista exaustiva não diz respeito ao gênero da pessoa com quem você transa, mas ao gênero que você é quando transa[3]. Para quem se identifica fora do binário de gênero, a riqueza de opções não esgotou o atual léxico das expressões de gênero. É por isso que, mais recentemente, o Facebook adicionou outro recurso para seus membros americanos: um campo de formulário livre onde os usuários podem escrever em seu próprio gênero, caso não se sintam representado(a)s pelas 56 opções existentes. Essa mudança dá sequência à inclusão de três escolhas de pronomes preferenciais para o(a)s usuário(a)s: *he*, *she* ou *they* [ele, ela, eles/elas], assim como opções não sexuadas para descrever os membros da família (por exemplo, membro da fratria da família do(a) cônjuge, ou filho(a) de um membro da fratria). Essa nomenclatura ampliada de gêneros comprova que, ao menos para os cerca de 2,85 bilhões de usuários do Facebook, o gênero não é mais apresentado como um binário, mas como um espectro. O menu de opções de expressão de gênero continua a ser reescrito. Seu excesso semântico se aventura em direção a um excedente de ser que desafia toda categorização.

Para algumas pessoas, identidade de gênero e orientação sexual são completamente separadas, mas outras sentem que seu gênero determina suas escolhas de objeto, o que nos permite notar que, para a sexualidade, há também um glossário igualmente extenso, um outro espectro de rótulos que está em constante mudança e expansão. A ideia de Alfred Kinsey, em meados do século XX, que causou tanto escândalo em sua época, segundo a qual a orientação sexual humana poderia ser avaliada em uma escala de 0 a 6, com matizes intermediários entre heterossexual e homossexual, aparece hoje como uma simplificação excessiva e obsoleta. Por exemplo, o site de namoro on-line OkCupid (5 milhões de usuários ativos e 50 milhões

---

[2] WILLIAMS, R. "Facebook's 71 Gender Options Come to UK Users". In: *The Telegraph*, disponível em: <https://tinyurl.com/z249we4c> (Acesso: 02 jun. 2021).
[3] BOYLAN, Jennifer F. "Loving Freely". In: *The New York Times*, disponível em: <https://tinyurl.com/ycxpaz8v> (Acesso: 28 mai. 2021)

de membros desde o lançamento) oferece doze categorias de orientação sexual (além de homossexualidade, heterossexualidade ou bissexualidade, a lista inclui assexualidade, demisexualidade, heteroflexibilidade, homoflexibilidade, pansexualidade, em questionamento e sapiosexualidade, para aqueles e aquelas que consideram a inteligência o traço sexual mais importante), mas a funcionalidade não é tão inclusiva quanto a do Facebook quando se trata de abordar gênero; o OkCupid oferece 22 opções[4].

Apesar da proliferação e da atomização das escolhas, é preciso lembrar que, em todo caso, para a psicanálise, a "diferença sexual" continua a existir e a resistir. A psicanálise concebe o corpo não simplesmente como um organismo, mas como uma entidade libidinal reconfigurada pela linguagem. De fato, em psicanálise, "diferença sexual" não é nem sexo, definido por determinações anatômicas ou hormonais, nem gênero ou qualquer outro papel socialmente construído atribuído a homens e mulheres. O gênero deve ser encarnado, o sexo deve ser simbolizado. A "diferença sexual" pode ir além da noção de sexualidade, dado que ela se relaciona com questões de encarnação — os desafios da vida num corpo sexualizado e mortal.

Eu acrescentaria aqui que lidar com a diferença sexual, que também, mas não só, implica assumir as próprias preferências sexuais e de gênero, é um problema para todo mundo. Ser homem, mulher ou o que quer que seja é uma das muitas possibilidades de fracasso. Quando se trata de identidade ou escolha de objeto sexual, todo mundo falha. Lacan resumiu isso na fórmula "Não há relação sexual". Claro, ele não queria dizer que as pessoas não tinham relações sexuais, ou que elas não se apaixonam, ou que não assumem mais ou menos precariamente uma identidade sexual, mas, antes, que há algo constitucionalmente em descompasso e intrinsecamente incomensurável, até mesmo incompatível, na sexualidade humana. Entre homem e mulher, homens e homens, mulheres e mulheres, só há diferença. Todas as combinações são possíveis, mas

---

[4]The Sexual Orientation Test, *OKCupid.com*, disponível em: <https://tinyurl.com/527dcrn7> (Acesso: 28 mai. 2021); GRINBERG, E. "OKCupid Expands Options for Gender and Sexual Orientation". In: *CNN.com*, disponível em: <https://tinyurl.com/49j5je73> (Acesso: 28 mai. 2021)

não há simetria. Quem não se lembra de *Annie Hall* (1977) de Woody Allen? Em uma cena, uma *split screen* [tela dividida] mostra os dois protagonistas, Alvyn e Annie, reclamando de seu relacionamento sexual com seus respectivos terapeutas. Quando perguntada com que frequência eles fazem sexo, Annie declara que eles fazem sexo o tempo todo, e especifica: três vezes por semana. Do outro lado da tela, Alvyn diz que eles quase nunca fazem sexo, acrescentando que é três vezes por semana. Ele diz uma coisa, ela diz outra. Eles podem concordar com o número, mas sempre há um descompasso.

Lacan diria que isso acontece porque, ao contrário do Facebook, com seu leque de categorias de gênero e opções em expansão, cuja proliferação nos faz suspeitar que seu alcance ultrapassa sua influência, o inconsciente parece conhecer apenas uma opção — o falo, que não teria equivalente feminino. Assim, uma assimetria fundamental aparece; enquanto para Freud o falo e o pênis às vezes podem ser confundidos, para Lacan o falo não é o órgão anatômico, mas um símbolo, uma ferramenta conceitual graças à qual a diferença sexual é introduzida. Enquanto os homens podem alegar tê-lo e as mulheres podem agir como se o tivessem, ambos os sexos só têm o falo para definir duas identidades sexuais diferentes. O falo pode exaltar a diferença, mas não a resolve.

Já que estamos discutindo os problemas sexuais da psicanálise, exploremos um pouco mais uma de suas noções mais controversas e contestadas. Lacan toma o falo como símbolo daquilo que compensa uma certa falta; é um atributo que ninguém pode ter, ao passo que todos aspiram a tê-lo ou encarná-lo. Às vezes, o falo não é uma parte, ou um apêndice do corpo (como poderia ser o caso no prazer exibicionista de um homem que desfila sua linda namorada como forma de se fazer notar, ou que exibe sua "mulher-troféu", como se costuma dizer), mas se estende a todo o corpo. Como isso acontece? Só porque o falo funciona numa relação de troca; como significante, podem lhe ser atribuídos diversas significações, como ilustra o caso de um travesti evocado pelo psicanalista Otto Fenichel.[5]

---

[5] FENICHEL, Otto. "The Symbolic Equation: Girl = Phallus". In: *Psychoanalytic Quarterly*, v. 18, n. 3, 1949, p. 303-324. Ver também: LEWIN, Bertram D. The Body as Phallus, *Psychoanalytic Quarterly*, v. 2, n. 1, 1933, p. 24-47.

Esse analisando amava tanto seu pênis que inventara um apelidinho para ele. Quando ele travestia, fantasiando que era uma menina, "o nome da menina que ele queria ter como menina tinha uma notável semelhança com o nome de seu pênis"[6]. Fenichel observa que se trata de uma equivalência derivada de uma "equação simbólica" que foi proposta muito cedo por Freud, o qual havia observado que o desejo de um pênis em uma jovem seria substituído pelo desejo de ter um bebê. A análise de Fenichel conclui que uma série inconsciente de substituições está em ação; o pensamento de "eu sou uma menina" e "meu corpo inteiro é um pênis" se condensa em uma única ideia: "eu = meu corpo inteiro = uma menina = o pequeno = o pênis"[7]. Fenichel não fala de um órgão físico, mas imaginário. Ele identifica algo que é mais do que o órgão anatômico. Esse excesso poderia ser exemplificado pelo falo tal como ele é representado na comédia grega antiga, principalmente em Aristófanes. Esse acessório inacreditavelmente gigantesco era tão grande e absurdo, que sua mera aparição no palco fazia a plateia cair na gargalhada.

O mesmo "falo" está sempre presente na vida contemporânea. Se eu ando na rua com uma amiga que tem um cachorrinho fofo, todo mundo vai se virar e dizer: "Oh, meu Deus, como ele é fofo!" Essas pessoas terão reconhecido que minha amiga está com seu falo e que ela pode levá-lo para passear; elas serão, então, tomadas pelo desejo de fazer o mesmo. Em outro exemplo, uma analisanda descrevia como seu novo amante se despira pela primeira vez na frente dela; ele então mostrou a ela algo que ela estava com vergonha de nomear porque era "muito duro e muito grande". Não era o que vocês estão pensando: ela estava expressando admiração e espanto com o tanquinho em seu abdômen.

O polêmico falo também parece estar em jogo nas declarações de certas pessoas trans, como a protagonista do filme *A garota dinamarquesa* (2015). Neste filme, pouco antes de Lili Elbe passar por uma operação de mudança de sexo nunca antes tentada, ela responde aos avisos sobre os perigos envolvidos dizendo ao cirurgião:

---

[6]FENICHEL, Otto. "The Symbolic Equation: Girl = Phallus". In: *Psychoanalytic Quarterly*, v. 18, n. 3, 1949, p. 304.
[7]*Idem, ibidem.*

"Não é meu corpo. Tenho que deixá-lo cair" [*le laisser tomber*]. O que Lili quer deixar cair é seu pênis. Ela imagina que a ablação desse órgão fará com que todo o seu corpo desapareça. Os órgãos genitais e o corpo parecem confundidos. Aqui, um "órgão" se torna o *organon*, um instrumento, um meio de raciocínio, um sistema de lógica. Esse livro explora vários exemplos de posições sexuais assumidas (homem, mulher e todas as outras posições). Algumas delas podem repousar inteiramente no falo (embora imaginário) como no exemplo de Lili, e outros não.

Com o complexo de Édipo, Freud introduziu a noção de falo. Acrescentemos apenas que o falo não é o pênis, mas uma "premissa universal": é a teoria infantil impossível, segundo a qual a diferença sexual é negada sob a crença absurda de que todo mundo, e até mesmo tudo, é dotado de um pênis. O falo, longe de ser um órgão, é uma especulação teórica aplicada tanto às mulheres quanto aos homens. Além disso, o falo, já que ninguém pode sê-lo ou tê-lo, introduz sobretudo a dimensão da falta que define a sexualidade humana. Essa falta tem uma função teórica na psicanálise.

Em um seminário de 1971, Lacan aponta que as pessoas transexuais têm dificuldades com o falo porque elas prescindem da falta e, portanto, confundem o órgão real com o significante, termo que deve ser entendido como o lado material e linguístico da linguagem[8]. Voltarei a esta passagem e me contentarei aqui em observar que Lacan estava ciente de que a demanda transexual pela ablação cirúrgica de órgãos como os seios ou o pênis poderia decorrer de uma incapacidade de utilizar metáforas para esses órgãos. Um transexual literalizaria o velho mecanismo freudiano de castração. Como resultado, os e as psicanalistas lacanianos na França, liderado(a)s pela autora de *Extrasexo* (1983), Catherine Millot (a quem retornarei nos capítulos XI e XII), lançaram uma tradição de patologização das manifestações transgênero.

Lacan mantém a noção de castração (noção que retomarei no capítulo XII) e dá um passo importante para a superação dos limites

---

[8] LACAN, Jacques. *O seminário, livro 19: ...ou pior*. Trad. Vera Ribeiro. Rio de Janeiro: Zahar, 2012, p. 17.

do modelo edipiano um ano depois — contradizendo a afirmação anterior ainda baseada no papel central do órgão fálico — quando propõe as fórmulas da sexuação em que as mulheres se posicionam fora do domínio fálico como um "não todo", o que lhes confere uma relação diferente com o falo[9]. É importante lembrar que o "lado masculino" e o "lado feminino" não são determinados pela biologia, mas pela lógica dos investimentos inconscientes, a ponto de, por exemplo, uma pessoa nascida biologicamente macho poder, no entanto, se inscrever no lado feminino. Lacan separa as posições de acordo com as modalidades de gozo: ele coloca uma modalidade masculina de gozo, ou gozo fálico, de um lado, e uma modalidade feminina de gozo do outro, que ele chama de gozo do Outro. Para o lado masculino, lemos: "Todos estão sujeitos à lei da castração". Para o lado feminino, lemos: "Não existe um X que não seja determinado pela função fálica". Em outras palavras, a castração é um absoluto que funciona para todos, homens e mulheres. Na linha inferior, uma negação barra o quantificador universal, que deve ser lido como "não-todo", o que implica que o lado feminino não está inteiramente sujeito ao falo.

As inovações de Lacan de 1972 reabrem a questão da diferença sexual: ela não diz respeito nem ao sexo nem ao gênero, porque é vista desde o polo do gozo. Enquanto para Freud há apenas uma libido, Lacan propõe uma divisão baseada em dois modos de ser, o masculino e o feminino, que correspondem a duas formas de gozo: o fálico e o Outro. Lacan situa o gozo fálico no lado masculino e lhe dá a força da necessidade (todos os homens), que repousa sobre a exclusão de um homem, o gozo ilícito ou impossível do pai primordial. Nesse modelo de divisão sexual, encontramos duas posições: de um lado, a do fálico ("o homem") que é limitado pelo pai isento de castração (exceção à regra fálica que lhe dá sustentação) e, do outro lado, o gozo ilimitado de uma mulher "não-toda" sujeita às coações fálicas. É na feminilidade que intervém o Outro gozo. "Homem" e "mulher" são, portanto, significantes com significações imprecisas e representam posições sexuadas em relação a uma premissa fálica.

---

[9]LACAN, Jacques. *O seminário, livro 20: Mais, ainda*. Trad. M.D. Magno. Rio de Janeiro: Zahar, 1985.

O inconsciente é incapaz de reconhecer o elaborado sistema de diferença que chamamos de gênero. Do ponto de vista do inconsciente, há um impasse na diferença sexual; o binário sexual é o sintoma desse impasse. Como observa Ian Parker, o que chamamos de gênero é "um significante que funciona como o efeito imaginário de uma diferença real"[10]. O "efeito imaginário" que chamamos de gênero também é uma designação atribuída de fora do sujeito e sem seu consentimento, pois muitas vezes ele é inscrito na certidão de nascimento do recém-nascido muito antes de a criança adquirir a capacidade de falar. As fórmulas da sexuação oferecem uma maneira de pensar as pessoas trans, pois elas são libertadas dos grilhões das restrições anatômicas[11]. O modelo da diferença sexual ainda reconhece que existe apenas um operador lógico, que é o falo, mas admite que alguns indivíduos são colocados em uma posição em que o falo não está plenamente operacional. Vemos cada vez mais pacientes que não pensam que estão no corpo "errado", mas sentem que o binário de gênero não é adequado para eles. Sua identidade é "não binária" ou "agênera" — essas pessoas não se identificam como homem nem como mulher. Elas prestam atenção ao uso da linguagem: em vez dos pronomes *he* e *she* [ele e ela], esses analisandos se referem a si mesmos usando o pronome "*they*" [eles/elas], que já existe no dicionário, ou, em inglês, utilizam novos pronomes neutros como *ze*, *hir*, *xe* ou *ey*. E mesmo quando essas pessoas não querem mudar de sexo, elas podem tomar hormônios para redistribuir seus músculos e alterar a sonoridade de sua voz, justamente para habitar o espaço entre os gêneros. Mais importante ainda, elas parecem ser capazes de lidar com a diferença sexual sem repousar inteiramente no falo.

Uma das verdades que o fenômeno transgênero ilustra é que a coerência entre o corpo e o gênero é uma ficção que assumimos por identificação[12]. É absurdo atribuir à anatomia o papel de

---

[10]PARKER, Ian. "The Phallus is a Signifier". In: *The Symptom*, n. 8, inverno 2007, disponível em: <https://tinyurl.com/2p84u45j> (Acesso: 17 jan. 2023).

[11]Nota da editora: as fórmulas da sexuação aludidas pelas autora foram desenvolvidas ao longo do seminário 20 de Lacan, *Mais, ainda*.

[12]SALAMON, Gayle. *Assuming a Body: Transgender and Rhetorics of Materiality*. Nova York: Columbia University Press, 2010.

normalizador de um tipo de sexualidade concentrando-se nos órgãos genitais ou em um único ato prescrito, como tradicionalmente tem feito a psicanálise clássica. Esse papel normalizador tem sido efetivamente posto em questão pelos discursos e práticas transexuais.

Todas as questões de identidade sexual giram em torno de um corpo particular, um corpo no qual não nascemos, mas nos tornamos. Hoje, vemos em nossas práticas analisandos e analisandas que nos dizem que o sexo atribuído a elas e eles no nascimento não corresponde ao gênero com o qual se identificam. Essas pessoas provam que, quando se trata de gênero, anatomia não é destino. Algumas relatam que têm uma experiência particular de seu corpo, um corpo que pode cair sozinho, como uma embalagem solta. Em seus depoimentos encontramos a confirmação de que ter um corpo implica um complexo processo de encarnação.

Alguns desses analisandos e analisandas já não falam em cirurgia de redesignação de gênero, mas em cirurgia de confirmação de gênero ou cirurgia de realinhamento de gênero, como se a intervenção médica fosse mudar ou restabelecer uma posição ou estado diferente ou anterior, ou seja, corroborar uma verdade contrariada pela carne. Alguns analisandos e analisandas que embarcaram numa transformação entre os gêneros, no entanto, expressam que a jornada não termina com a transformação corporal. Algo mais é necessário para que este processo de encarnação seja bem-sucedido.

CAPÍTULO QUATRO

Por um retorno do sexo

Retomando teorias recentes elaboradas nos campos transgêneros e transexuais, Gayle Salamon pediu eloquentemente uma reavaliação do discurso psicanalítico, propondo uma inteligente mistura de psicanálise, fenomenologia e estudos sobre os transgêneros[1]. Da mesma forma, Shanna Carlson propôs uma colaboração entre os discursos, observando que a psicanálise lacaniana pode oferecer "um quadro de maleabilidade muito rico para pensar as questões de sexo, subjetividade, desejo e sexualidade" e que "a integração dos dois campos só pode oferecer um cenário de confronto frutífero"[2]. Já em 2001, Patricia Elliot havia alertado os psicanalistas contra a patologização do complexo processo de encarnação sexuada, argumentando que era muito mais produtivo analisá-lo e concluindo que "a psicanálise é uma ferramenta potencialmente útil para teorizar a subjetividade transexual quando ela consegue levantar questões sobre os processos de encarnação sem normalizar ou patologizar as coisas"[3]. Desde 2010, eu mesma venho defendendo um confronto produtivo entre a psicanálise e os discursos transgêneros, e tenho mostrado como as pessoas transgênero realmente mudam a prática clínica, propondo

---

[1]SALAMON, Gayle. *Assuming a Body: Transgender and Rhetorics of Materiality*. Nova York: Columbia University Press, 2010.
[2]CARLSON, Shanna. "Transgender Subjectivity and the Logic of Sexual Difference". In: *differences*, v. 21, n. 2, 2010, p. 69.
[3]ELLIOT, Patricia. "A Psychoanalytic Reading of Transsexual Embodiment". In: *Studies in Gender and Sexuality*, v. 2, n. 4, 2001, p. 321.

novas ideias para a clínica, as quais podem ser estendidas a contextos sociais e intelectuais[4]. Oren Gozlan leva essa relação ao extremo ao afirmar que "poder-se-ia sustentar que o discurso analítico é intrinsicamente transexual"[5].

Seria de desejar que os psicanalistas já tivessem abandonado as atitudes moralizantes e estigmatizantes das gerações anteriores de praticantes clínicos que, desconcertadas e desconcertados pelo fenômeno transgênero, mal conseguiam dissimular o medo e o desprezo em seus comentários depreciativos. Nos anos 1970, muito francamente, Leslie Lothstein escreveu um artigo aconselhando os analistas sobre a maneira como lidar com a contratransferência negativa que ela sabia que ocorreria com pacientes transexuais[6]. As hipóteses de Lothstein não estavam erradas — uma grande parte da literatura clínica muito esparsa publicada nos últimos anos sobre a psicanálise com analisandos transexuais trata da contratransferência do analista e revela até que ponto os psicanalistas são frequentemente tentados a fazer policiamento de gênero em vez da psicanálise propriamente dita, confirmando a observação de Lacan que "não há outra resistência à análise senão a do próprio analista"[7].

Pode ser, portanto, que a psicanálise tenha um grande problema sexual, e isso em mais de um sentido. Militantes e universitários especialistas em gênero e transgeneridade, com razão, desconfiaram da psicanálise. É verdade que muitas teorias normativas sobre o sexo e o gênero afirmam derivar da psicanálise freudiana, e classificam e julgam os indivíduos de acordo com seu comportamento sexual. O complexo de Édipo de Freud, por exemplo, começaria com o reconhecimento das diferenças sexuais anatômicas, antes de

---

[4]Ver meu livro *Please Select Your Gender: From the Invention of Hysteria to the Democratizing of Transgenderism* (Nova York, Routledge, 2010); e meu artigo "Psychoanalysis Needs a Sex Change" (*Gay & Lesbian Issues and Psychology Review*, v. 7, n. 1, 2011, p. 3-18).
[5]GOZLAN, Oren. *Transsexuality and the Art of Transitioning: A Lacanian Approach.* Nova York: Routledge, 2015, p. 29.
[6]LOTHSTEIN, Leslie. "Countertransference Reactions to Gender Dysphoric Patients: Implications for Psychotherapy". In: *Psychotherapy: Theory, Research and Practice*, v. 14, n. 1, 1977, p. 21-31.
[7]LACAN, Jacques. "A direção do tratamento e os princípios de seu poder". In: *Escritos*. Trad. Vera Ribeiro. Rio de Janeiro: Zahar, 1998, p. 601.

passar pelos "complexos de castração" e pela "inveja do pênis", para terminar com a elaboração de uma escolha genital madura e "normal". Nessa interpretação, uma identificação sexual correta engendra a masculinidade nos homens, a feminilidade nas mulheres e cria um desejo heterossexual adaptado que se acredita resultar em uma vida sexual satisfatória. Na verdade, nada poderia estar mais longe do que Freud afirmou na teoria ou observou em sua prática.

No entanto, o trabalho com pacientes transgênero de alguns psicanalistas, como Collete Chiland, Danielle Quinodoz, Michael Eigen e Ruth Stein, levantou questões clínicas interessantes[8]. O número de colegas que abordam tais questões é bastante pequeno, o que é surpreendente, pois, como vimos, a maioria da comunidade transgênero está engajada em terapia por meio da fala de um tipo ou de outro, de modo que se imagina que o número de analisandos e analisandas apresentando "distúrbios de gênero" só poderia justamente aumentar. Segundo Stephen Whittle, "as identidades trans foram um dos assuntos sobre o qual mais se escreveu no final do século XX"[9]. Os psicanalistas, portanto, têm muito trabalho pela frente. Em 2005, Shari Thurer, psicóloga de formação que trabalha em Boston, tentou mobilizar seus colegas, que ela descreveu como "impedidos por preconceitos esfarrapados — a convicção de que existem duas, e apenas duas, versões normais do gênero" anunciando que "a sexualidade mudou — todos os tipos de desvios foram 'revelados' — mas as teorias não acompanharam o ritmo"[10]. Enquanto acusa as psicólogas e os psicólogos teóricos e práticos de exibirem preconceitos arcaicos, Thurer elogia as teóricas e os teóricos da sexualidade, especialmente os teóricos culturais franceses, "que estão no extremo oposto do pensamento hierárquico e

---

[8]Ver CHILAND, Collete. *Transsexualism: Illusion and Reality*. Middletown (CT): Wesleyan University Press, 2003; QUINODOZ, Danielle. A Fe/male Transsexual Patient in Psychoanalysis, in *International Journal of Psychoanalysis*, v. 79, n. 1, fev. 1998, p. 95-111; EIGEN, Michael. *Psychic Deadness*. Londres/Nova York: Karnac, 1996; STEIN, Ruth. "Analysis of a Case of Transsexualism". In: *Psychoanalytic Dialogues*, v. 5, n. 2, 1995, p. 257-289.
[9]WHITTLE, Stephen. "Foreword". In: STRYKER, S.; WHITTLE, S. (org.). *The Transgender Studies Reader*. Nova York: Routledge, 2006, p. XI.
[10]THURER, Shari. *The End of Gender: A Psychological Autopsy*. Nova York: Routledge, 2005, p. XI.

não têm problemas com a sexualidade"[11]. (No entanto, ela também observa que, apesar de sua posição politicamente correta, essas teóricas e esses teóricos culturais franceses parecem "faltar com o bom senso" e serem "insensíveis às pessoas que sofrem" por causa de sua distância da clínica.) Um exemplo da polinização cruzada que ela anseia é a contribuição de Giovanna Ambrosio, psicanalista italiana de formação clássica, que assume que os analistas já trabalham com analisandas e analisandos não conformistas em termos de gênero, mas que eles e elas talvez não escrevam sobre isso[12]. Ela reconhece que "estamos atrasados em relação à crescente atenção médica, político-sociológica, cultural e midiática atribuída a esse tema" e convida seus colegas a prestar mais atenção aos elos entre teoria psicanalítica e experiência clínica, mesmo quando isso significa examinar as "zonas obscuras" da sexualidade[13] (expressão pela qual ela designa a transgeneridade).

Ao iluminar os cantos empoeirados de nossas suposições sobre sexo, gênero e identidade, pode-se esperar que os psicanalistas se recusem cada vez mais a aderir a generalizações radicais e estereótipos negativos. Talvez possamos sair do debate fútil sobre os fundamentos do sexo *versus* gênero, natureza *versus* criação, essencialismo biológico *versus* construtivismo social.

Embora seja improvável que a psicanálise se torne a nova heroína da revolução do gênero e do sexo, é bastante desconcertante que, em um momento em que a tolerância aumenta e a sexualidade se expressa mais abertamente, a psicanálise tenha se tornado cada vez mais "fechada", ignorando sistematicamente o que Freud designava há mais de um século como sendo a questão central da psicanálise: a sexualidade. A negligência da sexualidade na teoria e na prática da psicanálise clássica foi tamanha, que André Green colocou a questão: "A sexualidade tem alguma coisa a ver com a psicanálise?"[14]. Neste artigo, Green ressalta provocativamente o fato de

---

[11] *Idem, ibidem.*
[12] AMBROSIO, Giovanna. (org.). *Transvestism, Transsexualism in the Psychoanalytic Dimension.* Nova York/Londres: Karnac, 2009.
[13] *Idem*, p. XIII e XVI.
[14] GREEN, André. "Has Sexuality Anything to Do with Psychoanalysis?". In: *International Journal of Psychoanalysis*, v. 76, 1995, p. 871-883.

que a sexualidade é muitas vezes mal compreendida e raramente está presente nos trabalhos clínicos psicanalíticos tradicionais. Van Spruiell chegou até mesmo a acusar os psicanalistas de cometerem uma "agressão" contra a sexualidade[15]. Apesar dos apelos ocasionais para a reintegração da sexualidade nos últimos vinte anos,[16] a maioria dos psicanalistas continuou a rejeitar a sexualidade em favor de uma insistência nas relações de objeto e no apego. Mais recentemente, durante a intervenção em plenária da reunião da American Psychoanalytical Association, Peter Fonagy exortou seus colegas a trazer o sexo de volta à psicanálise[17]. Fonagy tentou incluir a psicossexualidade na discussão de um caso, o de Dan, um paciente de 17 anos que falava muito sobre sexo. Seus esforços para encontrar uma "teoria do prazer sexual verdadeiramente desenvolvimentista" se traduziram por uma série de interpretações relacionais do afeto que reduziram seu analisando ao silêncio. Sem surpresa, "Dan parou de falar de suas experiências sexuais", e Fonagy, a princípio, "não notou uma mudança, pois estávamos envolvidos em discussões complexas sobre sua relação com o pai...". Como apontou Jean Laplanche, a exemplo de muitos psicanalistas relacionais, os

[15]SPRUIELL, Van. "Review of the Psychoanalytic Theory of Sexuality: Comments on the Assault against It". In: *International Journal of Psychoanalysis*, v. 78, n. 2, 1997, p. 357-361.
[16]Ver GREEN, André. "Has Sexuality Anything to Do with Psychoanalysis?". In: *International Journal of Psychoanalysis*, v. 76, 1995, p. 871-883; FRIEDMAN, John A. *The Origins of Self and Identity: Living and Dying in Freud's Psychoanalysis*. Northvale (NJ): Jason Aronson Inc., 1998; KERNBERG, Otto F. "Aggression and Love in the Relationship of the Couple". In: *Journal of the American Psychoanalytic Association*, v. 39, n. 1, 1991, p. 45-70; SPRUIELL, Van. "Review of the Psychoanalytic Theory of Sexuality: Comments on the Assault against It". In: *International Journal of Psychoanalysis*, v. 78, n. 2, 1997, p. 357-361; STEIN, Ruth. "The Enigmatic Dimension of Sexual Experience: The 'Otherness' of Sexuality and Primal Seduction". In: *Psychoanalytic Quarterly*, v. 67, n. 4, 1998, p. 594-625; TARGET, Mary. "Is Our Sexuality Our Own? A Developmental Model of Sexuality Based on Early Affect Mirroring". In: *British Journal of Psychotherapy*, v. 23, n. 4, 2007, p. 517-530; TABIN, Johanna K. "Freud's Shift from the Seduction Theory: Some Overlooked Reality Factors". In: *Psychoanalytic Psychology*, v. 10, n. 2, 1993, p. 291-297; WEINSTEIN, Lissa. "When Sexuality Reaches Beyond the Pleasure Principle: Attachment, Repetition, and Infantile Sexuality". In: DIAMOND, D.; BLATT, S. J.; LICHTENBERG, J. D. (org.) *Attachment and Sexuality*. Nova York: Analytic Press, 2007, p. 107-136.
[17]FONAGY, Peter. "A Genuinely Developmental Theory of Sexual Enjoyment and Its Implications for Psychoanalytic Technique". In: *Journal of the American Psychoanalytic Association*, v. 56, n. 1, 2008, p. 11-36.

analistas kleinianos consideram a sexualidade como uma defesa contra as angústias não sexuais, precoces e fundamentais[18]. Fonagy foi chamado à ordem por seu analisando, que a certa altura se referiu a uma sessão que datava de algumas semanas antes, em que ele o questionara sobre uma fantasia que tivera durante uma relação sexual, a de ser um cavaleiro medieval de armadura completa. A interpretação de Fonagy foi recebida com uma objeção: "Você realmente não sabia do que eu estava falando na época, não é? Você estava falando sobre como eu queria me proteger de mulheres, que, segundo eu, poderiam me atacar. Não tem nada a ver com isso. Trata-se de ser duro e rígido" (e ergueu o braço direito com o punho cerrado)[19].

Fonagy admitiu que não fora capaz de se confrontar com a imagem fálica de um "pênis de aço". Ele não havia conseguido "fazer ressoar" as emoções de seu analisando, e se perdeu em sua própria resistência, identificado com "uma mulher cujo corpo é demandado a conter a excitação metálica, aguda e dolorosa de Dan"[20]. Agoniado pelo que ele considerava como o sadismo de seu paciente, Fonagy admitiu ter topado com um "bloqueio de contratransferência" — o desejo de Dan de ter "uma rigidez de aço em seu pênis" não tinha "sentido emocional" para Fonagy, que passou a se sentir como "a mulher submissa" e, portanto, "sentiu que [ele] estava submergindo no campo da defesa"[21].

Muitas hipóteses normativas e politicamente suspeitas estão em jogo aqui. Por que uma mulher, ao receber um órgão de aço, deveria estar em posição de submissão? Por que uma imagem de dominação erotizada é contrária ao prazer? Deixar de lado a identificação masoquista de Fonagy e até mesmo seu próprio gozo negado é uma boa ilustração da forma como os atuais adeptos da teoria do apego e da psicanálise relacional veem a psicossexualidade como

---

[18]LAPLANCHE, Jean. "Panel on 'Hysteria Today'." In: *International Journal of Psychoanalysis*, n. 55, 1974, p. 459-469.
[19]FONAGY, Peter. "A Genuinely Developmental Theory of Sexual Enjoyment and Its Implications for Psychoanalytic Technique". In: *Journal of the American Psychoanalytic Association*, v. 56, n. 1, 2008, p. 30.
[20]*Idem, ibidem.*
[21]*Idem*, p. 30 e 31.

um sistema comportamental que dissimula um objeto não sexual mais fundamental que representa conflitos ligados ao indivíduo. O material sexual é reduzido a uma patologia subjacente "primitiva" baseada na relação. Esse deslocamento dessexualiza o sexo.

O teórico psicanalítico relacional Steven Mitchell, por exemplo, considera o sexo como a expressão do desejo de estabelecer um contato e uma intimidade. Para Mitchell, o sexo é uma manifestação de sociabilidade[22]. Uma ideia tão asseptizada do sexo está muito longe da noção de sexo enquanto experiência da dissolução radical dos limites corporais do sujeito, experiência que Leo Bersani designa pela expressão "abalo de si"[23]. Seguindo a observação de Freud segundo a qual o prazer sexual é produzido quando um certo limiar de intensidade é ultrapassado, quando a organização de si é momentaneamente perturbada pela sensação, Bersani sustenta que, quando temos relações sexuais com outra pessoa, não somos mais sujeitos autônomos; o prazer sexual é "socialmente disfuncional"[24]. Mesmo quando um(a) parceiro(a) está envolvido(a), o sexo pode ser uma experiência solipsista que desfaz noções de relacionalidade que dependem de uma percepção de si.

Se o sexo deixou a psicanálise (ou, digamos, se os psicanalistas deixaram o sexo), não é apenas porque a psicanálise não foi capaz de fornecer um modelo convincente de psicossexualidade, como argumenta Fonagy. De fato, há um declínio dramático no interesse dos psicanalistas pelo conceito de psicossexualidade, e até mesmo no uso de palavras relativas à sexualidade, o que equivale a uma rejeição psicanalítica coletiva da sexualidade. Fonagy afirma que a supressão da sexualidade é o "segredo de polichinelo[25]" da psicanálise[26]. O que esse segredo esconde?

---

[22]MITCHELL, Steven. *Can Love Last? The Fate of Romance Over Time*. Nova York/Londres: Norton, 2002.
[23]BERSANI, Leo. "Is the Rectum a Grave?". In: *AIDS: Cultural Analysis/Cultural Activism*, v. 43, 1987, p. 217-218 e 222. Ver também *Le rectum est-il une tombe?* (Paris: EPEL, 1998).
[24]*Idem*, p. 222.
[25]Nota do tradutor: "Segredo de polichinelo" é uma informação que devia ser secreta, mas que é do conhecimento geral.
[26]FONAGY, P.; KRAUSE, R.; LEUZINGER-BOHLEBER, M. *Identity, Gender, and Sexuality: 150 Years after Freud*. Londres: International Psychoanalytic Association

Hoje, a psicossexualidade tende a ser vista como a dissimulação de conflitos não sexuais, de objetos, e ligados a si mesmos. As abordagens da relação de objeto da *self-psychology* e da relação intersubjetiva se concentram nos apegos afetivos e desenvolvimentais ao objeto; essas abordagens não se interessam pela sexualidade. Observando a reduzida presença da sexualidade nas publicações psicanalíticas, Fonagy propõe como explicação um fosso cada vez maior: a teoria da pulsão de Freud não pode ser subsumida por uma teoria do desenvolvimento. Uma versão "domesticada" da psicossexualidade reduz a sexualidade aos estágios iniciais do desenvolvimento libidinal porque a teoria das pulsões é incompatível com uma teoria das relações de objeto baseada na interação mãe-filho.

Em um estudo exaustivo realizado em 2009, Ofra Shalev e Hanoch Yerushalmi avaliaram o *status* da sexualidade na psicanálise contemporânea e concluíram que há uma "marginalização da sexualidade na teoria e na prática psicanalíticas"[27]. Não somente existe uma descrença quanto à centralidade da sexualidade na vida psíquica em razão de um "estreitamento do conceito de sexualidade", de uma confusão reducionista entre sexualidade e intimidade, mas, talvez mais preocupante, o estudo concluiu que a discussão das questões sexuais era evitada em virtude do mal-estar dos analistas diante do assunto, mal-estar que os autores descrevem como uma forma de "novo puritanismo". Um terapeuta relatou que seus/suas pacientes "raramente falam sobre questões sexuais" porque os relacionamentos amorosos "nunca têm uma conotação sexual"[28]. Segundo o estudo de Shalev e Yerushalmi, a sexualidade é vista como uma "defesa" contra a intimidade e a autoidentidade, e a discussão das questões sexuais é considerada um obstáculo à adaptação como objetivo do tratamento.

O repúdio à sexualidade é tão extremo, que dois do(a)s terapeutas entrevistado(a)s declararam que "as questões sexuais deveriam

---

Press, 2006, p. 2.

[27] SHALEV, Ofra.; YEMSHALMI, Hanoch. "Status of Sexuality in Contemporary Psychoanalytic Psychotherapy as Reported by Therapists". In: *Psychoanalytic Psychology*, v. 26, n. 4, 2009, p. 343.

[28] *Idem*, p. 350, 353 e 355.

ser tratadas por sexólogos e não por psicoterapeutas"[29]. Para esses dois terapeutas com quem as questões sexuais foram discutidas, isso foi descrito como uma "forma de hostilidade em relação a eles" e eles disseram que se sentiam "maltratados por seus pacientes". Um deles declarou: "Era como se ele estivesse pensando: 'Isso é uma terapia, então posso falar sobre qualquer coisa'"[30]. Essa atitude pudica e repressiva vai de encontro ao espírito psicanalítico e contradiz uma das regras fundamentais da técnica analítica, a suspensão da censura e do julgamento moral, que permite aos analisandos e analisandas se engajar sem reservas no processo de associação livre. Philip Rieff louvou esta técnica não só porque ela facilita o acesso ao material inconsciente, mas também porque inscreve a psicanálise numa "ética da honestidade" que assenta numa "propensão especial à franqueza"[31]. Essa promessa de honestidade e tolerância torna possível descobrir verdades latentes. Ao dizer o que vier à mente, independentemente de ser uma verdade embaraçosa, ofensiva, irrelevante, desagradável ou sexual, o inconsciente pode ser posto em evidência.

Tentando reintroduzir a discussão psicanalítica da sexualidade, Alenka Zupančič comentou os resultados do estudo de Shalev e Yerushalmi, observando que enquanto a sexualidade fosse reduzida à identidade sexual, às práticas sexuais, ou até mesmo às "coisas vis que se faz ou não faz e que se usa para aborrecer seu terapeuta", então talvez a sexualidade poderia ser vista como uma defesa. Ela tem razão em notar que a ironia é que a sexualidade, para Freud (diferença sexual ou "sexuação" para Lacan), é algo que vai além das diferentes práticas sexuais; a sexualidade é "algo intrinsicamente problemático e que perturba a identidade precisamente"[32]. Além disso, "a sexualidade é exatamente o que perturba toda identidade". Há algo aleatório na sexualidade que escapa às nossas tentativas de compreendê-la. Como Zupančič disse mais recentemente

---

[29] *Idem*, p. 353.
[30] *Idem*, p. 354.
[31] RIEFF, Philip. *The Mind of a Moralist*. Nova York: Viking Press, 1959, p. 315.
[32] ZUPANČIČ, Alenka.; TERADA, Randall. "Sex, Ontology, Subjectivity: In Conversation with Alenka Zupančič". In: *Psychoanalysis, Culture & Society*, v. 20, n. 2, 2015, p. 194.

ao desenvolver o conceito de sexualidade como um impasse: "Para os vitorianos que gritavam 'sexo é sujo', Freud não respondeu algo como 'Não, não é sujo, 'é natural', mas sim algo como 'O que é esse 'sexo' de que você está falando?"[33]. O problema da psicanálise com o sexo tem uma história sobre a qual me debruçarei agora.

---

[33] ZUPANČIČ, Alenka. "Sexual Is Political?" In: TOMSIC, Samo; ZEVNIK, Andreja. (orgs.). *Jacques Lacan: Between Psychoanalysis and Politics*. Londres/Nova York, Routledge, 2016, p. 86.

CAPÍTULO CINCO

Um estranho casal: psicanálise e sexologia

A história é bem conhecida. O jovem Sigmund Freud está em Paris em estágio com o famoso neurologista Jean-Martin Charcot, na unidade hospitalar de Salpêtrière. O ano é 1886. Em uma festa na casa de Charcot, Freud ouve seu fenomenal anfitrião ficar particularmente animado enquanto conversa com Paul Brouardel, um eminente professor de medicina forense. O grande neurologista lhe conta a história de um casal que ele vira mais cedo naquele dia no hospital: o marido é impotente ou sexualmente desajeitado, e a esposa seriamente histérica. Charcot cruza os braços, enlaçando-os, e pula várias vezes na ponta dos pés, enquanto diz com seu jeito animado: "*Mais dans des cas pareils c'est toujours la chose génitale, toujours... toujours... toujous...*"[1]. Freud escreveria, em 1914: "Lembro que por um momento caí num espanto quase paralisante, dizendo a mim mesmo: 'Bem, se ele [Charcot] sabe, por que nunca diz isso?'. Mas a impressão logo foi esquecida; a anatomia cerebral e a produção experimental de paralisias histéricas absorviam todo o meu interesse"[2].

Freud talvez tenha se distraído temporariamente tentando localizar a lesão orgânica faltante da histeria, mas nunca esqueceu completamente a observação de Charcot. Isso provavelmente

---

[1] "Mas, em casos como esse, e sempre a coisa genital, sempre... sempre... sempre...", em francês no original. FREUD, Sigmund. "Contribuição à história do movimento psicanalítico". In: *Obras completas*, v. 11. Trad. Paulo César de Souza. São Paulo: Companhia das Letras, p. 255.
[2] *Idem, ibidem.*

se deveu em parte a um incidente ocorrido antes de ele ir a Paris: Freud, ainda um médico jovem e inexperiente, estava passeando pela cidade com Joseph Breuer. Um homem se aproxima deles com um pedido urgente. Assim que o homem fora embora, Breuer confia a Freud que se tratava do marido de uma de suas pacientes que havia sido trazida para tratamento de um problema "nervoso". Breuer acrescenta: "São sempre *segredos de alcova!*"[3]. Atônito, Freud pergunta o que ele quer dizer e Breuer explica que a palavra *alcova* significa "leito conjugal". Talvez Breuer ignorasse totalmente o quão extraordinário foi para Freud esse momento de "iluminação", que causou grande impressão no jovem médico.

De volta a Viena em 1889, o ginecologista Rudolf Chrobak envia a Freud um paciente que sofria de ataques de angústia. Em um tom incomumente cínico, Chrobak assume que a causa da angústia é que a mulher, depois de dezoito anos de casamento, ainda é virgem. Para curá-la, Chrobak sugere uma receita: *"Penis normalis, dosim repetatur!*"[4]. Freud rejeita essa prescrição demasiado abrupta, mas a ideia de que a sexualidade, "a coisa genital", está na origem da histeria — "um conhecimento que eles mesmos [Breuer, Charcot, Chrobak], estritamente falando, não possuíam" — não o deixa. Anos depois, Freud lembra que essas ideias "dormitaram em mim durante anos, até que um dia despertaram como um conhecimento aparentemente original"[5]. Essa revelação se propagaria por sua mente, tornando-se a chave para sua teoria da sedução e sendo integrada à sua teoria geral da neurose.

Ao ouvir pacientes que se queixavam de afecções misteriosas para as quais a medicina tradicional não conseguia encontrar uma solução, nem mesmo uma explicação, Freud desenvolveu a psicanálise. Paralisia corporal, cegueira, mutismo, ataques epilépticos — a causa desses estranhos sintomas que desafiavam os conhecimentos científicos se revelou ser de origem sexual. Por trás do sintoma corporal histérico havia um conteúdo sexual recalcado. Inicialmente, Freud pensava que, quando criança, o/a paciente histérico havia sido

---

[3] *Idem*, p. 254.
[4] *Idem*, p. 256. [Nota da editora: "Pênis normal, doses repetidas!", em latim.]
[5] *Idem*, p. 254.

vítima de uma experiência prematura, traumática e erótica — uma sedução sexual por parte de um adulto, por exemplo. Muito imatura para entender, incapaz de representar para si mesma as coisas, a criança ficou assustada e sem voz, e a excitação sexual fora excluída de sua consciência. A sedução fora esquecida ou reprimida, mas voltava no futuro, despertada por sintomas histéricos, o que sinalizava o retorno do recalcado. A representação traumática, insuportável e sexualmente atribulada, era parte integrante da teoria da sedução de Freud. Ele acabaria abandonando essa teoria para passar a acreditar em um princípio de realidade psíquica, no qual o traumatismo estaria inscrito no inconsciente, impresso como fantasia.

O abandono de Freud da teoria da sedução induziu o conceito de fantasia — e o conceito de fantasia o levou a descobrir a existência da pulsão (o *Trieb* nunca foi o "instinto"). Podemos definir sexo para o sujeito falante como a relação entre duas fantasias, como a interação de dois sujeitos através das lentes de suas fantasias. Um tropo clássico é o de um homem heterossexual tendo relações sexuais com uma mulher enquanto pensa que está fazendo sexo com outra mulher; enquanto isso, a mulher pensa que ela é a outra mulher em quem seu parceiro está pensando. As fantasias desempenham um papel crucial em nossa vida psíquica. Freud chamou de *Urfantasie* (fantasia primitiva) o que ele ouvia regularmente no discurso de seus e suas pacientes. Com esse termo, ele designava aquelas fantasias que tinham uma função constitutiva e fundadora[6]. Freud identificou apenas três fantasias primitivas, todas ligadas ao complexo edipiano: a cena da sedução, a castração e a cena primitiva. A cena de sedução diz respeito aos pais enquanto objetos sexuais; o medo de represálias se o desejo de dormir com a mãe se realizar constitui a fantasia primitiva da castração; e o desejo de separar os pais, rompendo a união insuportável que ameaça a importância da criança para a mãe, forma a fantasia primitiva da cena primitiva.

Antes e depois da teoria da sedução, Freud continuou a atribuir grande importância psíquica às experiências sexuais. Ele não

---

[6] FREUD, Sigmund. "História de uma neurose infantil ('O Homem dos Lobos')". In: *Obras completas*, v. 14. Trad. Paulo César de Souza. São Paulo: Companhia das Letras, 2010, *passim*.

as limitou aos casos de histeria, mas de certa forma generalizou o traumatismo sexual como característica principal da sexualidade humana. Para Freud, a realidade psíquica era dominada pela primazia da sexualidade. Como um dos destinos das pulsões é sucumbir ao recalque, se a pulsão reprimida encontrar um substituto em um sintoma, a satisfação concedida pelo sintoma permanece sexual. Não apenas a sexualidade era a chave para todo sintoma e manifestação de sintoma, mas os próprios sintomas podiam ser investidos de forma tão libidinal, que se tornavam "a atividade sexual do doente"[7].

Que tipo de norma rege a sexualidade se um sintoma, que supostamente é a expressão de uma manifestação patológica, pode se tornar a atividade sexual de uma pessoa? Que tipo de satisfação pode ser obtida por um sintoma? A sexualidade necessariamente anda de mãos dadas com a dor? A sexualidade humana é, portanto, problemática. Freud observou que a sexualidade em si era sintomática no sentido de que algo estava intrinsecamente errado com ela, uma falta na sexualidade que impedia a obtenção do prazer pleno. Freud escreve: "Há sempre algo que falta para a descarga e a satisfação completas — *en attendant quelque chose qui ne venait point* ["esperando por algo que não vem", em francês] — e essa parte que falta, a reação do orgasmo, manifesta-se em equivalentes em outras esferas, ausências, acessos de riso, pranto, e talvez de outras maneiras"[8]. A revelação mais revolucionária de Freud não foi apenas a onipresença da sexualidade, mas sim, como Jean Laplanche observou, "a natureza profundamente ambivalente da sexualidade humana"[9]. Temos plena consciência dos "escândalos" das revelações freudianas: não só a existência da sexualidade infantil, mas também a afirmação de que a sexualidade infantil contém a estrutura da sexualidade adulta (polimorfa e perversa!). As descobertas

---

[7]FREUD, Sigmund. "Um caso de histeria". In: *Obras completas*, v. 6. Trad. Paulo César de Souza. São Paulo: Companhia das Letras, 2016, p. 310.
[8]FREUD, Sigmund. "Achados, ideias e problemas". In: *Edição standard brasileira das obras psicológicas completas de Sigmund Freud*, v. XXIII. Rio de Janeiro: Imago, 1975, p. 336.
[9]LAPLANCHE, Jean. *Vie et mort en psychanalyse*. Paris: Flammarion, 2001, p. 45. [Nota da editora: edição brasileira, LAPLANCHE, Jean. *Vida e morte em psicanálise*. Porto Alegre: Artes Médicas, 1985.]

de Freud encontraram forte resistência, pois ele trouxe à luz fatos importantes sobre a sexualidade e o inconsciente que as pessoas prefeririam ignorar. Os conhecimentos que ele disseminou tocavam em algo que ia além da moral. As descobertas de Freud forçaram um confronto com um núcleo obscuro do sujeito que corresponde a uma ética do desejo sobre a qual nada queremos saber. Trata-se aí de um outro escândalo provocado pelas descobertas freudianas. Sua ideia de sexualidade é tão ampla, que derruba os limites tradicionais do que é considerado sexual. Zupančič considera que o verdadeiro escândalo de Freud está aí.

A indignação causada pelas revelações freudianas não se deve ao seu pretenso pansexualismo, mas, antes, ao fato de ele ter revelado a que ponto a sexualidade humana é aleatória. Segundo Zupančič: "O mais perturbador da descoberta freudiana não é a ênfase dada à sexualidade, a ênfase em assuntos sujos; o que é mais perturbador é o caráter ontologicamente aleatório da própria sexualidade. Assim, quando digo que a sexualidade é inconsciente no plano constitucional, estou me referindo a uma certa negatividade fundamental que está implicada na sexualidade, mas que, como tal, dá estrutura ao inconsciente"[10]. Além disso, "a causa do constrangimento na sexualidade não é simplesmente algo que está lá, exposto, nela. Mas, pelo contrário, algo que precisamente não está ali"[11]. O paradoxo aqui é que se Freud foi acusado de "pansexualismo", o que significa que ele achava que o sexo estava em toda parte, a descoberta freudiana afirma que há uma negatividade recalcitrante no cerne da sexualidade[12].

Um exemplo desse *déficit* em nossa relação com o sexo é que, enquanto os animais parecem poder confiar com sucesso na sabedoria que lhes é concedida por seus instintos, os humanos precisam da mediação pedagógica de um manual de educação sexual para aprender o que eles já deveriam saber. Não apenas estamos perdidas

---

[10]ZUPANČIČ, Alenka. "Sexual Is Political?" In: TOMSIC, Samo; ZEVNIK, Andreja. (orgs.). *Jacques Lacan: Between Psychoanalysis and Politics*. Londres/Nova York, Routledge, 2016, p. 194.
[11]*Idem, ibidem*.
[12]Ver COPJEC, Joan. "Sex and the Euthanasia of Reason". In: COPJEC, J. (org.). *Supposing the Subject*. Nova York: Verso, 1994, p. 16-43.

e perdidos diante da sexualidade, mas nosso encontro com o sexo é perturbador: ele acontece muito cedo ou muito tarde, é demais ou insuficiente, não é bom ou bom demais, e assim por diante.

Não surpreende, portanto, que no início da psicanálise Freud tenha trabalhado em estreita colaboração com os maiores sexólogos de seu tempo, que se tornaram para ele uma grande fonte de inspiração[13]. Entre eles estava Magnus Hirschfeld, o "Dr. Einstein do sexo", fundador do primeiro instituto de pesquisa em sexualidade em Berlim e um pesquisador, clínico e militante pioneiro que realizou trabalhos revolucionários sobre a transexualidade e publicou mais de 2.000 artigos sobre a homossexualidade e os comportamentos sexualmente não conformes. Hirschfeld, um reformador e ativista sexual apaixonado, também foi travesti ocasional e uma figura política central no campo nascente da sexologia na Alemanha. Ele publicou uma série de artigos psicanalíticos, incluindo o artigo de Freud "As fantasias histéricas e sua relação com a bissexualidade" (1908), que apareceu no primeiro número da nova revista de Hirschfeld dedicada exclusivamente à sexologia enquanto ciência, *Zeitschrift für Sexualwissenschaft* ("Jornal da ciência sexual"). Nos números seguintes aparecem trabalhos originais de Alfred Adler, Karl Abraham e Wilhelm Stekel[14].

Hirschfeld desempenhou um papel essencial nos primórdios da psicanálise. Freud e Hirschfeld colaboraram estreitamente: Freud contribuía em suas revistas, ao passo que Hirschfeld se interessava de perto pela psicanálise. Além disso, Hirschfeld cofundou a Sociedade Psicanalítica de Berlim com Karl Abraham em agosto de 1908[15]. Em 1911, no Terceiro Congresso Internacional de Psicanalistas em Weimar, Freud acolheu muito calorosamente Hirschfeld como convidado de honra e expressou publicamente sua admiração pela

---

[13]Ver ELLENBERGER, Henri. *The Discovery of the Unconscious: The History and Evolution of Dynamic Psychiatry*. New York: Basic Books, 1981; e SALLOWAY, Frank. *Freud, Biologist of the Mind: Beyond the Psychoanalytic Legend*. Nova York: Basic Books, 1979.
[14]BULLOUGH, Vern. *Science in the Bedroom: A History of Sex Research*. Nova York: Basic Books, 1994, p. 68.
[15]GAY, Peter. *Freud: A Life for Our Time*. New York: Norton, 1998. [Nota da editora: edição brasileira, GAY, Peter. *Freud: uma vida para nosso tempo*. São Paulo: Companhia das Letras, 2012.]

"autoridade berlinense em matéria de homossexualidade"[16]. No entanto, apesar desse reconhecimento, Hirschfeld deixou a Sociedade Psicanalítica de Berlim logo após a reunião de Weimar, apesar das tentativas de Abraham de convencê-lo a ficar[17].

A saída de Hirschfeld foi precipitada por "uma causa externa" também descrita por Abraham como "uma questão de resistências". Aparentemente Jung havia se levantado contra sua homossexualidade[18]. Ao contrário de Jung, Freud não parecia se opor ao ativismo político de Hirschfeld. Ele considerava a defesa dos direitos dos homossexuais feita por Hirschfeld como uma evolução positiva e, desde o início, encorajara Abraham a trabalhar com ele[19]. A partida de Hirschfeld encheu Freud de uma profunda amargura.

Ele escondeu sua decepção declarando que não fora uma perda tão grande. No entanto, pouco antes da cisão, após uma visita de Hirschfeld que causou uma impressão muito favorável em Freud, ele escreveu a Jung expressando seu desejo de incluir sexólogos no movimento psicanalítico e insistiu sobre a importância de tal colaboração. Depois de perder Hirschfeld, a Sociedade Psicanalítica de Berlim decidiu, por instigação de Abraham, trabalhar coletivamente nos *Três ensaios sobre a teoria da sexualidade*. A ironia é que os *Três ensaios* devem muito às pesquisas de Hirschfeld[20]. Na primeira página dos *Três ensaios*, Freud cita as "publicações conhecidas" de Hirschfeld, assim como oito outros autores, que vão de Krafft-Ebing a Havelock Ellis, todos publicados no *Jahrbuch für sexual Zwischenstufen* ("Jornal dos estados sexuais intermediários"), uma revista dirigida por Hirschfeld, mostrando como a teoria sexual de Freud derivava em parte do então nascente campo da sexologia.

---

[16]Ver BULLOUGH, Vern. *Science in the Bedroom: A History of Sex Research*. Nova York: Basic Books, 1994, p. 64; e MANCINI, Elena. *Magnus Hirschfeld and the Quest for Sexual Freedom*. Nova York: Palgrave, 2010, p. 71.

[17]FALZEDER, Ernst. (org.). *The Complete Correspondence of Sigmund Freud and Karl Abraham, 1907-1925*. Londres: Karnac Books, 2002, p. 139.

[18]*Idem*, p. 139-141.

[19]GAY, Peter. *Freud: A Life for Our Time*. New York: Norton, 1998, p. 181.

[20]FREUD, Sigmund. "Três ensaios sobre a teoria da sexualidade". In: *Obras completas*, v. 6. Trad. Paulo César de Souza. São Paulo: Companhia das Letras, 2016, p. 20, 22, 30 e 36.

Ralf Dose escreve que a saída de Hirschfeld da Sociedade Psicanalítica de Berlim também foi causada por diferenças teóricas sobre a etiologia da homossexualidade[21]. Embora Freud e Hirschfeld se opusessem à criminalização do desejo homossexual e não a vissem como uma anomalia no sentido patológico, eles discordavam sobre as causas da homossexualidade. Hirschfeld acreditava em uma homossexualidade biológica, inata, ao passo que Freud sustentava que as experiências da infância determinavam tendências libidinais inconscientes e a escolha de objetos.

Em vez de argumentar contra a punição de manifestações sexuais não normativas com base na afirmação de que as variações biológicas determinam o comportamento, a originalidade de Freud foi separar o sexo da reprodução, ressaltando o caráter enviesado da sexualidade humana.

Igualmente inovador, mas não tão inovador, já que ele navegou nos mares agitados de uma agenda política enquanto conduzia pesquisas inovadoras, o trabalho de Hirschfeld explorava a identidade de gênero, em particular o desejo de usar roupas do sexo oposto. Tratava-se do primeiro estudo científico abrangente sobre o travestismo. Seus riquíssimos dados empíricos coletados a partir de milhares de casos revelaram que as e os travestis incluíam tanto homens e mulheres homossexuais quanto bissexuais, assim como, ao contrário da crença popular, heterossexuais. Magnus Hirschfeld cunhou o termo *travesti* em 1910 para descrever aquelas e aqueles que ocasionalmente usavam roupas do "outro" sexo. Ele observou que algumas e alguns travestis eram assexuado(a)s ("automonossexuais", dizia ele); o grupo assexual acabou levando à classificação do(a)s transexuais nos anos 1950.

O clássico *Die Transvestiten. Untersuchung über den erotischen Verkleidungstrieb mit umfangreichem casuistischen und historischen material* (1910) ["Os travestis. Uma investigação sobre a pulsão de disfarce erótico com extenso material casuístico e histórico"], de Hirschfeld, foi traduzido para o inglês oitenta anos após sua primeira

---

[21]DOSE, Ralf. *Magnus Hirschfeld: The Origins of the Gay Liberation Movement.* Nova York: Monthly Review Press, 2014, p. 50.

publicação. Ele foi publicado em 1991 como *Transvestites: The Erotic Drive to Cross-Dress*. Note-se que, em alemão e em inglês, seu título contém uma palavra que pertence à nomenclatura psicanalítica de base: *Trieb* ou "pulsão". A escolha do termo revela um engajamento para com a psicanálise, mesmo que o sentido seja diferente.

Hirschfeld desenvolveu uma teoria dos intermediários sexuais, alegando que a existência de dois sexos opostos era uma simplificação excessiva e que se podia observar numerosas variedades de intermediários. Ele abriu novas perspectivas ao propor que o travestismo era uma variação sexual distinta, diferente do fetichismo e da homossexualidade. Pioneiro na defesa das pessoas transgênero, argumentou que a transgeneridade não poderia ser reduzida à homossexualidade nem ao fetichismo, ou a qualquer forma de patologia.

Deve-se notar, no entanto, que como clínico e pesquisador, Hirschfeld nunca renunciou à sua crença em uma base biológica (endocrinológica) da sexualidade e, portanto, não se opôs aos transplantes testiculares experimentais de Eugen Steinach para "tratar" a homossexualidade masculina. Tanto Steinach quanto Hirschfeld haviam especulado que o dito "terceiro sexo" dos e das homossexuais poderia ser explicado pela presença de hormônios sexuais masculinos e femininos. Freud discordava, pois a ideia de um terceiro sexo é baseada em um binário sexual constituído por duas metades discerníveis. As questões sem resposta de Freud sobre a sexualidade feminina lhe revelaram que não havia noção simétrica de identidade sexual. De uma forma mais tradicional ou biológica, Steinach acreditava que a intersexualidade e a homossexualidade se deviam à falta de diferenciação sexual nas gônadas, o que resultava na produção de secreções masculinas e femininas.

Essa hipótese resultava das trocas com Hirschfeld, que já havia atribuído uma responsabilidade biológica à homossexualidade na ação dos hormônios que chamava de "andrin" e "gynacin". Hirschfeld havia proposto a Steinach realizar experimentos com gônadas de animais. Isso levou à altamente questionável — e rapidamente abandonada — "cura" para a homossexualidade masculina, segundo a qual um testículo era removido cirurgicamente e substituído por um testículo de um doador heterossexual.

Essa abordagem também é reveladora da tendência geral da ciência na época. Hirschfeld usou as pesquisas de Steinach para validar cientificamente a construção da homossexualidade como condição biomédica.

Hirschfeld estava seguindo as teorias de Karl Heinrich Ulrichs que pleiteava a erradicação da associação entre homossexualidade e patologia, argumentando que esses homens tinham "a mente de uma mulher aprisionada no corpo de um homem" (*anima muliebris corpore virili inclusa*). Essa frase encontra ressonância nas apresentações modernas da identidade transgênero. Pensemos, por exemplo, na transição de Caitlyn Jenner, e podemos lembrar o quanto certas feministas ficaram consternadas com o argumento de Jenner, que afirmava ter um "cérebro feminino".

Ulrichs transpunha novos conhecimentos sobre embriologia para orientação sexual em uma estratégia para descriminalizar a homossexualidade e desafiar as leis sobre a sodomia. Magnus Hirschfeld, assim como Ulrichs, explicava a atração pelo mesmo sexo em termos de bissexualidade do embrião humano em desenvolvimento. Ali onde Ulrichs utilizava o "mental", Hirschfeld, tomando um rumo biológico, falava do "cérebro". As pesquisas de Hirschfeld sobre os centros neuronais de atração sexual em fetos destinados a se tornarem homossexuais demonstravam uma afinidade ideológica com as pesquisas neuroanatômicas atuais, muito controversas, sobre a orientação sexual de homossexuais, heterossexuais ou pessoas entre dois sexos.

O filósofo Michel Foucault nos fez tomar consciência de que a sexualidade tem uma história, e que a psicanálise tem desempenhado um papel importante nela enquanto teoria das intersecções entre a lei e o desejo. Sua *História da sexualidade* afirma que uma história do desdobramento da sexualidade desde a idade clássica "pode valer como arqueologia da psicanálise"[22]. Para Dean e Lane, essa caracterização, que dá a impressão de que "o livro falaria apenas de psicanálise", também reforça o fato de que hoje não podemos

---

[22]FOUCAULT, Michel. *A história da sexualidade I: A vontade de saber*. Trad. Maria Thereza da Costa Albuquerque e J. A. Guilhon Albuquerque. Rio de Janeiro: Edições Graal, 1980, p. 122.

pensar em sexualidade sem utilizar categorias psicanalíticas[23]. No caso da transexualidade, portanto, a inter-relação com a psicanálise não é somente referencial: ela é fundamental.

---

[23]DEAN, Tim; LANE, Christopher (orgs.). *Homosexuality and Psychoanalysis*. Chicago: University of Chicago Press, 2001, p. 8.

CAPÍTULO SEIS

Mudar o gênero, mudar a psicanálise

Para melhor contextualizar nossa discussão sobre a complexa relação entre psicanálise e transgeneridade, examinemos rapidamente algumas definições canônicas da transexualidade, assim como os arquivos dos primeiros tratamentos de analisandas e analisandos transgênero, que são tão reveladores quanto exemplares. Essa breve história da evolução da nomenclatura será útil para iluminar a forma como a terminologia passou a ser relacionada ao campo do patológico. Também mostrará o papel central e paradoxal desempenhado pela psicanálise na história da transexualidade.

A teoria psicanalítica mais conhecida sobre os fenômenos transgêneros foi proposta por Wilhelm Stekel, um ex-colaborador próximo de Freud e um dos primeiros dissidentes. Stekel frequentemente discutiu casos de travestismo e sistematizou o uso do termo *paraphilia* para designar comportamentos sexuais incomuns (do grego *"para"*, "ao lado", "além", "atravessado", e *"philia"*, "amor"). A escolha desse termo por Stekel coloca semanticamente os "desvios" sexuais no mesmo nível de outras formações não patológicas do inconsciente, como a *parapraxis*.

O termo *parapraxis* faz referência a um fenômeno psíquico introduzido por Freud em *Psicopatologia da vida cotidiana*, texto cujo título já normaliza a patologia ao apresentá-la como um acontecimento cotidiano ao mesmo tempo em que expõe que a normalidade cotidiana pode ser patológica. *Parapraxis* (ato falho) é um neologismo de James Strachey que traduz *Fehlleistung* em alemão, literalmente, *Fehl*, fracasso, queda ou desaparecimento, mais

Leistung, trabalho, performance. Poder-se-ia ficar tentado a traduzir a *paraphilia* no vocabulário psicanalítico como uma performance fracassada, um ato falho da sexualidade. Como Freud diz sobre os atos falhos da vida cotidiana, tal como esquecer palavras e nomes, as *paraphilias* podem ocorrer em pessoas normais e saudáveis.

Notemos que mesmo que Stekel seja frequentemente creditado com a invenção do termo *paraphilia*, ele foi cunhado em 1903 pelo etnógrafo, sexólogo, antropólogo e correspondente de Freud, Friedrich S. Krauss, sobre o qual retornarei no capítulo XIV. Depois dos anos 1960, o termo *paraphilia* tornou-se amplamente utilizado no mundo de língua inglesa graças ao trabalho do sexólogo e pioneiro da mudança de sexo John Money, que o adotou para estabelecer uma certa distância com relação às implicações morais e religiosas da noção jurídica de "perversão" tal como definida por Richard von Krafft-Ebing. Em contrapartida, num claro gesto de despatologização, Money propôs "normofilia" para pessoas "erotossexuais conformes à norma ditada pela autoridade consuetudinária, religiosa ou legal"[1]. O termo *paraphilia* entrou oficialmente no vocabulário psiquiátrico em 1980, com sua inclusão no *Manual Diagnóstico e Estatístico de Transtornos Mentais* (DSM) para designar de forma menos pesada as inclinações sexuais não normativas. Como aponta Glen Gabbard, apesar dos melhores esforços de Stekel, as conotações negativas do termo nunca desapareceram[2].

NEM UM POUCO PATOLÓGICO

O título da principal obra de Stekel, *Sexual Aberrations: The Phenomenon of Fetishism in Relation to Sex*, ecoa a primeira parte do texto de Freud de 1905, *Três ensaios sobre a teoria da sexualidade*, "As aberrações sexuais"[3]. O subtítulo de Stekel, *The Phenomenon of*

---

[1]MONEY, John. *Gay, Straight, and In-Between: The Sexology of Erotic Orientation*. Oxford: Oxford University Press, 1988, p. 214.
[2]GABBARD, Glen. O. *Gabbard's Treatments of Psychiatric Disorders*. Arlington (VA): American Psychiatric Press, 2007, p. 673.
[3]Ver FREUD, Sigmund. "Três ensaios sobre a teoria da sexualidade e outros trabalhos". In: *Obras completas*, v. 6. Trad. Paulo César de Souza. São Paulo: Companhia das Letras, 2016, p. 20-72.

Fetishism in Relation to Sex ["O fenômeno do fetichismo em relação ao sexo"], expressa explicitamente a vontade de sistematizar a estrutura de todos os desvios sexuais como uma entidade única sob a categoria de fetichismo. Tenta também se afastar do modelo de Hirschfeld baseado na biologia.

O segundo volume, no entanto, inclui um capítulo sobre uma mulher travesti, escrito por seu discípulo Emil Gutheil, que se afasta um pouco do modelo do fetichismo. Para Gutheil, mesmo que o travestismo não procedesse do fetichismo, tratava-se de uma compulsão para criar um substituto peniano. Esse exemplo clínico daquilo que é descrito como um exemplo de travestismo e considerado uma *"parapathia"* merece um exame mais aprofundado. Trata-se de um caso muito detalhado, que documenta o que provavelmente foi um dos primeiros tratamentos psicanalíticos de um paciente transexual, caso que também é muito representativo dos futuros encontros entre psicanalistas e analisandas e analisandos não conformes.

No início da década de 1920, Elsa B., uma funcionária pública de 34 anos, concordou em iniciar uma análise com Gutheil, cuja ajuda ela buscou na tentativa de obter permissão da polícia para usar roupas masculinas em público, autorização que ela acabou conseguindo[4]. A análise continuou por trinta e três sessões. O trabalho concentrou-se em análises aprofundadas dos sonhos da analisanda. Deve-se notar que Elsa havia entrado em tratamento não para se livrar de um sintoma, mas para obter o aval de um especialista que lhe garantisse certa segurança na esfera pública. Isso não é muito diferente dos limites impostos à situação terapêutica atual, em que muitas pessoas transgênero são obrigadas a consultar um(a) profissional de saúde mental para obter uma carta confirmando que são boas candidatas a iniciar um processo de realinhamento de gênero.

---

[4]GUTHEIL, Emil. "An Analysis of a Case of Transvestism". In: STEKEL, W. (org.) *Sexual Aberrations: The Phenomenon of Fetishism in Relation to Sex*. Trad. S. Parker. Nova York: Liveright Publishing Co., 1971, p. 281-318 e p. 354. Ver também ELLIS, Havelock. *Studies in the Psychology of Sex*, v. 2. Londres: William Heineman Medical Books, 1937.

É interessante notar que Elsa solicitou que Gutheil, "sob nenhum pretexto" tentasse "destruir" suas inclinações sexuais[5]. Essa exigência confirma que Elsa já estava ciente de que seu psicanalista poderia tentar dar uma orientação corretiva ao tratamento e interferir em "suas aspirações sexuais particulares". Sua demanda indica explicitamente que ela não queria renunciar àquilo que lhe dava prazer sexual e que, para ela, suas inclinações sexuais não eram uma patologia, mas simplesmente uma preferência erótica que ela não desejava ver questionada ou modificada. Ela simplesmente queria "viver uma vida mais humana e mais feliz", pois, como ela sustentava, suas preferências de vestuário não "infringiam os direitos de ninguém"[6].

No "Caso 70", Gutheil dá uma boa descrição de Elsa B. Ela tinha cabelos curtos, pele pálida, uma compleição esbelta e "características sexuais de aparência normal". Menstruava regularmente desde os 13 anos e era capaz de "fazer os trabalhos mais difíceis, mesmo estando menstruada". Elsa parece estar em possessão de si mesma, característica que Gutheil descreve em associação com um "jeito de andar masculino, com passadas longas"[7].

> A aparência da paciente é, de fato, impressionante. Em uma cabeça abobadada com cabelos partidos ao meio encontra-se um chapéu masculino de feltro macio. A capa de chuva desce quase até os tornozelos, então podemos nos perguntar se ela esconde uma calça ou uma saia. Mas ela usa uma saia, o único atributo feminino encontrado em sua pessoa. Por cima de uma blusa, ela usa um colete masculino, gola engomada, gravata e punhos engomados. Todo o resto é parafernália masculina: sapatos, canivete, isqueiro, cigarreira etc[8].

Elsa "também urina em pé". No entanto, Gutheil acrescenta que ela "não mostra sinais de degeneração"[9]. No início do tratamento,

---

[5]GUTHEIL, Emil. "An Analysis of a Case of Transvestism". In: STEKEL, W. (org.) *Sexual Aberrations: The Phenomenon of Fetishism in Relation to Sex*. Trad. S. Parker. Nova York: Liveright Publishing Co., 1971, p. 281.
[6]*Idem*, p. 281 e 283.
[7]*Idem*, p. 281.
[8]*Idem*, nota 4, p. 354.
[9]*Idem*, p. 281.

Elsa — que considerava sua "condição", segundo suas próprias palavras, "sem dúvida constitucional e possivelmente anormal, mas nem um pouco patológica" — foi muito franca sobre suas expectativas quanto ao desfecho do processo: "Não consigo imaginar que minha condição seja curável. Se alguém viesse me dizer agora que poderia fazer eu me sentir como uma mulher, eu recusaria essa oferta"[10].

Elsa se apresentara em uma carta ao supervisor de Gutheil, Wilhelm Stekel, tentando dar uma descrição precisa de seu caráter. Ela disse aos médicos que, até onde se lembrava, nunca gostara de brinquedos de menina e desejava "brincar apenas com objetos de menino, como espadas, revólveres, soldados etc.". À medida que crescia, sua aversão aos brinquedos de menina cresceu e logo "as roupas se torna[ram] um sério dilema"[11]. Durante sua infância, ela ficou tão apegada a um casaco de inverno azul escuro semelhante a um casaco de uniforme militar, que o usava mesmo na primavera e no verão. Pouco a pouco, ela desenvolveu uma aversão mais forte às roupas femininas. Saindo vestida de saias, chapéus e fitas, se sentiu "como um macaco disfarçado". Essa "luta acirrada" com relação às roupas torna-se devastadora e leva a uma "separação dolorosa entre [sua] família e [ela]"[12]. Desde seus vinte e poucos anos, Elsa adotara roupas que muitas vezes a identificavam como um homem para as pessoas por quem passava na rua.

Quando começou sua análise com Gutheil, Elsa morava sozinha. Tendo sofrido consideráveis dificuldades econômicas depois de deixar sua família, ela agora era capaz de se sustentar. Elsa nascera prematuramente, aos 7 meses. Seu pai, professor, tinha 68 anos quando ela viera ao mundo e morreu quando ela tinha apenas 2 anos. Ele tinha 38 anos quando se casou com sua mãe, que tinha 17. Essa diferença de idade causou diversas disputas entre o casal, pois enquanto ele era "um homem sério e estável", sua mãe era "cheia de vida e adorava roupas"[13]. Crescendo, Elsa se sentiu rejeitada e mal amada por sua mãe, que falava com ela de seu falecido marido em

---

[10] *Idem*, p. 284 e 288.
[11] *Idem*, p. 281 e 282.
[12] *Idem*, p. 282.
[13] *Idem*, p. 283.

termos desdenhosos. Ela também negligenciava Elsa, que foi criada pelos avós. Parece que sua mãe nunca quis ter uma filha. A mãe "supostamente era quem 'usava a calcinha' em casa"[14].

Quatro ou cinco anos após a morte de seu pai, sua mãe se casou novamente e deu à luz dois filhos, o primeiro, Edward, oito anos mais novo que Elsa, o segundo, Otto, dez anos mais novo. Elsa odiava o padrasto, que parecia retribuir: "Meu padrasto sempre me disse que eu era feia". Ela acreditava nele "e ficava muito magoada": pensando que era "a apoteose da feiura", queimou todas as fotografias que existiam dela. Aos 12 ou 13 anos, experimentou o terno do avô, comentando que ele "caía muito bem em mim e me deixava muito mais bonita do que em roupas femininas. Em seguida, eu quis ter roupas desse tipo". Quando, aos 15 anos, ela experimentou o terno do irmão, descobriu que estava muito bonita nele e que se parecia com o pai. "Acho que a vaidade desempenha um papel importante na minha vida... Acho que sou um homem muito bonito". Vestir um terno masculino deu a Elsa, em suas próprias palavras, uma nova liberdade: "Sinto-me aliviada de uma grande opressão e, em vez de experimentar sentimentos de inferioridade, me sinto bem e livre"[15]. Para Elsa, assim como para muitos analisandos e analisandas que se identificam como trans com quem trabalhei, a beleza e a estética oferecem um caminho para a liberdade e aparecem menos como um esforço narcísico e mais como uma questão de existência.

Na verdade, Elsa nunca se sentiu mulher, e em suas fantasias ela se vê como "um pai de família, cuidando de sua esposa e filhos", feliz por ser o marido acompanhado por uma mulher materna que "cozinha, costura e cuida dos outros detalhes que cabem a uma esposa"[16]. No entanto, à medida que ela crescia, rebelou-se contra as tentativas do padrasto de lhe ensinar os afazeres domésticos com o objetivo de torná-la "uma boa dona de casa", porque ela "sempre considerou uma dona de casa como uma mulher que trabalha sem ser remunerada"[17].

---

[14] *Idem*, p. 286.
[15] *Idem*, p. 302.
[16] *Idem*, p. 284.
[17] *Idem*, p. 294.

Ela também sonhava em ser um marido tendo relações sexuais com sua esposa. "Tenho relações sexuais com ela e estou feliz com o tamanho de meu pênis e a forma masculina de meu peito. Depois, tive uma ejaculação e em seguida um orgasmo que durou alguns minutos"[18]. Gutheil sublinha seu desejo de ter "um grande falo"[19]. Na verdade, Elsa sonha que o orgasmo vem depois da ejaculação. O que Gutheil toma como ignorância sua dos mecanismos usuais do orgasmo masculino indica, antes, que mesmo quando Elsa sonhava com um pênis, para ela, o falo não era estritamente um órgão anatômico.

Associando esse sonho, Elsa declarou que descobrira a existência das diferenças sexuais anatômicas quando vira o pênis do irmãozinho e "o invejara por causa dessa diferença". Ela acrescenta: "Também tive sonhos na época que me mostravam a posse de um pênis". Em suas fantasias de masturbação, ela se imaginava "um homem em pleno coito"[20].

Até os 8 ou 9 anos, Elsa pensava que a diferença entre os gêneros era determinada pelo vestuário. Vestir o casaco do uniforme de inverno quando ela era mais jovem lhe dava confiança e uma gratificante sensação de superioridade, mas quando ela se travestia secretamente aos 14 ou 15 anos, experimentando o terno de seu irmão, experimentava uma gratificação sexual imediata. Gutheil, portanto, tomou isso como prova de sua disposição fetichista, o que pode parecer uma explicação muito simples, uma confusão entre a condição fetichista e o verdadeiro fetichismo. O erotismo de Elsa apresenta características muitas vezes associadas à sexualidade masculina, na qual o objeto (parcial, objeto *a*) poderia ser tomado pelo todo (Outro) e engendrar desejo.

O prazer sexual de Elsa parecia ser desencadeado pelo uso de roupas masculinas, pois "o simples fato de colocar um terno pode causar um orgasmo"[21]. Ela não se interessava em ter relações sexuais com homens; no entanto, o ato de se travestir não era sua única fonte de prazer sensual. Elsa sentia atração sexual por mulheres;

---

[18] *Idem*, p. 286.
[19] *Idem, ibidem*.
[20] *Idem*, p. 287.
[21] *Idem*, p. 289.

na história do caso encontramos muito material sobre suas outras fontes de realização erótica, como sucção de mamilo, cunilíngua, masturbação mútua etc. Gutheil apresenta uma mistura pseudofreudiana de fixação materna combinada com uma ferida narcísica no modelo da inveja do pênis, tudo misturado com um complexo de Electra combinado com "sentimentos de feiura". É assim que ele explica o fetichismo de Elsa, como o desvio de uma orientação "psíquica saudável", heterossexual, cis. Ao vê-la rejeitada pela mãe, que teria preferido um filho a uma filha, e constatando que quando criança Elsa se dedicava a atividades que ele considerava femininas (ela cozinhou e fantasiou brevemente com um casamento com um primo mais velho), Gutheil supõe que seu desejo de não ser uma menina era consequência da hipótese de que ela não tinha aquilo que lhe asseguraria o afeto de sua mãe.

A explicação de Gutheil beira a misoginia. Ele escreve:

> Ela simplesmente queria ser bonita... o sentimento de feminilidade e o sentimento de feiura pessoal logo feriram seu narcisismo infantil a tal ponto, que sua orientação psíquica saudável foi recalcada. Um dia ela reconheceu o verdadeiro fundamento das diferenças sexuais e se deu conta de que não poderia obter o amor de sua mãe. Sua mente infantil, então, se convenceu de que o único atributo que atraía o amor de sua mãe era a posse de certos apêndices físicos[22].

Segundo Gutheil, o travestismo de Elsa tinha funções identificatórias e sexuais. Sua mãe preferia e favorecia seu irmão. Sua primeira experiência de orgasmo durante o ato de se travestir foi provocada pelo uso do terno de seu irmão. Gutheil pensa que esse paroxismo trai o fato de que Elsa "alcançou finalmente a igualdade com o irmão e [podia] aspirar à verdadeira afeição de sua mãe"[23]. Como Elsa não podia ter o pênis de seu irmão, ela passou às roupas como um substituto. Tudo isso aconteceu sob a égide da inveja do pênis e do complexo de castração. Elsa fantasiava atacar seu irmão Edward (ela ficou com ciúmes quando ele enfiou um prego em seu

---

[22] *Idem*, p. 307.
[23] *Idem*, p. 308.

pé e a casa inteira ficou em alvoroço, quando ele fez uma cirurgia no nariz etc.) e poderia até ter vontade de morrer como forma de retribuição da castração. Enquanto se preocupava com a morte de seu irmão, Elsa "acidentalmente viu suas partes genitais enquanto ele estava acamado e doente". Ela acrescenta: "Eu o invejava"[24]. Ela se consolava pensando que seu próprio pênis iria crescer.

Assim que atingiu a puberdade, ela foi "forçada a enterrar [sua] esperança inicial de que [seu] falo cresceria ainda mais". E continua: "Foi nessa época (mais ou menos aos 12 anos) que comecei a me esforçar para desenvolver um estilo masculino em minha maneira de me vestir. Meu desejo ardente por meu pai tornou-se doloroso, e muitas vezes pensei que se ele ainda estivesse vivo, as coisas não seriam tão ruins para mim"[25]. Assim, a indumentária masculina satisfazia uma dupla atitude em relação ao pai e à mãe: "O ato de se travestir permite que ela tenha um contato sexual com o pai (orgasmo ao vestir a vestimenta) e a leva, em seu traje masculino, a buscar um substituto para sua mãe como objeto"[26]. Essa explicação, no entanto, parece supor que as meninas bonitas amam os homens e não suas mães, e que as feias (como Elsa acreditava) fingem ser meninos para continuar amando suas mães, desenvolvendo, assim, fixações maternas. "Essa fixação é patente nos sonhos noturnos e diurnos da paciente. Ela chama sua senhoria de 'mãe', mas a relação delas é mais parecida com a de um homem e sua esposa ou de uma mãe e seu filho. O ódio da paciente para com o padrasto remonta à sua mais tenra infância. Ela protesta internamente contra o segundo casamento de sua mãe pelo simples motivo de querer fazer o papel do marido"[27]. Gutheil também entende que a verdadeira causa do interesse de Elsa por roupas masculinas (lembremos que sua mãe gostava de roupas e "usava a calcinha em casa") vinha para substituir o objeto incestuoso — a mãe.

Tomando um rumo surpreendente, Gutheil ancora o travestismo de Elsa em uma heterossexualidade inibida. Citando Stekel,

---

[24] *Idem*, p. 305.
[25] *Idem*, p. 303.
[26] *Idem*, p. 308.
[27] *Idem*, p. 309.

ele conclui que a homossexualidade de Elsa "é uma fuga do sexo oposto favorecida por atitudes parafílicas e sádicas"[28]. Ele supõe que Elsa reprimiu sua heterossexualidade a fim de proteger um parceiro masculino em potencial contra as pulsões sádicas suscitadas pela inveja de seu pênis. Assim, segundo ele, ela evitaria qualquer contato direto com um falo.

Gutheil segue seu professor Stekel, para quem as perversões não são estratégias para contornar a castração, mas defesas contra o desejo e as pulsões libidinais, sempre consideradas heterossexuais. Assim, Stekel chega à conclusão de que as parafilias não são formas de satisfação da pulsão sexual, mas casos em que o desejo é refém do disfuncionamento sexual. Como se pode ver, é a orientação normativa que prevalece.

Stekel e Gutheil são um bom exemplo da maneira como antigos adeptos fervorosos da psicanálise modificaram as teorias freudianas ao mesmo tempo em que as popularizaram. Ao fazer isso, eles se extraviaram, apagando todas as nuances, fazendo com que se elas ficassem coladas ao modelo médico dominante. Durante a primeira metade do século XX, para resolver o problema da mente, a maioria dos pós-freudianos inevitavelmente se apoiou na noção do efeito traumático das experiências da infância, atendo-se a uma concepção biológica da psique. A angústia de castração dava conta de uma etiologia psicobiológica da transexualidade muitas vezes confundida com a homossexualidade[29]. O travestismo entre os homens continuava sendo entendido, segundo as teorias de Gutheil, como uma tentativa de superar o medo da castração, criando uma mulher fálica e identificando-se com ela[30]. Como diz Bullough, "Freud não pode ser responsabilizado pelos excessos de seus discípulos"[31]. Mas a quem se deve culpar neste caso?

---

[28] *Idem, ibidem.*

[29] Ver BULLOUGH, Vern. "Transgenderism and the Concept of Gender". In: *The International Journal of Transgenderism*, v. 4, n. 3, 2000, disponível em: <https://tinyurl.com/4usdvnue> (Acesso: 23 jan. 2023).

[30] Ver LUKIANOWICZ, Nareyz. "Survey of Various Aspects of Transvestism in Light of Our Present Knowledge". In: *Journal of Nervous and Mental Disease*, n. 128, 1959, p. 36-64.

[31] BULLOUGH, Vern. *Science in the Bedroom: A History of Sex Research*. Nova York: Basic Books, 1994, p. 90.

CAPÍTULO SETE

Uma experiência natural

Ainda preso nas águas lamacentas das aberrações sexuais, a palavra *Transexualis* foi usada pela primeira vez na popular revista *Sexology*, em um artigo de 1949 de David Cauldwell intitulado, em latim, *Psychopathia Transexualis*. Escrito com um único *s*, o termo ecoava o livro *Psychopathia Sexualis* (1886), de Krafft-Ebing, um catálogo monumental das "aberrações" do comportamento sexual[1]. Cauldwell, que não era tanto um escritor cientista, mas um divulgador hiperbólico e educador sexual, acreditava em uma etiologia biológica da transexualidade, que ele considerava patológica. Ele simplesmente acrescentou o componente biológico à velha fórmula psicanalítica do trauma infantil: quando uma predisposição genética se combinava com uma infância disfuncional, o resultado era uma imaturidade que produzia um "desejo patológico-mórbido de ser um membro de pleno direito do sexo oposto"[2]. Costuma-se sublinhar que, em 1923, Hirschfield usara o termo alemão *seelischer Transsexualismus* ("transexualismo psicológico"), atribuindo a transgeneridade à psique. Em 1949, Cauldwell descrevia os "transexuais" como "indivíduos que desejam ser membros do sexo ao qual não pertencem propriamente dizendo"[3]. Cauldwell também cunhou o termo "transmutacionista sexual" e usou as duas grafias "transsexual" e "transexual" de forma intercambiável[4].

---

[1] KRAFFT-EBING, Richard von. *Psychopathia sexualis*. Trad. Claudia Berliner. São Paulo: Martins Fontes, 2000.
[2] CAULDWELL, David. "Psychopathia Transexualis". In: STRYKER, S.; WHITTLE, S. (org.). *The Transgender Studies Reader*. Nova York, Routledge, 2006, p. 40.
[3] *Idem*, p. 275.
[4] CAULDWELL, David. *Sex Transmutation — Can One's Sex Be Changed?* Girard (KS): Haldeman-Julius, 1951, p. 12-16; e CAULDWELL, David. *Questions and Answers on the Sex Life and Sexual Problems of Trans-sexuals*. Girard (KS): Haldeman-Julius, 1950.

A posição inicial de Cauldwell era, na melhor das hipóteses, problemática, uma vez que ele descria o "transexualismo" como uma condição hereditária para indivíduos que considerava "mentalmente enfermos"[5]. Em 1950, Cauldwell havia claramente cruzado a linha: "Os transexuais são loucos? Podemos também nos perguntar se os heterossexuais são loucos. Alguns são e outros não. Alguns transexuais são brilhantes. De vez em quando, um deles pode ser um gênio *borderline*. Os transexuais são excêntricos. Alguns deles não são mentalmente sãos, mas o mesmo ocorre com os heterossexuais"[6]. Ele sempre desaconselhava fortemente a "cirurgia de mudança de sexo" por razões éticas e práticas, afirmando que a cirurgia não consegue criar um "verdadeiro" membro do sexo oposto[7]. Cauldwell é muitas vezes erroneamente creditado como a primeira pessoa a usar a palavra *transsexual*, mas raramente é citado na literatura acadêmica[8].

O papel de Cauldwell como conselheiro em matéria de sexualidade em jornais populares é digno de nota. Como Stryker e Whittle apontam, o trabalho quase científico de Cauldwell é digno de interesse, pois ele reflete as posições anteriores de Krafft-Ebing, Hirschfeld e Havelock Ellis, ao mesmo tempo em que antecipa as contribuições de futuros especialistas em transexualidade como Robert Stoller, Richard Green, John Money e Leslie Lothstein[9]. A maioria dos livretos populares de Cauldwell foi publicada pela E. Hadelman-Julius, uma editora americana que alcançou um grande público leitor com uma fórmula imparável: "sexo, autoaperfeiçoamento e ataques

---

[5] CAULDWELL, David. "Psychopathia Transexualis". In: STRYKER, S.; WHITTLE, S. (org.). *The Transgender Studies Reader*. Nova York, Routledge, 2006, p. 275.

[6] CAULDWELL, David. *Questions and Answers on the Sex Life and Sexual Problems of Trans-sexuals*. Girard (KS): Haldeman-Julius, 1950, p. 4.

[7] CAULDWELL, David. "Is 'Sex Change' Ethical?". In: *Sexology*, n. 22, 1955, p. 108-112.

[8] Exceto por Meyerowitz (1998) e Stryker e Whittle (2006) que, no entanto, advertem o leitor contra sua patologização excessiva; ver respectivamente: MEYEROWITZ, Joanne. Sex "Change and the Popular Press: Historical Notes on Transsexuality in the United States, 1930-1955". In: *GLQ*, v. 4, n. 2, 1998, p. 168-170, e STRYKER, Susan; WHITTLE, Stephen (org.). *The Transgender Studies Reader*. Nova York: Routledge, 2006, p. 40-52; ver também EKINS, Richard; KING, Dave. (org.), "Special Issue on David O. Cauldwell". In: *The International Journal of Transgenderism*, v. 5, n. 2, 2001.

[9] STRYKER, S.; WHITTLE, S. (org.). *The Transgender Studies Reader*. Nova York: Routledge, 2006, p. 40.

contra a respeitabilidade e religião"[10]. A posição de Cauldwell como divulgador também serve como um barômetro cultural: enquanto médico, ele teve uma segunda carreira notável explicando às massas sobre o fenômeno das pessoas transgênero, assunto lúbrico à época, mas também uma questão que, segundo a receita vencedora de Hadelman-Julius, era considerado como uma transgressão, mas também como um autoaperfeiçoamento. O fato de que Cauldwell, após a Segunda Guerra Mundial, tenha mudado para uma atitude um pouco mais liberal em relação às questões sexuais talvez reflita um novo clima de discussão pública mais honesto sobre o sexo (como os estudos de Kinsey ilustram).

A palavra "*transsexualismo*" tornou-se um termo popular nos anos 1950, graças ao pioneiro da mudança de sexo, Harry Benjamin. Benjamin era um endocrinologista berlinense que, por causa da Primeira Guerra Mundial, mudara-se para Nova York em 1915. Ele havia trabalhado em estreita colaboração com Eugen Steinach, figura essencial na história da transexualidade e regularmente citado por Freud. Steinach fora um pioneiro no campo da endocrinologia sexual. Ele realizou as primeiras operações de mudança de sexo transplantando gônadas masculinas e femininas em cobaias. Foi capaz de estabelecer que essas gônadas determinavam características sexuais secundárias e modificavam o comportamento sexual. Benjamin também conhecera Hirschfeld antes da guerra. Ambos se apoiaram em um conceito biológico para explicar a etiologia da transexualidade, apesar do fato de que nenhuma evidência física pudesse ser dada para esta afirmação. Benjamin tinha uma posição complexa em relação ao campo da psicoterapia. Ele tomou emprestada a fórmula de Ulrich, a ideia de uma alma feminina encerrada em um corpo masculino, mas buscava respostas no corpo e não na alma: "O soma, isto é, a constituição genética e/ou endócrina, deve fornecer 'solo fértil' no qual o 'conflito fundamental' deve se desenvolver para se tornar a neurose correspondente"[11]. Apesar do uso

---

[10]EKINS, Richard; KING, Dave. (org.), "Special Issue on David O. Cauldwell". In: *The International Journal of Transgenderism*, v. 5, n. 2, 2001.
[11]HAUSMAN, Bernice. *Changing Sex: Transsexualism, Technology, and the Idea of Gender*. Durham (NC): Duke University Press, 1995, p. 122.

do termo *neurose*, Benjamin desencorajava qualquer intervenção psicanalítica ou psicoterapêutica, considerando tratar-se de uma "perda de tempo"[12]. Benjamin argumentava que a psicanálise não diminuía o desejo de mudar de sexo, mas forçava, antes, as e os pacientes a esconder esse desejo e, portanto, arruinar suas vidas. Como disse seu colaborador próximo a ele, o endocrinologista dinamarquês Christian Hamburger, "é impossível fazer um verdadeiro travesti [transsexual] querer ter sua mentalidade mudada pelo viés de uma psicoterapia"[13].

Após o significativo impacto midiático da bem-sucedida mudança de sexo de Christine Jorgensen em 1952, Benjamin optou por manifestar publicamente sua oposição ao tratamento psicanalítico da transexualidade em um simpósio da Associação Americana para o Avanço da Psicoterapia, uma organização profissional criada para o desenvolvimento da psicoterapia na área médica. Foi um simpósio organizado pelo próprio Benjamin e que contou com a presença principalmente de profissionais da área "psi"[14]. O artigo de 1954 que resultou dessa participação e se tornou referência, publicado no *American Journal of Psychotherapy*, tornou-se uma das pedras de toque dos "*transgender studies*". Ele esclarece a distinção que Benjamin estabelecia entre o fenômeno do(a) travesti (psicossomático) e o do(a) transsexual (psicossomático). A bissexualidade física é o ponto de partida. Benjamin escreve: "Organicamente, o sexo é sempre uma mistura de componentes masculinos e femininos", mas ele sugere que casos leves (travestismo) poderiam ser "principalmente psicogênicos", ao passo que para os verdadeiros "transexuais", "é preciso supor um grau ainda mais elevado de feminilidade constitucional, talvez em razão de uma perturbação cromossômica do sexo"[15].

---

[12]BENJAMIN, Harry. "Transvestism and Transsexualism as Psycho-somatic and Somato-psychic Syndromes". In: *American Journal of Psychotherapy*, v. 8, n. 2, 1954, p. 228.

[13]HAMBURGER, Christian *et al.* "Transvestism: Hormonal Psychiatric and Surgical Treatment". In: *Journal of the American Medical Association*, v. 152, n. 5, 1953, p. 392-393.

[14]MEYEROWITZ, Joanne. *How Sex Changed: A History of Transsexuality in the United States*. Cambridge (MA): Harvard University Press, 2004, p. 106-107.

[15]BENJAMIN, Harry. "Transvestism and Transsexualism as Psycho-somatic and Somato-psychic Syndromes". In: *American Journal of Psychotherapy*, v. 8, n. 2, 1954, p. 228-229.

O sexólogo britânico Henry Havelock Ellis havia rebatizado o travestismo de "eonismo" em homenagem ao Cavaleiro Charles d'Eon, um aventureiro e diplomata francês que, segundo rumores, era masculino do ponto de vista anatômico, mas que vivia e se vestia como mulher. Para Ellis, o *eonismo* não era uma pulsão erótica, mas uma expressão do verdadeiro eu. Benjamin inspirou-se em Ellis e propôs um *continuum* de comportamentos transexuais, com travestismo em uma extremidade e a transexualidade na outra. Para as e os transexuais, repetia Benjamin, a terapia é inútil. Ele também não era ingênuo, admitindo que para um transexual de *M to F*, a cirurgia "nem sempre resolve o problema [do transexual]. Seu desejo de feminização pode nunca ter fim"[16]. Ele também alertou contra a mudança de sexo em pacientes que sofriam de psicose ou em risco de cometer suicídio ou se automutilar. A conclusão desse artigo é bastante reveladora por suas contradições: "O transexualismo é inacessível a todos os métodos curativos atualmente disponíveis para nós. No entanto, essa condição requer uma ajuda psiquiátrica, reforçada pelo tratamento hormonal e, em certos casos, pela cirurgia. Dessa maneira, uma existência razoavelmente satisfatória pode ser assegurada para esses pacientes"[17].

Segundo Benjamin, o "transexualismo", dito "inacessível a qualquer método curativo", exigiria, no entanto, tratamentos específicos, tais como a psiquiatria combinada com um tratamento hormonal e a cirurgia. Isso significa que a transexualidade ainda era considerada uma patologia? Em todo caso, Benjamin estimava que, se a psicanálise e a psicoterapia não podiam curar o "transexualismo", elas também não podiam explicá-lo. Meyerowitz ressalta que Benjamin enfatizou o aspecto biológico do "transexualismo", o que para ele explicava o fracasso da psicoterapia no tratamento da doença e justificava uma intervenção cirúrgica[18]. Se por um lado Benjamin mantinha um viés muito negativo contra a psicoterapia e a psicanálise, por outro, ele criou um protocolo para a mudança de sexo: nele, os

---

[16] *Idem, ibidem.*
[17] *Idem, ibidem.*
[18] MEYEROWITZ, Joanne. *How Sex Changed: A History of Transsexuality in the United States.* Cambridge (MA): Harvard University Press, 2004.

psiquiatras viam ser atribuídos a eles o poder de determinar quem eram as e os candidatos potenciais à cirurgia; os psiquiatras tinham a palavra final sobre a decisão do tratamento, mesmo que seu diagnóstico não fosse reconhecido. Como observou Bernice Hausman, "isso ilustra a relação ambivalente entre o especialista em saúde mental e o endocrinologista clínico no tratamento do transexualismo"[19]. O fato de a escolha dos tratamentos de Benjamin ter afetado e transformado o organismo (cirurgia, hormônios) impediu a tomada de consciência daquilo que talvez não fosse inteiramente anatômico, como se a aparente eficácia das intervenções sobre o organismo excluísse qualquer consideração de outras questões ligadas à mudança de sexo.

O psicanalista americano Robert Stoller, que também colaborou com Benjamin, contribuiu para a criação de uma clínica pioneira de mudança de sexo no início dos anos 1960, a Gender Identity Clinic ["Clínica de Identidade de Gênero"] da Universidade da Califórnia em Los Angeles, a UCLA. Stoller introduziu a noção de gênero no vocabulário psicanalítico usando noções derivadas do vocabulário do gênero de John Money, datado da década de 1950. Ele introduziu a ideia de um sexo psicológico "ambiental" separado do sexo biológico e se esforçou para propor uma estrutura psíquica transexual distinta[20]. Money, em seguida, desenvolveu a explicação de Kinsey sobre o comportamento sexual como resultado de "um aprendizado e de um condicionamento"[21]. Money propôs um modelo behaviorista para o que chamou de "papéis de gênero"[22]. Stoller refinou ainda mais a noção de separação de sexo e gênero com a ideia de uma "identidade de gênero essencial" que

---

[19]HAUSMAN, Bernice. *Changing Sex: Transsexualism, Technology, and the Idea of Gender*. Durham (NC): Duke University Press, 1995, p. 124.

[20]Ver MEYEROWITZ, Joanne. *How Sex Changed: A History of Transsexuality in the United States*. Cambridge (MA): Harvard University Press, 2004, p. 114; MILLOT, Catherine. *Horsexe: Essai sur le transsexualisme*. Paris: Point Hors Ligne, 1983. [Nota da editora: o livro de Millot teve edição brasileira. MILLOT, Catherine. *Extrasexo: ensaio sobre o transexualismo*. São Paulo: Escuta, 1992.]

[21]Ver KINSEY, Alfred. *Sexual Behavior in the Human Female*. Filadélfia: Saunders, 1953, p. 643-644.

[22]Ver MONEY, John. "Hermaphroditism, Gender and Precocity in Hyperadrenocorticism: Psychologic Findings". In: *Bulletin of the Johns Hopkins Hospital*, v. 96, n. 6, 1955, p. 253-254.

correspondia à ideia internalizada de pertencimento do indivíduo a um determinado gênero.

Stoller primeiro apoiou a ideia de uma força biológica, de uma pulsão determinante do sexo. "A identidade de gênero" se concentrava mais na experiência subjetiva do gênero e separava gênero de sexualidade. Baseando-se na convicção de uma identidade distinta e na importância do pênis, Stoller sistematizou a distinção entre o transexual, o travesti e o homossexual efeminado. Ele observou que, contrariamente aos transexuais, travestis e homossexuais masculinos se identificam como homens; os transexuais abominam o pênis, que, para os travestis e homossexuais, é um emblema da masculinidade e uma fonte de prazer[23]. Stoller também propôs a ideia de transexuais "primários" para aquelas e aqueles que sentiam ter nascido no corpo errado, não eram homossexuais, não derivavam prazer erótico ao se travestir e não eram psicóticos. Os transexuais "primários" de Stoller correspondem perfeitamente à descrição de um(a) transexual "verdadeiro(a)" feita por Harry Benjamin em seu protocolo de mudança de sexo. Para Stoller, os transexuais "secundários" tinham desejos transexuais ocasionais que ocorriam num período tardio da vida e tiravam uma satisfação sexual fetichista do travestismo; Stoller não os via como boas e bons candidatas e candidatos à mudança de sexo e eram visto(a)s como pessoas "brincando" de serem transexuais[24].

UMA EXPERIÊNCIA NATURAL DA SEXUALIDADE

Em 1968, Stoller, ainda defensor da bissexualidade constitucional, havia se afastado completamente de um modelo biológico para se

---

[23]Ver STOLLER, Robert J. "Bisexuality: The "Bedrock" of Masculinity and Femininity". In: *Sex and Gender: The Transsexual Experiment*, v. 2, Londres: Hogarth Press, 1975, p. 142-181.
[24]STOLLER, Robert. J. *Sex and Gender*. Londres: Hogarth Press, 1968; STOLLER, R. J. "Gender Identity Disorders". In: KAPLAN, H. I.; FREEDMAN, A. M.; SADOCK, B. J. (org.). *Comprehensive Textbook of Psychiatry*, v. 2, 3ª ed.. Baltimore: Williams & Wilkins, 1980. Para uma abordagem psicanalítica da transexualidade primária e secundária, ver PERSON, E.; Ovesey, L. "The Transsexual Syndrome in Males: Primary Transsexualism" (1974), p. 110-126 e "The Transsexual Syndrome in Males: Secondary Transsexualism" (1974), p. 127-145. In: *The Sexual Century*. New Haven/Londres: Yale University, 1999.

voltar para um modelo psicológico e ressaltar as forças psicológicas que levam à transexualidade. Stoller se interessava principalmente pela transexualidade de homem para mulher, que ele considerava como uma "experiência natural da sexualidade" para medir as variáveis no desenvolvimento da masculinidade e da feminilidade, mas também como uma patologia do desenvolvimento psicossocial causado na tenra infância por "excesso de fusão com a mãe"[25]. Ele recomendou "cirurgia de mudança de sexo" para pacientes corretamente diagnosticados como transexuais, pedindo a seus colegas que "tudo seja feito para ajudá-los nessa transição". Ele era, no entanto, bastante humilde quanto os objetivos de seu tratamento: Stoller se opôs a qualquer tentativa de "conversão" dos transexuais masculinos em pessoas masculinas, heterossexuais ou até mesmo menos femininas, pois "o tratamento do transexual adulto é paliativo; devemos apoiá-lo e não — em nossa frustração, impaciência ou comprometimento com posições teóricas — fracassar em trazer, ainda que um pouco, de conforto aos nossos pacientes"[26].

No entanto, apesar de sua mente aberta, Stoller apresentava uma teoria psicanalítica geral da sexualidade baseada em uma teleologia edipiana; ele pensava que a transexualidade era uma placa de Petri[27] para a sexualidade humana — "um teste-chave, o paradigma, de fato, das teorias de Freud sobre o desenvolvimento sexual dos homens e das mulheres"[28]. Quanto à etiologia das mulheres trans, Stoller desenvolveu uma teoria da simbiose excessiva mãe-filho qualitativa e quantitativamente diferente da dos meninos cis, que ele resume na fórmula: "mãe dominadora, pai posto de lado, bebê carinhoso e amoroso, mãe-filho muito próximos"[29]. Nos casos de transexualidade de *M to F*, a chave era

---

[25]STOLLER, Robert J. "Bisexuality: The "Bedrock" of Masculinity and Femininity". In: *Sex and Gender: The Transsexual Experiment*, v. 2, Londres: Hogarth Press, 1975, p. 281 e 296.
[26]*Idem*, p. 279-280.
[27]Nota da editora: Placa de Petri é o recipiente cilíndrico utilizado em exames laboratoriais.
[28]STOLLER, Robert J. "Bisexuality: The "Bedrock" of Masculinity and Femininity". In: *Sex and Gender: The Transsexual Experiment*, v. 2, Londres: Hogarth Press, 1975, p. 297.
[29]*Idem*, p. 193.

uma feminilidade essencial transmitida de mãe para filho por duplicação imitativa: "O que sua mãe sente é feminilidade; o que ele sente é feminilidade"[30]. Ele acreditava na reprodução mimética: o filho copiava a mãe; a proximidade excessiva da mãe com o filho era considerada como uma influência negativa que impedia a separação e a diferenciação. Stoller também falou de uma mãe bissexual, que poderia ter tido um período moleca [*garçon manqué*] e desvalorizado sua própria feminilidade, e de um pai distante. Esses são fatores que contribuíram para a criação da transexualidade, sobretudo no que diz respeito a homens se transformando em mulheres. Para os transexuais de mulher para homem, as especulações de Stoller podem ser apresentadas como uma versão invertida daquelas para mulheres trans: "Excesso de pai e muito pouca mãe masculiniza meninas"[31]. É importante notar que Stoller declarou explicitamente que a transexualidade feminina não é a mesma condição que a transexualidade masculina. Segundo ele, a transexualidade feminina e a transexualidade masculina são clínica, dinâmica e etiologicamente diferentes. No entanto, sua etiologia parece pressupor uma simetria.

Depois de Stoller, inúmeras teorias psicanalíticas sobre o desenvolvimento da identidade de gênero atribuíram os distúrbios de gênero às identificações com o progenitor [*parent*] "errado"[32]. E a maioria dos psicanalistas começou a considerar as expressões transgênero como o indicador de uma patologia subjacente — seja a interrupção do desenvolvimento resultante da falha em integrar as linhas de desenvolvimento (Kestemberg), um precursor do travestismo ou da homossexualidade (Limentani), distúrbios

---

[30] *Idem*, p. 204.
[31] *Idem*, p. 223-224.
[32] COATES, S.; FRIEDMAN, R. C.; WOLFE, S. "The Etiology of Boyhood Gender Identity Disorder: A Model for Integrating Temperament, Development, and Psychodynamics". In: *Psychoanalytic Dialogues*, v. 1, n. 4, 1991, p. 481-523; STOLLER, Robert J. "Bisexuality: The "Bedrock" of Masculinity and Femininity". In: *Sex and Gender: The Transsexual Experiment*, v. 2, Londres: Hogarth Press, 1975; LOTHSTIEN, L. "Clinical Management of Gender Dysphoria in Young Boys: Genital Mutilation and DSM Implications". In: BOCKTING, W.; COLEMAN, E. (org.). *Gender Dysphoria: Interdisciplinary Approaches in Clinical Management*. Nova York: Haworth Press, 1992, p. 87-106.

borderline (Green), transtornos narcísicos (Oppenheimer, Chiland) ou psicose (Socarides)[33].

Podemos entender que, sentindo-se relegados e relegadas à esfera do patológico e da abjeção, as pessoas trans tenham rejeitado psicanálise. Ethel Spector Person e Lionel Oversey evocaram em seu já clássico texto as razões da reticência de pacientes transexuais em participar do tratamento. Eles concluíram que essa relutância se devia em grande parte à posição das pessoas que conduziam o tratamento e se colocavam como juízes. Quase todos os pacientes entrevistados descreveram sua experiência de terapia em termos que iam de "inútil a catastrófico"[34]. Na maioria dos casos, esse intenso negativismo resultava da propensão do clínico a julgar as e os pacientes como psicótico(a)s e rejeitar o desejo transexual como delirante.

Às vezes, a patologização é consequência de uma aplicação forçada da teoria. Assim, Stekel e Gutheil tentaram superar os limites impostos pelo modelo biológico de Hirschfeld, no qual o travestismo é uma disposição orgânica, porém distinta da homossexualidade. Ao fazer ruir o travestismo e a homossexualidade como formas de desenvolvimento estacionado rumo à heterossexualidade, Stekel e Gutheil não prestam atenção alguma às nuances dos elementos no caso de Elsa B. Eles se apegam à história do caso das formulações pseudopsicanalíticas da psicogênese que põem em marcha apenas suas próprias categorias, excluindo a subjetividade e o inconsciente, como vimos. Eles se afastam do modo medicalizado de Hirschfeld e o criticam por não prestar atenção à homossexualidade latente

---

[33] Ver KESTENBERG, Judith. "A Developmental Approach to Disturbances of Sex-Specific Identity". In: *International Journal of Psycho-Analysis*, v. 52, n. 1, 1971, p. 99-102; LIMENTANI, A. "The Significance of Transsexualism in Relation to Some Basic Psychoanalytic Concepts". In: *International Review of Psychoanalysis*, n. 6, 1979, p. 139-153; GREEN, André. *A loucura privada: psicanálise de casos-limite*. São Paulo: Escuta, 2017; OPPENHEIMER, A. "The Wish for a Sex Change: A Challenge to Psychoanalysis?". In: *International Journal of Psycho-Analysis*, v. 72, 1991, p. 221-231; CHILAND, Collete. *Transsexualism: Illusion and Reality*. Middletown (CT): Wesleyan University Press, 2003; SOCARIDES, Charles. "A Psychoanalytic Study of the Desire for Sexual Transformation ('Transsexualism'): The Plaster-of-Paris Man". In: *International Journal of Psychoanalysis*, v. 51, n. 3, 1970, p. 341-349.

[34] PERSON, E.; OVESEY, L. "Transvestism: New Perspectives". In: *Journal of the Academy of Psychoanalysis*, v. 6, n. 3, 1978, p. 304-322.

em muitos de seus exemplos clínicos. Stekel e Gutheil, no entanto, substituem a hipótese constitucional por uma psicologização da experiência, que é simplista, normativa e heterossexista.

Apesar de suas limitações óbvias, a posição biológica sobre a bissexualidade de Hirschfeld, Ulrich, Steinach ou Benjamin parece mais próxima de uma noção *queer* de sexualidade, pois ela sugere que os gêneros evoluem como um *continuum* e não são definidos por um binário estrito. Paradoxalmente, é o discurso progressista sobre a identidade de gênero que sustenta uma espécie de essencialismo na identificação de gênero. Uma colaboração entre a psicanálise e o discurso transgênero deveria, portanto, abrir caminho para uma solução diferente sem cair em generalizações precipitadas.

UM MODELO EPISTEMOLÓGICO: A REVISÃO PSICANALÍTICA DA "HOMOSSEXUALIDADE"

Volto à questão da homossexualidade para propor uma forma de inflexão de nossos discursos psicanalíticos atuais sobre as pessoas trans. Sabemos que, por muitos anos, a homossexualidade foi considerada pelos psicanalistas como uma patologia. Na verdade, Freud nunca condenou a homossexualidade, em relação à qual teve até uma atitude muito tolerante. Como Dean e Lane mostraram, o fundador da psicanálise nunca considerou o desejo homossexual como patológico[35]. Para Freud, a homossexualidade era uma orientação sexual como qualquer outra, tão contingente quanto a heterossexualidade. Freud apontou que "todos os homens são capazes de uma escolha objetal homossexual e [...] eles efetivamente fizeram essa escolha no inconsciente"[36]. Em contrapartida, até os anos 1990, os psicanalistas tradicionais pensavam que a homossexualidade era um desvio, ao passo que a Associação Psiquiátrica Americana havia decretado, desde 1973, que a homossexualidade não

---

[35]DEAN, Tim; LANE, Christopher (orgs.). *Homosexuality and Psychoanalysis*. Chicago: University of Chicago Press, 2001.
    [36]FREUD, Sigmund. "Três ensaios sobre a teoria da sexualidade e outros trabalhos". In: *Obras completas*, v. 6. Trad. Paulo César de Souza. São Paulo: Companhia das Letras, 2016, p. 34-35, n. 12.

era um transtorno mental. Os psicanalistas continuaram considerando a homossexualidade como uma patologia por mais vinte anos ainda. Em 1991, os institutos de formação psicanalítica finalmente adotaram uma política que proíbe a discriminação com base na orientação sexual.

A tendência normativa da psicanálise distorceu o espírito freudiano: a carta de Freud à mãe americana de um homossexual, datada de 1935, especificava que não havia nada de errado em ser homossexual: "Acredito ter entendido por sua carta que seu filho é homossexual. Fiquei impressionado com o fato de a senhora mesma não ter mencionado esse termo nas informações que me deu a respeito. Posso perguntar por que evita isso?", ele escreve. "A homossexualidade obviamente não é uma vantagem, mas não há nada nisso para se envergonhar, não é um vício nem uma degradação e não pode ser qualificada como doença; nós a consideramos como uma variação da função sexual [...]. Muitos indivíduos altamente respeitados nos tempos antigos e modernos foram homossexuais, e entre eles alguns dos maiores homens"[37]. Freud acrescenta que a perseguição à homossexualidade constitui "um crime — e é também uma crueldade", reiterando, assim, a opinião inequívoca que havia manifestado três décadas antes, em 1903, em entrevista ao jornal vienense, *Die Zeit*, na época em que um homem proeminente estava sendo julgado por homossexualidade: "Os homossexuais não são doentes, mas também não têm lugar no tribunal"[38]. Por que penalizar a homossexualidade já que, em termos de dinâmica psíquica inconsciente, trata-se apenas de uma variação da função sexual tão inexplicável quanto a heterossexualidade? No geral, Freud reconheceu que a atração entre homens e mulheres é "um problema que requer uma explicação, não é algo evidente em si"[39]. A homossexualidade era tão misteriosa e problemática quanto a heterossexualidade. No entanto, os psicanalistas pós-freudianos falaram de sexualidade "normal", supondo que isso equivalia a uma função genital heterossexual.

---

[37] FREUD, Sigmund. *Correspondances, 1873-1939*. Paris: Gallimard, 1967, p. 461.
[38] Citado por ABELOVE, Henry. *Deep Gossip*. Minneapolis: University of Minnesota Press, 2003, p. 3.
[39] FREUD, Sigmund. "Três ensaios sobre a teoria da sexualidade". In: *Obras completas*, v. 6. Trad. Paulo César de Souza. São Paulo: Companhia das Letras, 2016, p. 35, n. 12.

Como disse Lacan, Freud "pôde colocar a sexualidade como essencialmente polimorfa, aberrante"[40]. Freud criou um escândalo com suas primeiras teorias sexuais, não apenas ao afirmar que as crianças eram seres sexuais, mas, antes, ressaltando, como vimos, seu não essencialismo na definição da sexualidade. A noção ulterior de pulsão de Freud também não é específica de gênero. Essa revelação esbarraria em sensibilidades heteronormativas e seria reprimida em seguida pelos pós-freudianos. Com efeito, Freud "perverteu" a sexualidade quando separou a pulsão de qualquer função instintiva e descreveu seu objeto como "indiferente", isto é, não determinado pelo gênero. Freud nos obriga a pensar de forma diferente. Se, então, e contrariamente à opinião corrente da psicanálise tradicional, Freud havia "*queered*" a sexualidade humana, como defendem Dean e Lean, e proposto uma sexualidade que funciona de maneira misteriosa e caprichosa, *contra naturam*, desviando-se dos objetivos reprodutivos, não deveríamos levar em conta essas considerações ao vislumbrarmos a transexualidade?[41]

---

[40]LACAN, Jacques. *O seminário, livro 11: Os quatro conceitos fundamentais da psicanálise*. Trad. M.D. Magno. Rio de Janeiro: Zahar, 1988, p. 167.
[41]Sobre a sexualidade "queerizante" de Freud, ver DEAN, Tim; LANE, Christopher (orgs.). *Homosexuality and Psychoanalysis*. Chicago: University of Chicago Press, 2001.

CAPÍTULO OITO

Do transe ao trans na revisão da histeria por Lacan

Como Lacan sempre apontou, a psicanálise é uma ciência paradoxal do particular que obedece a uma "lógica do singular". É apenas aderindo às especificidades e às particularidades de cada caso particular que evitamos colar um vocabulário obsoleto a fatos esquivos. Com isso em mente, exploremos outro caso psicanalítico inicial de pacientes não conformes em matéria de gênero. Esse caso oferece a oportunidade de explorar a forma como o gozo emerge no corpo; ele determina também o posicionamento sexual do sujeito em termos de atribuição e modalidade de gozo. Lacan mapeia as escolhas sexuais não em função da anatomia, mas de acordo com as formas de gozo tais como desenvolvidas nas fórmulas de sexuação que examinamos no capítulo III.

O gozo levanta a questão da encarnação, pois para vivenciar o gozo é preciso um corpo. O corpo representa a descida à morte porque o corpo é mortal, portanto falar do gozo do corpo é reconhecer o impacto da pulsão de morte no organismo vivo. O gozo veicula uma satisfação não somente pelo excesso de benefícios gratificantes, mas também uma beatitude violenta e paroxística, próxima da perda, da morte, da fragmentação e do êxtase perturbador sentido quando se transgride os limites.

Esses dois fatores, gozo excessivo e singularidade desconcertante, estão presentes no tratamento clássico de um(a) paciente que, hoje, muito provavelmente se identificaria como transexual. É o que afirma Karl Abraham, psicanalista pioneiro e cofundador, com Hirschfeld, da Sociedade Psicanalítica de Berlim. Esse caso é a história de E, nascido homem e desejando ser mulher; em seus sonhos, E se imaginava transformado em mulher e vivia em êxtases apaixonados. É importante notar que, apesar do fato de que, sob a influência de Gutheil e Stekel, Abraham tenha identificado este como um caso de homossexualidade reprimida, essa história clínica foi escrita para ilustrar devaneios histéricos. Abraham não soube considerar o anseio transgênero como uma entidade separada; no entanto, ele parece ter razão em abordar o caso como um caso de histeria. Abraham chama o paciente de "ele", mas a não conformidade de gênero nunca é patologizada. Em vez disso, ele presta atenção às particularidades do caso e se concentra nos ganhos psíquicos, no ganho de gozo poder-se-ia dizer, produzido por estados de sonho tão intensos, que ele os compara a estados de transe.

Abraham supõe que um vínculo sexual infantil estava combinado com anseios de morte: o paciente era apegado a ambos os pais, mas não sem conflito. Tendo experimentado inconscientemente sentimentos negativos em relação à mãe, esses sentimentos se voltaram contra ele quando ela morreu. A morte de sua mãe lhe dera a impressão de que o mundo inteiro tivesse perdido o sentido, que sua própria existência se tornara inútil. Assim, a libido do paciente se retirou do mundo exterior e Abraham afirma que "tudo lhe parecia estranho agora, como se ele nunca tivesse visto as coisas antes. As pessoas com quem ele falava pareciam, em absoluto, não existir"[1].

"Todo o passado adquiria uma qualidade onírica, como se isso tivesse acontecido há uma eternidade"[2]. O analisando entrava em estados oníricos ao mesmo tempo em que era capaz de efetuar um trabalho que exigisse grande concentração intelectual. Se, a princípio, os estados oníricos provocavam nele a fantasia de se reencontrar com a mãe, mais tarde ele acessaria esses estados sempre que tivesse uma de suas dores de cabeça crônicas e severas que lhe causavam grandes incômodo. Ele havia tentado um tratamento hipnótico para essas dores de cabeça. A hipnose não conseguiu

---

[1] ABRAHAM, Karl. *Selected Papers*. Trad. D. Bryan e A. Strachey. Nova York: Basic Books, 1954, p. 111.
[2] *Idem, ibidem.*

aliviá-las, mas lhe ensinou a entrar em um estado muito agradável que Abraham descreveu como "auto-hipnose". Foi, sobretudo, pelas dores irredutíveis causadas pelas enxaquecas que ele consultou Abraham. Se seus estados de sonho lhe davam grande prazer, também satisfaziam seu desejo de "não pensar em nada". Enquanto sua vida em geral exigia grande esforço intelectual, seu desejo se encontrava exatamente no oposto. No auge do estado de sonho, ele atingia um estado de pura beatitude que Abraham descreve como um "vazio mental". Abraham escreve que "sexualmente, ele desejava poder ceder ao prazer sexual passivamente como uma mulher"[3].

Alcançar esse estado passivo atordoante implicava um esforço ativo que não era desprovido de recompensas eróticas. Eis a forma como o paciente descreve como ele atinge seu estado de transe:

> No início, trata-se de um esforço, como durante uma relação sexual. Se eu quisesse fazer isso, tinha que me deitar e trabalhar nisso. Tenho que me concentrar com todas as minhas forças para não pensar em nada. Fecho meus olhos. Nada que venha do mundo exterior deve ser capaz de me atingir. Em seguida, vem uma curta etapa de beatitude em que todas as minhas sensações são invertidas. É a maior mudança física que conheço, e não consigo encontrar palavras fortes o suficiente para descrevê-la. Esta curta etapa de prazer é, no entanto, como um infinito. Chegado ao ponto culminante do processo de excitação — pois é bem assim que tem que ser chamado — ele não conseguia mais pensar[4].

O estado de sonho comparável a um transe também trazia outras vantagens. O paciente explica: "Tem-se a ideia de que na vida tudo segue adiante; quer dizer, por exemplo, a circulação sanguínea. Mas, de repente, tudo mudou: tudo desaparece, como se tudo não estivesse mais avançando, mas retrocedendo. É como se uma mágica houvesse começado a operar. Enquanto em outros momentos tudo tende a deixar o corpo, agora tudo é trazido de volta a ele.

---

[3] *Idem*, p. 112.
[4] *Idem*, p. 113.

Já não irradio, mas absorvo"⁵. Essa beatitude é sinal de tornar-se ou ser mulher: de repente, no êxtase desse transe, a existência se torna pacífica, e a fugacidade e a mortalidade da vida parecem suportáveis. Como diz o paciente: "Isso é acompanhado por uma paz absoluta e harmoniosa, por uma passividade reconfortante, em contraste com a minha vida real. Ondas me inundam. Fazem algo comigo. Se esse estado não passasse, eu não me moveria até o fim dos tempos"⁶. Abraham sublinha as consequências benéficas — podemos dizer, mais uma vez, o gozo desse transe transbordante — conferidas pela realização do anseio do paciente de tornar-se uma mulher por meio dos estados de sonho: "Esses estados de sonho permitiram ao paciente obter prazer ilimitado em sua imaginação a partir de sua passividade sexual. Ele queria ser uma mulher e, em seus sonhos, experimentou a realização desse anseio. Ele tinha perfeitamente razão quando falava da 'maior mudança imaginável', pois não se pode conceber uma alteração mais radical do que uma mudança de sexo. E para o paciente, isso significava não apenas uma mudança de sexo, mas também uma reversão de todo o seu modo de vida"⁷.

Abraham evoca a etiologia particular de suas dores de cabeça, que ele interpreta como uma identificação com a mãe, que sofria de fortes enxaquecas durante o período menstrual. Ele observa que as dores de cabeça do paciente ocorriam a cada quatro semanas e duravam de três a quatro dias cada vez. O próprio paciente parecia estar ciente dessa conexão, quando, certa vez, se referiu brincando às suas dores de cabeça mensais como "menstruações" [*règles*], e disse a Abraham: "Acabei de menstruar"⁸. Abraham conclui que as dores de cabeça e os estados de sonho comparáveis a um transe serviam para transformá-lo em uma mulher. Abraham observa com perspicácia que se as dores de cabeça "não o aliviavam de sua dor, ofereciam-lhe, no entanto, um prazer compensatório que lhe permitia suportar a dor que era obrigado a suportar"⁹. Em nenhum momento

⁵ *Idem, ibidem.*
⁶ *Idem, ibidem.*
⁷ *Idem, ibidem.*
⁸ *Idem,* p. 114.
⁹ *Idem,* p. 115.

da discussão do caso Abraham patologiza o anseio do paciente de se tornar uma mulher. Se ao menos os psicanalistas que seguiram Abraham tivessem mantido a mesma equanimidade ética...

Não temos muito mais informações sobre esse caso. Notemos que Abraham equipara os estados de sonho comparáveis a transe com ataques histéricos e segue de perto a análise de Freud sobre a histeria. Freud observou que um sonho às vezes poderia substituir um ataque histérico. Nesse caso, podemos ver que os estados de sonho não somente conferem e regulam o prazer (tornando a dor da vida tolerável impedindo uma crise de histeria), mas também são, como a maioria dos sonhos, realizações de desejo. O fato de o paciente poder até brincar com suas "menstruações" quando tem dores de cabeça confirma que ele não é psicótico.

Um psicótico não teria tal distância de si mesmo. A certa altura, Abraham menciona as fantasias masoquistas que faziam parte dos estados de sonho e as equipara à passividade habitual que era então atribuída à feminilidade.

Trata-se, claro, de uma concepção simplista de feminilidade e do masoquismo, mas em nenhum momento Abraham pensa que o paciente é um perverso. Embora seja produtivo apontar o surgimento da histeria em um caso tão transparente de desejo transexual, essa observação nos forçará a ir mais longe teoricamente do que Abraham ao avaliar o que a teoria lacaniana da histeria acrescenta ao debate e o impacto que isso pode ter sobre discussões atuais sobre as pessoas trans.

Hoje, sabemos que a questão de saber o que faz de um homem, um homem, e de uma mulher, uma mulher é uma questão que a psicanálise deve às e aos pacientes histérico(a)s. A histeria, que guiou Freud na criação da psicanálise, terminou oficialmente em 1952, quando o diagnóstico foi eliminado da nomenclatura psiquiátrica americana. A palavra foi suprimida do vocabulário médico: deixou de ser listada como uma entidade clínica distinta na primeira edição do *Manual diagnóstico e estatístico dos transtornos mentais* (1952) e na *Standard Classified Nomenclature of Diseases* ["Nomenclatura Classificada Padrão de Doenças"] (SCND). É claro que o desaparecimento da doença como um todo foi uma supressão semântica que não conseguiu fazer desaparecer a própria doença.

Não demorou muito para que esse "recalque" oficial se traduzisse por um "retorno" freudiano, pois, por uma curiosa coincidência cronológica, foi também em 1952 que Lacan publicou um artigo na *Revue Française de Psychanalyse*, artigo que originalmente era um seminário que ele dera na Sociedade Psicanalítica de Paris. Lacan se concentra no estudo de caso detalhado de Freud de uma paciente histérica, o famoso caso de Dora. "Intervenção sobre a transferência" é um dos raros textos que Lacan dedicou inteiramente à histeria[10]. Além de ilustrar o previsto retorno a Freud que marca a obra de Lacan, ele representa um momento decisivo na história da psicanálise francesa.

Um ano depois, em 1953, uma fissura já antiga se transformaria em cisão na Sociedade Psicanalítica de Paris. Lacan e outros se retiraram para fundar a Sociedade Francesa de Psicanálise, sob a direção de Daniel Lagache. As razões dessa cisão eram teóricas e afetavam diretamente a prática da psicanálise. Quando Lacan voltou ao caso de Dora e à questão da histeria, foi por razões clínicas e políticas. Lacan havia apoiado estudiosos e intelectuais liberais na questão da análise profana; ele se opusera ao autoritarismo daquelas e daqueles que defendiam a formação médica para poder praticar a psicanálise. Como indica o título do ensaio de Lacan, o caso de Dora permitiu-lhe enfatizar a importância clínica da transferência — a areia movediça da implicação mútua do analista e do(a) paciente em tratamento, o papel da "pessoa" do analista e a importância da crença do(a) paciente no(a) analista. Lacan deu destaque ao laço de transferência no tratamento analítico e, sobretudo, o papel do(a) analista na transferência.

Lacan também estava ciente, a exemplo de Freud, de que a formação médica não era, em absoluto, útil para preparar um(a) analista para lidar com a natureza enganosa e não empírica da transferência. Precisamente, um caso de amor de transferência não analisado, um amor que até mesmo havia "fecundado" Anna O. e aterrorizado seu médico, Joseph Breuer, estava em jogo. Breuer "resistiu" à realidade

---

[10]Ver LACAN, Jacques. "Intervenção sobre a transferência". In: *Escritos*. Trad. Vera Ribeiro. Rio de Janeiro: Zahar, 1998, p. 214-228.

sexual do inconsciente revelada pela gravidez e parto imaginários de Anna e pôs fim abruptamente o tratamento dela. Não querendo saber de nada, ele declarou às pressas que ela estava curada, fugindo assim da força esmagadora da transferência[11].

Freud, por outro lado, não hesitou: não apenas admitiu a existência da transferência, mas também teve a coragem de publicar seu primeiro grande estudo de caso sobre a histeria, mesmo que tenha se tratado de um fracasso. O caso de Dora é "fragmentário" (lembremos que ele foi publicado sob o título "Fragmento de uma análise..."). Esta é uma análise incompleta, pois a provocante Dora interrompera bruscamente o tratamento. Esse caso malsucedido, no entanto, permitiu a Freud tirar uma importante lição sobre a transferência. Ademais, ele pode nos permitir pensar que compreendemos melhor a psicanálise por meio de seus fracassos.

Freud não hesitava em publicar estudos de caso "controversos"; os obstáculos se transformariam em novas pistas. Isso aparece claramente no "Posfácio" do caso de Dora, no qual Freud tira lições de seus erros e atribui seu fracasso ao fato de ignorar que ele tinha que interpretar sua própria participação na transferência[12]. Vemos aqui os limites impostos pelas próprias resistências e preconceitos de Freud, mas também seu desejo implacável de fazer suas teorias avançar. Ele apresenta esse caso como testemunho aberto, até mesmo incitador, à crítica. Em uma nota de rodapé, Freud admite que sentia "um total desânimo" diante do amor homossexual de Dora pela Sra. K. Em sua "Intervenção", Lacan aponta que foi somente em 1923 que Freud conseguiu compreender o significado desse tipo de amor, pois foi o ano em que ele começou a falar sobre o desenvolvimento sexual feminino[13]. Em 1923, Freud observava que *"a significação do complexo da castração só pode ser apreciada corretamente quando se considera também sua origem na fase da*

---

[11] Ver FREUD, Sigmund; BREUER, Joseph. "Estudos sobre a histeria". In: *Obras completas*, v. 2. Trad. Laura Barreto. São Paulo: Companhia das Letras, 2016, p. 40-75.

[12] Ver FREUD, Sigmund. "Fragmento da análise de um caso de histeria". In: *Obras completas*, v. 6. Trad. Paulo César de Souza. São Paulo: Companhia das Letras, 2016, p. 307-320.

[13] LACAN, Jacques. "Intervenção sobre a transferência". In: *Escritos*. Trad. Vera Ribeiro. Rio de Janeiro: Zahar, 1998.

primazia do falo"[14]. Note-se que a palavra *fase* designa uma etapa pela qual se passa e que pode ser superada. Isso nos deixa com o problema de propor uma sequência que sugira um desenvolvimento com um objetivo.

O que Dora estava procurando? Freud fala de um objeto viril, mas a demonstração bruta de virilidade ou os excessos do machismo também expressam a feminilidade como mascarada. Juliet Mitchell observa que o problema de Freud foi supor que, se Dora não fosse histérica, ela teria aceitado os avanços de seu pretendente, Senhor K., amando-o como ela amara seu pai, seguindo, assim, as tendências edipianas esperadas. No entanto, as notas de rodapé revelam que a história era bem diferente. Juliet Mitchell coloca da seguinte forma: "A relação de Dora com seu pai não era apenas de atração, mas também de identificação. No que diz respeito ao desejo sexual, Dora é um homem que adora uma mulher. Atribuir essa situação à histeria de Dora seria questionar toda a questão fundadora da psicanálise. A histeria não é produzida por uma disposição inata. Segue-se que, embora Dora possa ter uma identificação masculina, não pode haver pulsão heterossexual natural ou automática"[15]. Assim, a histeria força Freud a reconsiderar seus preconceitos iniciais segundo os quais Dora só poderia desejar um homem. Que ela deseje uma mulher como um homem levanta a questão do enigma de seu desejo.

Com efeito, o interesse de Dora pela Sra. K. revela a indeterminação do objeto da sexualidade humana. Dora, uma mulher, pode amar outra mulher como um homem — ou mesmo não saber realmente quem ela ama, homem ou mulher. A histeria é muito semelhante à psicanálise na medida em que ambas demonstram que não há objeto de pulsão, que não há sexualidade "normal". A pulsão não tem objeto predeterminado ou inato além da satisfação, razão pela qual Freud insistiu na onipresença das perversões. Além disso, em 1905, Freud propôs uma teoria sexual na qual as "perversões"

---

[14]Ver FREUD, Sigmund. "A organização genital infantil". In: *Obras completas*, v. 16. Trad. Paulo César de Souza. São Paulo: Companhia das Letras, 2011, p. 173, grifos no original.
[15]MITCHELL, Juliet. "Introduction I". In: MITCHELL, J.; ROSE, J. (orgs.). *Feminine Sexuality: Jacques Lacan and the École Freudienne*. Londres: Macmillan, 1985, p. 11-12.

não são vistas como desvios, mas como uma estrutura universal que não é antinatural nem mórbida. De fato, elas são o fundamento da sexualidade "normal". Como observa Dany Nobus, "a verdadeira questão freudiana seria 'Por que e como alguém se torna sexualmente normal?'"[16].

Como vimos, a heterossexualidade é um resultado da sexualidade que é tão arbitrária e lábil quanto a homossexualidade. Se um objeto aparece, a relação com esse objeto é, no mínimo, enigmática. O alvo da pulsão é variável e seu objeto incerto. A histeria e a psicanálise põem em destaque os mesmos desafios: o desejo, o gozo, a pulsão e a contingência do objeto sexual. Não é por acaso que uma tenha suscitado a invenção da outra.

Lacan construiu sua teoria da pulsão evidenciando os elementos subversivos e não normativos da teorização original de Freud. A pulsão, em seu circuito, desvia; ela se divide em pulsões parciais. Como uma colagem surrealista, ela se atomiza em sua busca por objetos parciais, trabalhando fragmentariamente por toda parte, ligando-se aos objetos de forma contingente, ela "é uma montagem"[17]. A imagem da pulsão evocada por Lacan é bastante ilustrativa: "a marcha de um dínamo acoplado na tomada de gás, de onde sai uma pena de pavão que vem fazer cócegas no ventre de uma bela mulher que lá está incluída para a beleza da coisa"[18]. Voltaremos ao conceito de beleza no capítulo XIII. Lacan desenvolve mais adiante:

> Quem não vê a distância que separa a desgraça da consciência, a qual [...] podemos dizer que ainda é tão somente a suspensão de um saber — do mal-estar da civilização em Freud, mesmo que seja apenas na inspiração de uma frase como que renegada que ele nos assinala o que, ao lê-lo, não podemos articular senão como a relação de través [em inglês, diríamos *skew*] que separa o sujeito do sexo?[19]

---

[16]NOBUS, Dany; DOWNING, Lisa (orgs.). *Perversion: Psychoanalytic Perspectives/Perspectives on Psychoanalysis*. Londres: Karnac, 2006, p. 9.
[17]LACAN, Jacques. *O seminário, livro 11: Os quatro conceitos fundamentais da psicanálise*. Trad. M.D. Magno. Rio de Janeiro: Zahar, 1988, p. 161.
[18]*Idem, ibidem*.
[19]LACAN, Jacques. "Subversão do sujeito e dialética do desejo no inconsciente freudiano". In: *Escritos*. Trad. Vera Ribeiro. Rio de Janeiro: Zahar, 1998, p. 813.

DO TRANSE AO TRANS NA REVISÃO DA HISTERIA POR LACAN

A citação de Lacan faz alusão às reflexões de Freud em *O mal-estar na civilização* com relação aos enormes sacrifícios que a vida social impõe à sexualidade. Aqui, Freud é claramente não normativo quando faz referência às grandes perdas que a vida civilizada impõe à nossa sexualidade, obrigando-nos a nos afastarmos de nossos objetivos sexuais, a renunciar aos prazeres e a limitar nossos objetos. Freud fala de uma transformação da pulsão em "um impulso *inibido na meta*"[20]. Renuncia-se à sensualidade na vida social; abandona-se a luxúria em uma troca com a cultura que difere a satisfação sob a promessa do amor. O saber, suspenso, se transforma em uma mera busca e a ignorância torna-se nossa paixão. Nas notas de rodapé de seu "Posfácio" do caso de Dora, Freud fala da curiosidade sexual de sua paciente e escreve: "De fato, era muito singular que ela conhecesse tudo que era chocante e não quisesse jamais saber de onde o conhecia. Esse mistério eu devia ter abordado, e procurado o motivo dessa estranha repressão"[21]. Parece que o enigma da histeria oferece a possibilidade de uma grande revelação a cada tentativa fracassada de resolvê-lo. A Esfinge sabe a resposta para seu enigma, mas parece ignorar a origem de seu saber. Como é que as pessoas histéricas renegam o saber que produzem? Como elas não sabem o que sabem? Se é verdade que os sintomas do histérico apontam para a realidade sexual do inconsciente, o que os histéricos resistem a saber é exatamente aquilo que seus sintomas sustentam inconscientemente: elas e eles não querem saber que não há saber sobre a sexualidade.

---

[20] FREUD, Sigmund. "O mal-estar na civilização". In: *Obras completas*, v. 18. Trad. Paulo César de Souza. São Paulo: Companhia das Letras, 2010, p. 64, grifos no original.
[21] FREUD, Sigmund. "Fragmento da análise de um caso de histeria". In: *Obras completas*, v. 6. Trad. Paulo César de Souza. São Paulo: Companhia das Letras, 2016, p. 317, n. 81.

CAPÍTULO NOVE

Simulação, expressão e verdade

Nos anos 1950, quando Lacan anunciou seu "retorno a Freud", a histeria estava desaparecendo rapidamente. A releitura de Freud por Lacan significava um retorno ao caminho da verdade e do saber, tal como ele fora aberto pela histeria. O retorno a Freud era, na verdade, um retorno à histeria. Isso significava para Lacan o fim de sua formação inicial em psiquiatria clínica, pois, como a maioria dos neurologistas e psiquiatras franceses de sua geração, ele começara sua carreira clínica como babinskiano. Apenas oito anos após sua morte, o trabalho de Charcot sobre a histeria havia sido quase completamente demolido na França. Em 1901, Joseph Babinski, um dos discípulos favoritos de Charcot, havia separado as doenças orgânicas neurológicas da histeria. Se essa diferenciação lançou as bases da neurologia moderna, ela foi acompanhada por um completo desmembramento da histeria. A histeria sofreu uma supressão semântica quando Babinski a substituiu pelo *pitiatismo*. O pitiatismo foi cunhado a partir das palavras gregas *peithos* ("eu persuado") e *iatos* ("curável")[1]. Esse novo termo significava que a histeria era uma espécie de simulação curável por sugestão.

Naquela época, os surrealistas celebravam a histeria de forma brilhante. Sobretudo, opunham-se à erradicação da teoria da histeria, tornada invisível, mas não menos poderosa.

---

[1] Ver BABINSKI, Joseph. *Démembrement de l'hystérie traditionnelle: Pithiatisme.* Paris: Imprimerie de la Semaine Médicale, 1909.

Os surrealistas celebravam a histeria como fonte da criação poética. A homenagem deles apareceu num número especial de *La Révolution surréaliste* em 1928. O panfleto em forma de manifesto, intitulado "O cinquentenário da histeria", foi assinado por Louis Aragon e André Breton. Impresso em maiúsculas, abre assim:

> NÓS, SURREALISTAS, DESEJAMOS CELEBRAR O CINQUENTÁRIO ANIVERSÁRIO DA HISTÉRIA, A MAIOR DESCOBERTA POÉTICA DO FIM DO SÉCULO XIX, E ISSO NO MOMENTO MESMO EM QUE O DESMEMBRAMENTO DO CONCEITO DE HISTERIA PARECE SER UMA COISA CONSUMADA[2].

Segue-se uma rápida recapitulação da história da histeria, de Charcot e Freud a Babinski, sem esquecer Bernheim, citado como alguém que disse que a histeria é uma "doença complexa e proteiforme [...] que escapa a qualquer definição"[3]. Reagindo contra Babinski, Breton e Aragon concluem seu manifesto com uma nova definição de histeria. "A histeria", escrevem eles, "não é um fenômeno patológico e pode, em todos os aspectos, ser considerada como um meio supremo de expressão"[4]. Eles prestam homenagem não a Charcot, mas a Augustine, sua famosa e encantadora paciente. Insistem em apresentar a histeria como um transe poético involuntário que abre novas perspectivas ao abolir as fronteiras entre sonho e vida — a vida verdadeira, para os surrealistas, era um estado de devaneio constante. As metáforas poéticas e sexuais criadas pelos histéricos deveriam realizar uma "subversão do sujeito" e inaugurar uma nova "dialética do desejo", para citar um texto posterior de Lacan.

Lacan descobriu a importância do freudismo menos pela literatura médica do que pelo surrealismo. Como Breton e Aragon, ele estudara medicina. A carreira médica de Lacan seguiu o curso habitual. De 1927 a 1931, ele esteve no Hospital Sainte-Anne, onde estudou distúrbios mentais e do sistema nervoso. Como sublinha

---

[2]BRETON, André. "Le cinquantenaire de l'hystérie (1878-1928)". In: BONNET, M. *et al.* (org.). Œuvres complètes, v. 1. Paris: Gallimard, La Pléiade, 1988, p. 948.
[3]*Idem*, p. 949.
[4]*Idem*, p. 950.

Roudinesco, em todos os casos clínicos de Lacan de período 1927-1932, há apenas um caso de histeria, mas é também o mais interessante[5]. Coassinado com seu amigo Maurice Trénel, o artigo foi apresentado à Sociedade Neurológica em 2 de fevereiro de 1928 sob o título "Abasia em uma mulher traumatizada pela guerra". A linguagem permanece babinskiana: Lacan e Trénel escrevem que o caso era notável em virtude da "singularidade de um distúrbio motor provavelmente de natureza pitiásica"[6]. A palavra *histeria* não é empregada uma única vez nas cinco páginas do estudo de caso. Na época, a terminologia babinskiana não havia caído em desuso; Lacan e Trénel tiveram que adotar o vocabulário babinskiano exigido pelo discurso médico-científico dominante.

O objeto do estudo era uma mulher cuja casa havia sido destruída por um projétil de artilharia em 22 de junho de 1915. Ela sofreu ferimentos superficiais: sua perna ficara presa por no piso em ruínas quando sua casa desabara. Depois de passar por diferentes hospitais regionais e parisienses, incluindo o Salpêtrière, sua doença foi marcada por um proceder excêntrico. Ela caminhava como se executasse uma complexa coreografia de estranhos passos de dança: dava pequenos passos na ponta dos pés, deslizava os pés no chão e cruzava as pernas uma à frente da outra; andava para trás. A marcha ré era a mais complexa: ela avançava girando sobre si mesma ao contrário. Mas, conforme relatado por Lacan e Trénel, um segurança do hospital afirmou ter visto certa vez essa paciente andar em linha reta, completamente normal, por alguns metros quando estava sozinha e não sabia que estava sendo observada. Em todas as suas histórias, ela insistia em algo que um médico militar do Hospital Saint-Paul lhe dissera: "*Tenez-vous bien droite, vous vous tiendrez droite, vous êtes droite, restez droite*" [Fique bem reta, você vai ficar ereta, você é direita, fique reta][7].

---

[5]ROUDINESCO, Élisabeth. *Jacques Lacan: esboço de uma vida, história de um sistema de pensamento*. São Paulo: Cia das Letras, 2008, p. 35-37.
[6]LACAN, Jacques; TRÉNEL, Maurice. "Abasie chez une traumatisée de guerre (sessão da Sociedade de Neurologia de 2 de fevereiro de 1928)". In: *Revue neurologique*, 1928, tomo I, p. 233-237. [Nota da editora: a abasia é um quadro clínico que afeta a capacidade de marcha.]
[7]*Idem, ibidem*.

Lacan e Trénel ressaltam ironicamente que essa exposição precoce à terapia babinskiana por sugestão repetida acabou se revelando não apenas ineficaz, mas também lhe deu um gosto precoce por iatrogênios; sua doença foi, se não produzida, ao menos reforçada pelo tratamento médico. A partir daí, ela andou empurrando o corpo para frente, balançando de um lado para o outro e arrastando os pés. A paciente explicou que precisava andar daquele jeito esquisito, dando esses passinhos que chamava de "no barco", senão ela caía. Ela teria afirmado que sentia como se tudo estivesse desmoronando em seu tórax. Esse caso ecoa o curioso andar das personagens de Samuel Beckett, cujas maneiras exóticas ou mecânicas de andar alegorizam uma sensação de colapso interior. Essa paciente era um caso relativamente bem conhecido. Ela foi de hospital em hospital onde recebeu todo tipo de tratamento, inclusive eletrochoques, sem sinais de melhora. O aspecto quase paródico de suas estranhas travessuras deambulatórias traía não apenas seu desalento pessoal, mas também parecia zombar dos conhecimentos médicos institucionais: ela se recusava a "andar em linha reta", ou dentro dos limites impostos.

O caso de Lacan e Trénel apresenta uma notável semelhança com o estudo clínico de Freud sobre Elizabeth von R., também um caso de análise de abasia histérica e o primeiro tratamento completo de histeria de Freud, publicado nos *Estudos sobre histeria*. Freud tratou Elisabeth von R. com sucesso logo após ter transformado sua interpretação da histeria, abandonando a "teoria da sedução". Assim, ele escreveu a Fliess: "O mecanismo de ficção [*Dichtung*] é o mesmo das fantasias histéricas"[8]. Freud antecipou a ideia que os surrealistas tinham de aproximar os poetas e os histéricos. Ambos os grupos adotam um uso criativo da linguagem que subverte as expressões de senso comum e produz uma nova gramática da metáfora. Lacan observará assim os histéricos em virtude de sua propensão à poesia. Ele publicou um poema, "Hiatus Irrationalis", e seu estilo poético foi um dos obstáculos à transmissão de sua obra, principalmente nos

---

[8]MASSON, Jeffrey Moussaieff. *A correspondência completa de Sigmund Freud para Wilhelm Fliess*. Trad. Vera Ribeiro. Rio de Janeiro: Imago, p. 252. [Nota da editora: o termo *Dichtung* utilizado por Freud e destacado pela autora também possui a conotação de "criação poética".]

Estados Unidos[9]. A progressão de Lacan em direção a um estudo científico do inconsciente implicava incorporar os ensinamentos dos poetas que apreendem algo do inconsciente que permanece inacessível aos outros. A obra de Lacan segue as estratégias retóricas dos poetas e dos histéricos, utilizando a linguagem de forma inovadora, estimulante e instrutiva.

Para o jovem Lacan, as criações poéticas dos surrealistas agiriam como um antídoto ao reducionismo demonstrado por Babinski e sua escola. No entanto, a conexão de Lacan com o surrealismo com relação à histeria permaneceu provisória. É verdade que o jovem médico era conhecido nos meios surrealistas como um brilhante especialista em psicose. Lacan aprendeu mais com a psicose do que com qualquer outra estrutura psíquica: paradoxalmente, foi o confronto com a psicose que o levou à psicanálise. Ele ainda não havia descoberto a extensão do trabalho de Freud sobre a histeria, que utilizaria de maneira tão frutífera décadas mais tarde, nem a extensão da originalidade do método psicanalítico. Mais tarde, ele consideraria as palavras dos histéricos como algo que "nos apresenta o nascimento da verdade na fala"[10]. Na época, Lacan estava elaborando uma nova concepção de linguagem. Ele analisava a estrutura paranoica em suas particularidades semânticas, estilísticas e gramaticais. Ele observou que a linguagem extravagante dos paranoicos resultava de um processo equivalente ao que está em funcionamento nas experiências poéticas dos surrealistas. Seu ponto de vista inovador foi expresso de forma madura em sua tese de doutorado de 1932 sobre a psicose paranoide.

Embora sua tese trate principalmente da paranoia, a seção dedicada à "Definição da psicogênese na psicopatologia" faz referência à histeria em uma nota de rodapé que visa "trazer ordem aos debates que se mostram frequentemente tão confusos sobre a patogenia da histeria"[11]. Nessa nota, Lacan afirma que mesmo quando a histeria

---

[9]LACAN, Jacques. "Hiatus Irrationalis". In: *Le Phare de Neuilly*, n. 3/4 (1933), reimpresso em *Magazine littéraire*, v. 2, n. 121, fevereiro de 1977, p. 11.
[10]LACAN, Jacques. "Função e campo da fala e da linguagem em psicanálise". In: *Escritos*. Trad. Vera Ribeiro. Rio de Janeiro: Zahar, p. 257.
[11]LACAN, Jacques. *Da psicose paranoica em suas relações com a personalidade*. Rio de Janeiro: Forense-Universitária, 1987, p. 35, nota de rodapé 33.

resulta de uma lesão orgânica ou modifica uma função física, esse fato não exclui a possibilidade de uma organização psíquica estar em jogo. Ele sustenta que é possível agir sobre o sintoma por uma cadeia causal ou outra. Lacan recomenda não excluir um ou outro mecanismo e remete o leitor ao caso da abasia de que falamos. Ele conclui que essa dupla perspectiva pode iluminar "noções às vezes difíceis de precisar como a de supersimulação e de pitiatismo"[12].

Vimos que, em 1928, Lacan abordou a histeria com terminologia babinskiana conforme à ortodoxia psiquiátrica. Em 1932, sua posição era mais complexa. Por um lado, sua lealdade era à psiquiatria tradicional, e seu principal centro de interesse era a psicose, um campo supostamente estéril para a psicanálise. Por outro lado, ele criticava implicitamente a herança psiquiátrica ao propor uma nova noção de psicose. Lacan, neste momento de sua carreira, era um para-surrealista que buscava identificar uma lógica poética comum à psicose e à escrita experimental de vanguarda. No entanto, ao contrário dos surrealistas, ele não participava de seus exuberantes elogios à loucura, nem responsabilizava a sociedade pela doença mental. Ele efetuou uma transição da neurologia para a psiquiatria para passar à psicanálise. Mas quando remetia seus leitores à sua apresentação sobre abasia, fica claro que ele levava esse primeiro estudo de caso muito a sério. O fato de ele considerar o pitiatismo e a supersimulação como "noções" que merecem ser esclarecidas é sintomático. A confusão que ele perpetua ao tentar dissipá-la revela que ele ainda estava atolado em uma psiquiatria francesa que, diante da histeria, hesitava entre as abordagens de Janet — que seguia as de Charcot, mas sobre outros objetos teóricos —, as refutações de Babinski e o *corpus* freudiano que ia, então, para a metapsicologia.

Em contrapartida, em 1936, Lacan já era um freudiano que criticava explicitamente o uso do termo *pitiatismo*, como pode ser visto em seu "Além do princípio de realidade", que apareceu em

---

[12] *Idem, ibidem.* [Nota da editora: a supersimulação é a persistência fictícia de um sintoma após a cessação do transtorno real. O pitiatismo é a manifestação patológica que pode ser criada ou suprimida por meio da sugestão.]

um número especial "Études freudiennes" [Estudos freudianos] da revista Évolution *psychiatrique* [Evolução psiquiátrica] e foi retomada mais tarde nos *Escritos*. Para Lacan, a noção de pitiatismo representava então uma coalescência do descaso sistemático da realidade psíquica por parte da classe médica[13]. Neste artigo, escrito apenas quatro anos depois de sua tese de doutorado, Lacan exorciza os demônios de sua formação psiquiátrica a fim de trazer à tona suas inclinações psicanalíticas. Por fim, seu importante estudo sobre os complexos familiares, publicado em 1938 na *Encyclopédie française*, estabelece plenamente sua reputação. Ele também fornece um breve resumo de suas primeiras visões sobre a histeria. Neste artigo, Lacan conecta o "simbolismo organomórfico" dos sintomas histéricos e a experiência do corpo fragmentado no estádio do espelho[14]. Nos sintomas histéricos, uma função corporal localizada é perturbada: os órgãos ficam paralisados, perdem toda a sensibilidade e são dolorosamente inibidos, expressando uma fragmentação do corpo que desafia as leis anatômicas. Constatando as semelhanças entre as manifestações motoras específicas do "estádio do espelho" e os sintomas motores próprios à histeria, Lacan situa também o "estádio do espelho" na origem da conformidade somática histérica constitucional. Ele então se desviava do esquema freudiano, ligando o estádio do espelho e a histeria. Para ele, a histeria hipostasiaria organicamente a noção de corpo fragmentado. O corpo histérico confirmava sua concepção de corpo como imagem do corpo. Como ele afirma em seu artigo sobre o estádio do espelho, quando os sintomas da histeria se comportam de uma maneira que mostra que eles ignoram a fisiologia das estruturas corporais, eles revelam a forma como o corpo é dividido segundo as "linhas de fragilização que definem a anatomia fantástica [...] da histeria"[15]. Assim, Lacan reformula as primeiras observações de Freud segundo as quais

---

[13]Ver LACAN, Jacques. "Para-além do "Princípio de realidade". In: *Escritos*. Trad. Vera Ribeiro. Rio de Janeiro: Zahar, p. 83

[14]Ver LACAN, J. "Les complexes familiaux" em "La famille". In: WALLON, H. (org.). *Encyclopédie Française* (1938), reimpresso em: *Outros escritos*. Trad. Vera Ribeiro. Rio de Janeiro: Zahar, 2003, p. 80-81.

[15]LACAN, Jacques. "O estádio do espelho...". In: *Escritos*. Trad. Vera Ribeiro. Rio de Janeiro: Zahar, p. 101.

"a histeria se comporta [...] como se a anatomia não existisse",[16] pois os transtornos histéricos são mais fiéis à linguagem do que à anatomia. Por exemplo, uma paralisia histérica da mão muitas vezes assume a forma de uma luva, seguindo o significado da palavra *mão* e não a fisiologia da distribuição dos nervos, músculos, ligamentos. Na histeria, vemos um corpo imaginário em ação. Lacan conclui esta breve parte sobre a histeria dizendo que, nos sujeitos histéricos, vemos as imagens patéticas do drama existencial dos humanos. Nenhuma outra contribuição original de Lacan pode ser encontrada aqui e, no entanto, podemos ver que sua perspectiva sobre a histeria já é freud-lacaniana.

Entre uma breve referência à histeria em seu artigo de 1938 sobre a família para a *Encyclopédie française* e seu "Intervenção sobre a transferência", de 1951, Lacan não avançou muito sobre a histeria. O "retorno a Freud" de Lacan marcou o início de um período de reflexão e elaboração de conceitos psicanalíticos muito extensos. "Intervenção sobre a transferência" dedicara-se à histeria e poderia ser a primeira contribuição "lacaniana" sobre o assunto. Neste estudo do caso da Dora de Freud, Lacan mostrou que a experiência analítica pertence à ordem da fala como domínio no qual a verdade pode emergir. Ele define claramente a transferência em relação àqueles momentos em que o analista se perde e precisa se reorientar. Também estabelece a psicanálise como uma experiência dialética em que a "ortodramatização" da subjetividade do(a) analisando(a) depende da resposta do analista.

Em 1951, se Lacan era claramente freudiano, o impulso inovador de seu estudo do caso de Dora vinha de seu recurso a conceitos não freudianos como "bela alma" e "inversões dialéticas"[17]. Lacan aplicava uma terminologia emprestada de Hegel à sua compreensão do caso. Com a ajuda de Hegel, Lacan tornou legível uma nova lógica da histeria. Ele usou Hegel na década de 1950 para trazer uma nova

---

[16]Ver FREUD, Sigmund. "Algumas considerações para um estudo comparativo das paralisias motoras orgânicas e histéricas". In: *Edição brasileira das obras completas de Sigmund Freud*, v. I. Rio de Janeiro: Imago, 1975, p. 240.
[17]LACAN, Jacques. "Intervenção sobre a transferência". In: *Escritos*. Trad. Vera Ribeiro. Rio de Janeiro: Zahar, p. 218.

perspectiva a esse caso de histeria ao abordar questões específicas da técnica psicanalítica. O fato de usar Hegel para tratar especificamente a histeria atingiu seu auge no seminário de 1970, *O avesso da psicanálise*, no qual Lacan não apenas propôs a ideia do discurso do histérico, mas também declarou que o filósofo Hegel, um homem, era "o mais sublime dos histéricos"[18].

O discurso do histérico diz respeito não somente a uma estrutura subjetiva, mas também à essência do ser que fala. Toda vez que falamos, necessariamente assumimos uma posição, uma relação que estabelece um laço social. Em sua álgebra dos quatro discursos, Lacan identificou quatro formas de laço social ou discurso desse tipo: o discurso do mestre, o discurso da universidade, o discurso do analista e o discurso da histérica. Seu sistema combinava as permutações de quatro símbolos: S_1 (o significante-mestre), S_2 (o saber), a (o mais-de-gozar), $\$$ (o sujeito). A complexa álgebra da teoria dos quatro discursos proposta em *O avesso da psicanálise* mostra um forte retorno da histeria na teoria lacaniana. Essa ideia de um discurso do histérico é uma inovação que permite abordar a relação entre gozo e desejo, conceber o desejo como insatisfeito, falar do histérico como daquele ou daquela que constituti o homem (ou o mestre), ver o histérico como produtor de saber e, por fim, pensar o tratamento analítico como uma histerização do discurso.

A questão que fica é saber se Lacan fala realmente de histeria quando fala do discurso do histérico. Para responder a essa questão, devemos explorar a gênese de sua reinterpretação da histeria como laço social. Lembremos que Lacan não produziu um discurso do neurótico obsessivo, do psicótico ou do perverso. Se há uma diferença entre a histeria como estrutura psíquica e a histeria como forma de discurso, por que ele utiliza a palavra *histeria* em ambos os casos? Será que, com a invenção de um discurso do histérico, Lacan voltara à sua formação babinskiana inicial, mas com uma ênfase diferente, substituindo a "simulação" como estrutura do engano pela "estimulação" como estrutura que exige a verdade?

---

[18]LACAN, Jacques. *O seminário, livro 17: O avesso da psicanálise*. Rio de Janeiro: Zahar, 1992, p. 33.

Sabemos que o objetivo de Lacan era dar às noções freudianas uma formalização mais rigorosa. Vemos isso na teoria dos quatro discursos, em que encontramos o desenvolvimento mais sistemático de Lacan sobre a histeria. Com a construção de seu "discurso da histérica", ele toca nas condições sociais a fim de integrá-las à sua noção de histeria. Lacan chama a atenção para a importância do Outro na histeria (muitas vezes esse Outro é uma mulher — a Outra mulher), pois o desejo do histérico é o desejo do Outro. No entanto, como afirma Lacan em 1961, a relação histérica não é com o pequeno outro, mas com o grande Outro, em quem o histérico acredita com devoção. Seguindo uma elaboração posterior na qual Lacan afirma que o Outro não existe, poder-se-ia dizer que, de fato, o histérico inventa o Outro. A esse Outro, o histérico dirige a pergunta: "O que sou eu?" e se identifica com qualquer resposta fornecida por aquele que ocupa a posição do Outro. "O que você disser, eu serei": uma bruxa, um(a) santo(a), um(a) histérico(a), um(a) simulador(a) pitiático(a), um(a) mártir.

A dimensão simbólica da demanda — enquanto demanda de amor — oculta o fato de que a demanda é a articulação de uma necessidade. Ainda encontramos o eco de Alexandre Kojève, que observava que o objeto de desejo é "perfeitamente inútil do ponto de vista biológico"[19]. Essa "inutilidade biológica" pode ser ilustrada pela anorexia. Lacan nota que, na anorexia, há uma antecipação do Outro na articulação da demanda; o sujeito rejeita o dom oferecido pelo Outro para ter espaço para formular uma demanda que resguarde o desejo. Uma criança se recusará a comer o alimento que lhe é dado antes de tê-lo demandado para preservar seu apetite por nada e para não desejar nada. A demanda de amor é ao mesmo tempo incondicional e insatisfatória. O desejo é o resíduo que resulta da subtração do apetite de satisfação, da demanda de amor. O desejo resulta da divisão do sujeito causada pela linguagem; e a demanda, como Lacan coloca em 1960, se endereça ao Outro.

Dora também demandava amor em sua demanda: ela queria que lhe dessem aquilo que alguém não tinha, e como uma "boa

---

[19] KOJÈVE, Alexandre. *Introdução à leitura de Hegel.* Trad. Estela dos Santo Abreu. Rio de Janeiro: Contraponto/EDUERJ, 2002, p. 13.

histérica", sustentava não somente o desejo do Outro, mas também era sustentada por ele. Ela desempenhava um papel-chave na trama das traições que a capturaram. Na verdade, ela sustentou a relação entre seu pai e a Sra. K.: fez tudo o que podia para ajudar o pai a encontrar a amante. A cumplicidade de Dora em ser usada como objeto de troca pelos homens ao seu redor pode ser explicada por sua identificação histérica e viril com eles. Seu papel de "bela alma" pode ser entendido como uma vontade paradoxal de reconhecer sua implicação em um duplo papel de agente. Dora "aceita" a ignóbil troca como se fosse uma das primeiras beneficiárias disso; ela "aceita" ser o objeto trocado. Sua identificação oferece uma duplicação alienante. Por um lado, ela se vê como a vítima passiva e se identifica com esse papel; foi assim que ela se apresentou a Freud, e foi assim que ela conscientemente acreditava que as coisas funcionavam. Por outro lado, ela se identifica inconscientemente com uma estrutura que lhe permite assumir esse papel. Como uma "bela alma", Dora não leva em conta sua responsabilidade na malha das relações intersubjetivas que expõe. No entanto, os benefícios da farsa evaporam quando o Sr. K interrompe o circuito de troca, quebrando assim a promessa segundo a qual Dora poderia acessar o mistério da feminilidade encarnado pela Sra. K. O Sr. K diz a única coisa que nunca deveria ter dito: confessa a Dora sua falta de interesse por sua mulher.

Em Dora, a hipótese da sexualidade é mediada por um homem (Sr. K) que se posiciona como outro, que tem uma mulher que lhe dá acesso ao Outro do sexo. Escondida atrás da posição da "bela alma", a duplicidade de Dora nos lembra as observações de Freud sobre a natureza bissexual das fantasias histéricas. Em "Fantasias histéricas e sua relação com a bissexualidade" (1908), Freud dá o famoso exemplo de uma de suas pacientes durante um ataque de histeria: ela aperta o vestido contra o corpo com uma mão, como mulher, enquanto tenta arrancá-lo com a outra, como homem. Nesse exemplo vemos ambos os aspectos — sintoma e fantasia — em jogo.

Podemos agora reexaminar a análise de Lacan e Trénel sobre a paciente que tentava não andar em linha reta como defesa contra um Outro que lhe prescrevia um código de normatividade — seja uma ortopedia de sua postura corporal ou a imposição forçada de sua orientação sexual. Podemos verificar que seu desejo de se tornar um sujeito histérico estava preso na fala do Outro. Lembremos que um médico do exército lhe dissera para andar em linha reta [*marcher droit*] — "Fique bem reta, você vai ficar ereta, você é direita, fique reta" — e que ela se identificava totalmente com essas palavras[20]. Ela já tinha dificuldade para andar; mas a partir de então, por uma forte identificação com os significantes do Outro, pôs em ação essa frase fatal em seus estranhos movimentos corporais (ela era definitivamente incapaz de ficar reta, de se manter ereta, ou mesmo de andar reto). A manifestação de seus sintomas, ao mesmo tempo em que reproduzia a estrutura subjacente, também a subvertia — suas danças de transe podem evocar o caso de Abraham. Girando sobre si mesma, ela pode ter encontrado um espaço de liberdade, de criatividade e de resistência. Nesse exemplo, o médico do hospital ocupava a posição do Outro que representa a autoridade investida no conhecimento médico. Suas excêntricas macaquices traem o impacto em sua imagem corporal daquilo que ela interpreta como sendo o desejo do Outro. Sua estranha coreografia revelava a forma como ela aceitava e ao mesmo tempo recusava se tornar objeto do desejo do Outro, o que evoca a aflição de Dora. Seu andar, que lembra o de um dervixe rodopiante, sua recusa em ir diretamente nos limites prescritos pelo Outro revelam tanto sua dependência para com o Outro quanto um novo desafio. Enquanto ela irritava os médicos que não conseguiram curá-la, sua rebelião conseguia criar um espaço intermediário.

A contribuição original de Lacan foi identificar o lugar do desejo histérico na economia do discurso. O desejo histérico é uma questão central que tem implicações de longo alcance e requer interpretação. É assim que Lacan aborda isso no seminário *As formações do inconsciente*:

> O que é o desejo de meu histérico? É aquilo que lhe descortina, eu não diria o universo, mas todo um mundo que já é bastante vasto,

---

[20] LACAN, Jacques; TRÉNEL, Maurice. "Abasie chez une traumatisée de guerre (sessão da Sociedade de Neurologia de 2 de fevereiro de 1928)". In: *Revue neurologique*, 1928, tomo I, p. 234.

em razão daquilo que podemos chamar de dimensão histérica latente em toda espécie de ser humano no mundo. [...] Toda histérica faz eco a tudo o que é da ordem da indagação sobre o desejo, tal como esta se coloca na atualidade em alguns outros, sobretudo em outra histérica, bem como em alguém que pode só ser histérico ocasionalmente, e até de maneira latente, desde que apareça nele um modo histérico de formular a pergunta[21].

Já aqui, Lacan desdobra uma definição de histeria que vai além da noção de neurose. A histérica ecoa tudo o que diz respeito à questão do desejo tal como ele aparece nos outros, histéricos ou não. A histeria já assumiu um sentido social extenso e comporta uma dimensão latente em todos os seres falantes, desde que se questionem sobre seu desejo. O fato de o desejo poder ser uma fonte de questionamento perpétuo é a consequência natural da alienação introduzida pela fala, histérica ou não.

A causa de seu próprio desejo e de seu próprio prazer permanece enigmática. O fato de podermos nos fazer a pergunta "O que eu sou?" ou "O que eu quero?" deveria nos deixar todos histéricos. Como vimos, essa ideia, que acaba de ser lançada durante o seminário *As formações do inconsciente*, é plenamente desenvolvida mais de uma década depois, no seminário *O avesso da psicanálise*, em que Lacan aborda as relações formais que o próprio ato de falar estabelece. Compreendemos, então, por que ele propõe definir a histeria como um modo de laço social que ele chama de "discurso do histérico".

Há um aspecto importante na histerização da psicanálise por Lacan: para ele, a histeria não é uma patologia, pois ela define a essência do ser falante, que se divide e se realiza na linguagem. Aliás, podemos constatar que Lacan não hesitou em se implicar na histeria. Comentando num seminário o erro gramatical que ele cometera ao se referir a uma jovem na forma masculina, observou: "no fim das contas, sou um histérico perfeito, isto é, sem sintoma, exceto de

---

[21] LACAN, Jacques. *O seminário, livro 5: As formações do inconsciente*. Trad. Vera Ribeiro. Rio de Janeiro: Zahar, 1999, p. 478.

vez em quando esse erro de gênero em questão"[22]. O que podemos fazer com o erro de gênero de Lacan, um erro que, como veremos, prova que os histéricos têm problemas com a diferença sexual? Eis o trecho do seminário de 14 de dezembro de 1976:

> Então isso nos leva a considerar que a histérica que todos sabemos que é tanto macho quanto fêmea, a histoerica [*hystorique*][23]... Se posso me permitir esse deslocamento, devemos considerar, em suma, que ela não é... eu a feminizo nesta ocasião, mas como verão, vou colocar aí meu peso do outro lado, isso vai ser mais do que suficiente para eu mostrar a vocês que não acho que só existam histéricas femininas... a histoerica, em suma — para torná-la consistente —, tem apenas um inconsciente, é "a radicalmente Outra". Ela, inclusive, é apenas uma enquanto Outra. Bem, esse é o meu caso. Eu também tenho apenas um inconsciente. É por isso mesmo que penso nisso o tempo todo. Chega a ponto de... bem, posso testemunhar isso... chega a ponto de eu pensar o universo tórico, e isso não quer dizer nada mais, é que eu só consisto de um inconsciente ao qual, claro, penso noite e dia, o que faz com que *une-bévue*[24] [uma gafe, um erro] se torne inexata. Cometo tão poucos erros [*bévues*], que é a única coisa... claro que cometo de vez em quando, isso tem pouca importância. Acontece de eu dizer num restaurante: "A senhorita está reduzido a não comer senão lagostins cozidos", enquanto estivermos lá, cometer um erro de gênero, não vai longe... no fim das contas, sou um histérico perfeito, isto é, sem sintomas, exceto de vez em quando esse erro de gênero em questão[25].

O erro de gênero de Lacan remonta à bissexualidade descoberta por Freud na origem da histeria. O fato de Lacan ter cometido um erro de gênero na gramática francesa ilustra sua definição da

---

[22]LACAN, Jacques. *Le séminaire XXIV: L'insu que sait de l'une bévue s'aile à mourre*, inédito, aula de 14 de dezembro de 1976.
[23]Nota do tradutor: equívoco de Lacan que amalgama os vocábulos *hystérique* [histérico] e *historique* [histórica].
[24]Nota do tradutor: termo inventado por Lacan que, devido à sua sonoridade, faz alusão à noção de inconsciente, *Unbewusst*, em alemão.
[25]*Idem, ibidem.*

histeria: ela combina elementos de topologia e a ideia do inconsciente como *"une-bévue"* — uma transliteralização francesa do *Unbewusst* de Freud.

Com a evocação do inconsciente como *"une-bévue",* Lacan se distancia da ideia freudiana segundo a qual os histéricos sofrem de reminiscências que devem ser redescobertas e toma uma direção que, paradoxalmente, o leva de volta a seu ponto de partida babinskiano, com uma diferença, no entanto. O inconsciente como *"une-bévue"* introduz a dimensão da *bévue*, do erro, que, como vimos, é tão recorrente entre as pessoas transgênero, que têm a impressão de habitar o corpo errado. Tal erro remonta à noção freudiana de histeria, baseada no *proton pseudos* histérico, termo que significa tanto erro lógico quanto mentira[26].

A noção de *proton pseudos* é complexa. Em *Projeto para uma psicologia científica,* Freud vinculou a histeria à teoria lógica em uma passagem intitulada "A *proton pseudos* histérica", que condensa o caso da jovem Emma, que é incapaz de entrar sozinha em uma loja. Essa fobia começou quando ela tinha 12 anos. Ela entrou numa loja e viu dois vendedores rindo. Ela se precipitou para fora em pânico, pensando que eles estavam rindo dela, mas se sentiu culpada. Freud trouxe à tona uma memória anterior, datada de quando ela tinha 8 anos. Ela tinha ido a uma mercearia e o proprietário a agredira tocando seus genitais através de suas roupas. Ela voltou ali mais uma vez, como que para repetir a cena. Foi só aos 12 anos, quando tinha idade suficiente para entender o que havia acontecido, que sentiu nojo e pânico, e a fobia começou.

As associações de Emma funcionam como séries de lembranças paralelas. As duas séries se entrecruzam: o riso dos lojistas evoca o sorriso do merceeiro quatro anos antes. Crescida, Emma sentiu-se atraída por um dos lojistas, o que a fez sentir-se responsável pela primeira cena de sedução. Em suas cadeias de imagens e lembranças, restavam apenas as "roupas" e a "culpa". Não há nenhum elo de causalidade direto aqui; a primeira cena de sedução poderia ter se transformado numa cena de estupro, o que teria constituído

---

[26] Ver RABATÉ, Jean-Michel. *Tout ou ne rien dire: logiques du mensonge*. Paris: Stock, 2005, p. 258-264.

um traumatismo no sentido clássico do termo. Aqui ela trouxe uma excitação prazerosa desconhecida que depois foi reativada, desencadeando o pânico. A lembrança da primeira cena tornou-se patológica dentro da reconstrução inconsciente operada pela segunda cena. Isso define o *proton pseudos* da histérica, uma expressão abreviada como "Pp". Freud tomou emprestado este termo do *Órganon*, de Aristóteles. Trata-se de um erro lógico sobre as premissas. Para Aristóteles, a "falsidade num argumento se apoia na primeira proposição falsa [*proton pseudos*] contida no argumento"[27]. Assim, todo erro nas premissas falseia qualquer raciocínio subsequente.

Os tradutores ingleses da *Standard Edition*, seguidos pelos primeiros tradutores franceses, induzem ao erro ao traduzir como "*the first lie*" [a primeira mentira]. Utilizando a expressão grega em seu subtítulo, Freud joga com os dois sentidos contidos em *pseudos* que significa "mentira" e "erro lógico". Freud conserva a indecidibilidade do original. Na primeira sistematização que ele faz do mecanismo que sustenta à histeria, uma margem de indecisão é deixada entre mentira, erro e criatividade. Se os histéricos sofrem de reminiscências, como Freud sempre afirmou, e as lembranças são sempre lembranças-telas, os histéricos sofrem de *protons pseudos*.

O histérico era considerado como preso entre o engano e o pensamento errôneo, entre a simulação e o raciocínio lógico imperfeito. O passado babinskiano de Lacan mostrou que as pessoas histéricas não estavam doentes por causa de suas lembranças recalcadas, mas que eram sustentadas por uma "armadura" fundada no erro enganoso. Se por um lado elas são simuladoras, até mesmo muito profissionais, por outro podem dizer a verdade através de uma mentira.

A linguagem não pode mentir, mesmo que nunca conte toda a verdade. É preciso um(a) histérico(a) para lhe mostrar que a perfeição nunca é completa, mas precisa de um complemento, um excesso de verdade. Afirmo que quando um(a) analista recebe em seu consultório um(a) analisando(a) que poderia se identificar como transgênero, ela ou ele tem a possibilidade de repetir o gesto de Freud ao se deparar com suas primeiras pacientes histéricas.

---

[27] ARISTÓTELES. "Analíticos anteriores". In: *Órganon*. Trad. Edson Bini. Bauru: EDIPRO, 2005, livro II, 18, 66a, 16, p. 236.

Enquanto Charcot as reduzia a objetos de exposição no anfiteatro da Salpêtrière, Freud lhes devolveu a dignidade escutando-as. Sigamos Freud e escutemos o(a)s pacientes trans na pluralidade de suas apresentações. Sua verdade subjetiva virá à tona. O analista erraria em preconceitos ao não deixar o inconsciente mostrar o caminho da errância da verdade. Acontece que hoje podemos observar essa verdade no discurso social da histérica. Esse discurso se entrelaçou com novas tentativas de transcender os limites sociais e a ideologia da normatividade subjetiva. Um de seus exemplos mais visíveis é o discurso rebelde, chocante, mas também poético, muitas vezes semelhante a um transe, das pessoas trans.

CAPÍTULO DEZ

A doce ciência da transição

Se definirmos o histérico como alguém que não consegue determinar o objeto de seu desejo, como alguém que sempre se pergunta a quem amar, podemos dizer que a histeria desvela a própria estrutura da sexualidade humana tal como descrita por Freud nos *Três ensaios*, uma sexualidade enviesada que não tem objeto específico e funciona caprichosamente, uma sexualidade dominada pela pulsão, conceito limítrofe entre carne e linguagem.

A histeria também põe em causa as convenções culturais, impedindo a ossificação das práticas e expondo nossa fragilidade de ser. Atualmente, trabalho com vários analisandos que se identificam como homens trans, que tomam "T" (testosterona), que buscam o amor saindo com mulheres cis, homens cis, homens trans, mulheres trans, gays, lésbicas; sua estrutura psíquica é a da histeria. Esse fato tem implicações clínicas e políticas. Metapsicologicamente, a tese geral de Freud era de que os histéricos tinham tendências bissexuais que não conseguiam conciliar. No âmago da histeria estava a presença irredutível de uma fantasia bissexual. Em *A histeria: teoria e clínica psicanalítica*, Juan-David Nasio tomou como ponto de partida a visão de Lacan sobre as dificuldades vividas pelos histéricos em ser objeto de desejo preso numa eterna insatisfação. Nasio então levou a análise além, afirmando que os histéricos não eram somente bissexuais, mas nada sexuais; para ele, os histéricos são "fora do sexo, são *extra-sexuais* [*hors-sexuels*]"[1].

---

[1] NASIO, Juan-David. *A histeria: teoria e clínica psicanalítica*. Trad. Vera Ribeiro. Rio de Janeiro: Zahar, 1991, p. 66, grifos no original.

Essa exterioridade radical decorreria de uma estrutura de indecisão. Fundamentalmente, um(a) histérico(a) seria uma pessoa que não consegue saber se é um homem ou uma mulher. Para Nasio, o histérico não conseguiu "tornar seu o sexo de seu corpo"[2]. Essa visão faz Nasio divergir da visão padrão proposta por Charcot e seus discípulos, visão também compartilhada por Freud: todos tentaram distinguir uma histeria masculina — que era uma novidade no final do século XIX — de uma histeria tradicionalmente feminina. Para deixar sua posição mais clara, Nasio acrescenta: "A expressão 'histeria masculina' é, em si mesma, uma contradição em termos, pois o substantivo *histeria* significa incerteza sexual (nem homem, nem mulher), enquanto o adjetivo *masculino*, ao contrário, é decisivo e faz uma escolha onde a escolha se revela impossível"[3].

Embora contraintuitiva, há um elemento de verdade nesta teoria. Na aparência, ela se assemelha à teoria de Catherine Millot sobre o *"horsexe"*, o "extrasexo", essa sexualidade externa que definiria a transexualidade e da qual falei anteriormente[4]. Minha prática como psicanalista nos Estados Unidos me levou a tratar principalmente analisando(a)s histérico(a)s que têm extrema dificuldade em assumir um posicionamento sexual, o que corresponde ao que Nasio descreve. Enquanto alguns se perguntam "Sou homem ou mulher? E o que isso significa?", outros podem dizer: "Não acredito que nasci mulher e agora sou um homem trans". No entanto, neste capítulo, afirmo que ser fora do sexo não é necessariamente um sinal de psicose; seria, antes, uma característica da forma mais clássica de neurose — a histeria. Como escreve Shanna Carlson, há pouquíssima diferença entre transexuais, histéricos e cisgêneros, exceto que estes últimos podem gozar de um "falso monopólio" sobre "a experiência psíquica de uma aparência de certeza de gênero"[5]. Os histéricos podem estar fora do sexo, pois o(a)s imigrantes sem documentos

---

[2] *Idem, ibidem.*
[3] *Idem*, p. 95-96, grifos meus.
[4] MILLOT, Catherine. *Horsexe: essai sur le transsexualisme.* Paris: Point Hors Ligne, 1983.
[5] CARLSON, Shanna. "Transgender Subjectivity and the Logic of Sexual Difference". In: *differences*, v. 21, n. 2, 2010, p. 65.

estão fora das definições nacionais de cidadania. O fato de estar fora do sexo não anula a sexualidade; pelo contrário, torna-a um ponto de referência ainda mais forte.

Darei ênfase àqueles que se identificam como "homens trans" ou "*F to M*". Para eles, tomar T, comprimir o peito, passar por uma "cirurgia lá em cima" (dupla mastectomia), fazer crescer pelos faciais e usar roupas largas etc. são todas formas de tentar encarnar um corpo que é difícil de assumir. Eles procuram uma nova estratégia para estar no mundo. A expressão "ter um corpo", como Lacan observou, mostra que "não se é um corpo": "ter um corpo" enquanto "ser um corpo" requer um processo de assunção do corpo que habitamos. Com a T, a voz fica mais grave, os pelos faciais aumentam e para alguns, como Paul B. Preciado, que se declara um "*texto junkie*", a testosterona vai induzir o que se pode chamar de "testomania". Preciado se expressa com grande lirismo sobre o assunto:

> Poder feminino-orgasmos-adrenalina-extravagância-reconhecimento social-sucesso-glicose-aceitação familiar-inclusão-potência-tensão-camaradagem-ascensão econômica. Em um prazo de seis meses, esta é a mais-valia política que a ingestão de testosterona proporciona a uma mulher cis.
>
> A testosterona é uma gratificação imediata, uma plataforma abstrata de produção de poder, mas sem a queda abrupta da coca, sem o buraco no estômago que vem após os efeitos do cristal, sem a grotesca autocomplacência que o Prozac desencadeia. Há somente outra droga como a testosterona: a heroína[6].

No entanto, a melhor T não pode dar garantias contra a insatisfação inerente ao desejo dos histéricos, mesmo quando estão apaixonado(a)s, pois a satisfação está na maioria das vezes fora de alcance e, portanto, fora do sexo para o(a)s histérico(a)s. Paul B. Preciado descreve como ele prefere desejar o desejo sem alcançar a satisfação que sempre lhe escapa.

---

[6]PRECIADO, Paul. B. *Testo junkie: Sexo, drogas e biopolítica na era farmacopornográfica*. Trad. Maria Ribeiro. São Paulo: n-1 edições, 2018, p. 254.

Se a psicanálise leva o desejo a sério como bússola teórica, clínica e ética, é preciso retornar à famosa exortação de Lacan, "Não ceder em seu desejo", que ele profere no seminário sobre *A ética da psicanálise*. Essa frase tem sido muitas vezes mal interpretada como uma injunção amoral, como se ele dissesse: "Não ceda do seu gozo", o que sugeriria que Lacan distribui passes para orgias sadomasoquistas ou então convidasse a um delírio transgressivo à maneira de Sade. Ora, para Lacan, o sujeito dividido está "condenado" ao desejo: mesmo realizado, este último não cumpre sua promessa. Esse fracasso é o próprio desejo como princípio de negatividade. Ele nos protege dos estragos do gozo e nos mantém do lado da vida. O desejo não está ligado à felicidade ou à busca do bem. Lacan sublinha esse ponto ao dizer: "Não há outro bem senão o que pode servir para pagar o preço ao acesso ao desejo —, na medida em que esse desejo, nós o definimos alhures como a metonímia de nosso ser"[7].

Se parece claro que Preciado se coloca no discurso da histeria, o que pensar dos movimentos mais radicais que militam por uma separação violenta dos sexos? Era isso que animava Valérie Solanas quando ela havia fundado seu feminismo radical e violento[8]. Solanas inspirou o trabalho recente da ativista trans Andrea Long Chu, que se apropriou da afirmação segundo a qual os homens vivem aterrorizados pela "descoberta de que todos são, todos, mulheres". Segundo Chu, as coisas poderiam piorar, pois, na verdade, "somos todos, homens e mulheres, cis e trans, mulheres". Em seu livro ironicamente intitulado *Females*, Chu afirma que "Todo mundo é uma mulher, e todo mundo odeia isso"[9]. Essa é a lição que pode ser aprendida com Chu, pois ela considera a transição não em termos de identidade, mas de desejo. Ela escreve: "Como você pode querer ser algo que você já é? O desejo implica uma carência, uma falta... O que torna as mulheres como eu transexuais não é a identidade, mas o desejo...". Evitando o discurso da autenticidade, Chu concebe o desejo, em sua falha constitutiva, como uma verdadeira força

---

[7]LACAN, Jacques. *O seminário, livro 7: A ética da psicanálise*. Trad. Antonio Quinet. Rio de Janeiro: Zahar, 2008, p. 376.
[8]SOLANAS, Valérie. *SCUM Manifesto*. Londres/Nova York: Verso, 2004.
[9]CHU, Andrea L. *Females*. Londres/Nova York: Verso, 2019, p. 11.

motriz: "as mulheres trans também querem coisas"[10]. O desejo, para Chu, é a força centrífuga do transgênero.

Sob um título deliberadamente chocante, Chu publicara um artigo de opinião no *New York Times* em 2018: "Minha nova vagina não me fará feliz. Não há razão para ela faça isso". Eis aí alguém que rejeita explicitamente o ideal eudemonista que prescreve uma transição com o objetivo de alcançar a "felicidade". Assim, Chu desenvolve essa ideia e escreve: "Não é porque a transição me faria feliz que eu quero tê-la. Se deixadas por conta própria, as pessoas raramente procuram o que as faz felizes. O desejo e a felicidade não têm nada a ver um com o outro"[11]. Chu aponta com precisão o mito da "felicidade", muitas vezes invocado na máquina de transição.

A psicanálise nos ajuda a compreender que a satisfação é sempre obtida com meios limitados. A satisfação total, se alcançada, colocaria em risco todo o ser do sujeito. Se a satisfação é adiada, a insatisfação, no entanto, tem suas vantagens. Lembremos a interpretação que Freud faz do sonho do salmão defumado. A histérica cria um desejo não realizado; seu sonho representava essa renúncia posta em prática. Embora ela tenha querido caviar, ela não quer que lhe deem. A fim de manter eternamente seu desejo por caviar, ela limita sua satisfação e evita deliberadamente encontrar um objeto a seu desejo. A insatisfação que resulta disso remete seu desejo a uma aspiração a um ideal de ser distante. Lacan sugere que, na economia humana do desejo, o que está por trás da busca de um objeto ideal perpetuamente fugaz é, sobretudo, o desejo de um desejo insatisfeito.

Para ser mais precisa, digamos que a histeria também implica uma estratégia defensiva a fim de evitar os problemas levantados pela castração. Os histéricos enganam o mestre que inventam, fazendo-o acreditar que é ele completo, todo-poderoso; evitam, assim, confrontar sua própria castração. Aqui, a castração deve ser entendida como a impossibilidade de alcançar uma relação

---

[10] CHU, Andrea L. "My New Vagina Won't Make Me Happy, and It Shouldn't Have To". In: *The New York Times*, 24 de novembro de 2018, disponível em: <https://tinyurl.com/mrysmezf> (Acesso: 25 jan. 2023).

[11] *Idem, ibidem.*

harmoniosa entre os sexos, pois a realização de tal utopia de complementaridade exigiria a negação da diferença sexual. Mesmo que os histéricos tentem preencher a falta do Outro, nunca conseguem plenamente, o que apresenta uma diferença importante no que diz respeito à perversão.

Permitam-me dar outros exemplos. Muitas vezes o(a)s analisando(a)s trans chegam à análise bem jovens, enviado(a)s por seus pais, como Dora ou a chamada jovem homossexual tratada por Freud. Aqui está o caso de uma menina de 14 anos, a quem chamarei de Leslie. Ele mudou seu nome feminino para outro de gênero neutro, Leslie. Prefere o uso de pronomes masculinos e parece bastante melancólico, passando longas horas trancado em seu quarto jogando videogame, fumando maconha e ficando para trás em seus estudos.

Leslie me conta que muitas vezes está cansado e triste; quando volta da escola, ele quer "se desconectar", então adormece e negligencia seus deveres. A única coisa que lhe traz emoção na vida é o boxe. Nesse ponto, emerge um ponto interessante. Leslie tem um poder de soco incrível, um equilíbrio incrível e um jogo de pés rápido — para uma mulher. Todos admiram suas capacidades que superam as de todas as mulheres que praticam boxe. Mas quando Leslie compete como homem, seu desempenho permanece insignificante. Ele é forte na medida em que é considerado um boxeador feminino, mas não tão forte se competir como homem. Ele não sabe muito bem o que fazer diante dessa situação. Como se houvesse apenas boxe onde Leslie pudesse se perguntar: "O que eu sou? Um homem ou uma mulher?".

Entre as causas de sua tristeza estão seus pais que sofrem de depressão e estão tomando antidepressivos. O pai de Leslie é originário da Índia, engenheiro oriundo de uma família de poetas e eruditos ilustres, propensos às lembranças nostálgicas. Ele é o único membro da família que vive nos Estados Unidos. A mãe de Leslie é uma americana de quarta geração e tem uma família grande e unida do Midwest[12]. A mãe é filha única; seu nascimento foi precedido por

---

[12]Nota do tradutor: o Midwest é uma das quatro regiões censitárias do United States Census Bureau e ocupa a parte centro-norte dos Estados Unidos.

uma série de abortos e seguido pela morte prematura de um irmão mais novo, um bebê nascido com uma doença congênita que morreu quando a mãe de meu analisando tinha 5 anos.

Além de sua depressão, sua mãe me diz que concorda com as "escolhas não normativas", já que ela mesma teve um caso romântico lésbico significativo por vários anos antes de conhecer e eventualmente se casar com o pai de Leslie. Desde seus anos de faculdade, ela tem atuado em várias organizações LGBTQ, primeiro durante a epidemia de AIDS dos anos 1980, e agora apoiando iniciativas de justiça social.

Embora pareça muito favorável às perguntas e explorações de Leslie em matéria de gênero, surge um intenso conflito entre as preferências de Leslie e as exigências de vestuário das obrigações familiares. Leslie foi autorizada a usar um terno para batizados, casamentos e funerais. No entanto, uma grande controvérsia surgiu quando a família compareceu recentemente a um funeral. Leslie foi autorizado a usar um terno, mas não gravata, "porque não é um problema parecer lésbica, mas é um problema parecer trans", declarou sua mãe. Leslie pode trabalhar bem na sessão, rindo das implicações polissêmicas das discussões "*tie or not tie*" (gravata ou não gravata). A identidade trans de Leslie parece "*tied*" ("ligada") ao passado lésbico de sua mãe e sua necessidade de deixar esse "*tie*" ("laço") identitário com sua mãe "*untie*" ("se desatar"). Por exemplo, ambos usam um penteado e guarda-roupa unissex semelhantes. Leslie me conta que sua mãe observou que o simples fato de usar brincos poderia levar todo mundo a pensar que uma pessoa de cabelo curto era uma mulher; a forma como Leslie relata essa observação parece implicar que a feminilidade é principalmente uma estratégia de engano.

Leslie parece se conformar com o diagnóstico de histeria assexuada de Nasio. Ele falhou em se apropriar do sexo de seu corpo. Essa indecisão me lembra o recente comentário de um outro analisando que também se identifica como trans: "Mas devo dizer que tenho amigos que se identificam como mulheres, que fizeram a transição aos 18 anos, tomaram T, fizeram mastectomias e agora são femininas, ah, muito femininas, elas dizem: 'Foi preciso me tornar homem para saber que não era um'". Neste exemplo, o itinerário vai da mulher para o homem e depois volta para a mulher. O movimento entre gêneros parece ser feito para recuperar uma feminilidade inapreensível que só poderia ser assumida uma vez apagada e depois, retroativamente, reescrita.

A questão levantada pelos torneios de boxe, nos quais ele sempre opta por ser associado às mulheres, colocou Leslie em várias situações em que havia um "empate" [égalité] e os juízes não conseguiam decidir quem havia recebido mais socos. Leslie muitas vezes ganhava não por nocaute, mas porque mostrava mais controle, estilo e técnica — na verdade, ele mostrava mais traquejo [*savoir-faire*] nesse esporte. Deve-se esperar que a análise produza outro tipo de traquejo com a identidade subjetiva. Até agora, Leslie mudou pronomes e nomes próprios. Chegará o momento em que será necessário decidir se ele é homem ou mulher.

Todas essas preocupações surgiram durante as Olimpíadas do Rio em agosto de 2016, época em que muitas atletas femininas enfrentavam a perspectiva de testes de gênero invasivos e humilhantes a fim de verificar se eram realmente do sexo feminino ou masculino. Leslie havia observado o caso de Caster Semenya, atleta não conforme em termos de gênero, mulher casada com uma mulher, e conhecia todo o processo pelo qual os efeitos dos altos níveis de testosterona são medidos. O protocolo da Associação Internacional de Atletismo consiste em medir e palpar o clitóris, a vagina e os lábios, além de avaliar o tamanho dos seios e pelos pubianos em uma escala ilustrada de cinco níveis. A testosterona também é medida e os cromossomos são determinados. Esse processo incomodou Leslie, que acompanhou de perto as controvérsias. Toda essa discussão pode ser considerada um bom exemplo de mudança no discurso social: dos níveis hormonais passamos para os direitos das mulheres, e da endocrinologia para uma ética da diferença.

Ao contrário de Paul B. Preciado, Leslie rejeitou veementemente a ideia de tomar testosterona justamente porque isso parecia um objeto quase fetichista de testes de gênero no esporte. Tanto homens quanto mulheres geram testosterona em pequenas quantidades, maiores, é claro, para os homens. Certos transtornos congênitos produzem altos níveis de testosterona nas mulheres, mas não é certo que ofereçam uma vantagem certa em uma competição. Mas se você tomar testosterona, ela é considerada uma substância que melhora o desempenho.

No artigo "É possível defender a vantagem do corredor, mas seu desprezo, não", do *New York Times*, Jeré Longman cita o Dr. Eric Vilain, um geneticista médico da UCLA, que observa que, se levarmos adiante o argumento implicado no questionamento atual do binário do gênero, "qualquer pessoa que declare um gênero feminino pode competir como mulher". Para evitar exames de sexo humilhantes, alguns preveem a impossibilidade de manter um binarismo de gênero no esporte. Vilain declara: "Nós estamos indo rumo a uma grande competição, e o resultado muito previsível dessa competição é que não haverá nenhuma vencedora feminina"; se houver apenas uma competição sem distinção de gênero para cada disciplina, é muito provável que as mulheres, que obtêm em média 10% menos pontos que os homens, nunca mais poderão ganhar[13].

Essa controvérsia se inscreve na concepção de Lacan da histeria entendida não como uma neurose, mas como uma estrutura coletiva, todo um "discurso" cujo efeito é produzir um laço social. No caso das Olimpíadas, a discussão atual sobre os atletas masculinos e femininos corresponde a uma lenta mudança no consenso social sobre o gênero. Isso requer um certo tipo de saber sobre as competições, suas regras obscuras e métodos de controle. Esses saberes terão que ser sexualizados. "O saber talvez seja mais erotizado no discurso do histérico do que em qualquer outro lugar", afirma Bruce Fink[14]. Além disso, o histérico encarna uma configuração única em relação ao saber, que Lacan ilustraria em seu seminário *A lógica da fantasia* com um pequeno apólogo fazendo alusão à arte do vendedor, que é a arte de fazer alguém desejar um objeto que ele não precisa, levando-o a comprá-lo. O histérico funciona como um enigma falante ao colocar uma questão sem resposta que produz saber; a demanda do histérico que quer que algo seja

---

[13]LONGMAN, Jeré. "Runner's Advantage Is Defensible; Scorn Is Not". In: *The New York Times*, 20 de agosto de 2016.
[14]Ver FINK, Bruce. *O sujeito lacaniano: entre a linguagem e o gozo*. Rio de Janeiro: Zahar, 1998, p. 163-164.

dito sobre seus sintomas acaba produzindo uma forma de saber. Esse movimento inspirou vastas áreas do conhecimento, sejam elas médicas (desde os antigos úteros intinerantes aos ataques de pânico contemporâneos), religiosas (da possessão demoníaca à santidade milagrosa), ou mesmo psicanalíticas (da ausência de uma lesão orgânica à descoberta, por Freud, da verdade inconsciente expressa em sintomas corporais). Assim, as condições nas quais o histérico provoca a produção de saber são as condições da produção do saber em geral. É isso que me faz concluir que se trata de aprender com as pessoas transgênero.

CAPÍTULO ONZE

A singular universalidade das pessoas trans

Aqueles que clinicam talvez ignorem que Lacan foi o primeiro psicanalista francês a trabalhar com um paciente que hoje chamaríamos de "trans[1]", e que sua atitude clínica dá testemunho daquilo que acarreta uma ética da diferença sexual. De fato, a intervenção de Lacan deveria ter posto fim à estreiteza de espírito da psicanálise sobre a identidade de gênero. Na época em que Christine Jorgensen estava se tornando uma sensação midiática internacional e a primeira mulher transexual famosa do mundo, responsável pelo uso da palavra *transexual* entre a população geral, Lacan tratou toda semana, entre 1952 e 1954, de um paciente que pedia "uma castração com amputação do pênis, plastia do escroto em forma de vulva, criação de uma vagina artificial e tratamento hormonal feminizante"[2].

Henri, como era chamado o paciente, foi internado no venerável hospital psiquiátrico Sainte-Anne, em Paris, e se viu a serviço do eminente psiquiatra Jean Delay, que havia sido pioneiro na França no tratamento psiquiátrico de pacientes identificado(a)s como transexuais. Henri conhecera etapas negativas semelhantes às que vi em muitas e muitos analisandos com esse tipo de problema de gênero: ele havia tentado cometer suicídio, muitas vezes navegava nesse

---

[1] A principal exceção é o excelente livro de CASTEL, Pierre-Henri. *La métamorphose impensable: Essai sur le transsexualisme et l'identité personnelle*. Paris: Gallimard, 2003, p. 32-39, 60-61, 351-357, 371-375 e p. 476.
[2] DELAY, Jean; DENIKER, Pierre; VOLMAT, R.; ALBY, Jean-Marc. "Une demande de changement de sexe: Le trans-sexualisme". In: *L'Encéphale: Journal de neurologie, de psychiatrie et de médecine psychosomatique*, v. 45, n. 1, 1956, p. 41-80 e p. 52.

perigoso espaço liminar situado entre a vida e a morte. Sabemos que Lacan abordou este caso com grande zelo.

Aqui, darei ênfase sobretudo à forma como Lacan trata as pessoas transgênero, sublinhando como sua prudência deixa entrever uma ética da diferença sexual[3]. Embora Lacan não tenha escrito sobre este caso, Delay, que também é conhecido por sua excelente psicobiografia de André Gide, publicou uma descrição detalhada do caso de Henri na qual tirou conclusões gerais sobre o manejo clínico de pacientes transexuais. Esse texto resume o trabalho de Lacan dizendo que Henri encontrou nele uma "inigualável compreensão"[4].

O caso de Henri/Anne-Henriette é bastante complexo[5]. Henri tinha 40 anos quando começou uma hospitalização de dois anos para determinar se era um candidato adequado para o realinhamento de gênero. Henri se identificava como homem e vivia como tal desde os 16 anos. Ao nascer, ele fora declarado uma menina. Henri nasceu com testículos que não desceram (criptorquidia) e, enquanto recém-nascido a termo, apresentava as características de um bebê prematuro. A família inicialmente duvidou da sobrevivência da criança. Eles chamaram o bebê de Anne-Henriette, designaram-no como feminino em sua certidão de nascimento e a criaram como menina até a adolescência.

Após o nascimento de uma meia-irmã cujo sexo também não era fácil de determinar, quando Anne-Henriette entrava na puberdade tardia e começava a manifestar um interesse romântico por um homem, de repente o pai, que estava distante e não envolvido, formulou uma demanda, a injunção forçada: "Você tem que tomar um partido"[6].

---

[3]Volto aqui a três casos de transexuais tratado(a)s por Lacan dos quais falei em *Please Select Your Gender*. Nova York: Routledge, 2010.
[4]*Idem*, p. 53. Deve-se notar que um dos coautores desse texto, Jean-Marc Alby, havia feito em 1956 uma tese extremamente inovadora sobre a transexualidade. Esse artigo foi um estudo de caso sobre Henri e uma revisão da literatura sobre transexualidade existente na época.
[5]Para uma análise mais detalhada do caso de Henri, veja meu livro *Please Select Your Gender*, Nova York: Routledge, 2010, p. 154-166.
[6]DELAY, Jean; DENIKER, Pierre; VOLMAT, R.; ALBY, Jean-Marc. "Une demande de changement de sexe: Le trans-sexualisme". In: *L'Encéphale: Journal de neurologie, de psychiatrie et de médicine psychosomatique*, v. 45, n. 1, 1956, p. 45.

Assim, Anne-Henriette foi forçada a abrir mão de seus vestidos, cortar o cabelo e usar apenas roupas masculinas para assumir uma personalidade masculina. A adolescente assentiu sem protestar. Segundo Delay, Henri "acolheu essa transformação com uma aparente indiferença e uma ausência de espanto que ainda hoje o surpreende. Ele já havia se dado conta que não era como todo mundo"[7]. Essa mudança marcou o início de um período de intenso sofrimento emocional, que levou a uma tentativa de suicídio por ingestão de comprimidos aos 31 anos, e a dificuldades práticas, já que seu sexo legal era feminino. Henri falsificava documentos e muitas vezes se fazia passar por seu irmão. Esse arranjo precário o colocou em perigo quando chamou a atenção da Gestapo, a polícia secreta nazista, durante a ocupação da França. No que diz respeito à sua identidade de gênero, Henri declarava que tinha "uma alma feminina. Sou moralmente como uma mulher". Ele sonhava em ter um relacionamento como mulher com um homem heterossexual. Considerando que Henri/Anne-Henriette nasceu com órgãos genitais ambíguos, cresceu como menina e foi forçado a mudar de sexo aos 16 anos, é de se perguntar se se tratava realmente de um caso estritamente transexual ou um caso de intersexualidade.

Pensando ser hermafrodita ou intersexual, Henri foi ao hospital por vontade própria e se submeteu às avaliações multidisciplinares que duraram dois anos em Sainte-Anne. Além de seu tratamento semanal durante esses dois anos com Lacan, Henri passou por inúmeros testes realizados por uma equipe de endocrinologistas; antes de sua hospitalização, Henri havia tomado tanto testosterona — que ele detestava — quanto estrogênios — que permitiram um desenvolvimento bem-vindo do tecido mamário. Ele fez múltiplas visitas a cirurgiões e passou por avaliações realizadas tanto por psicólogos quanto por psiquiatras. Os testes não revelaram nenhuma evidência de intersexualidade.

Após um exame tão aprofundado, a equipe médica rejeitou o pedido de mudança de sexo de Henri. O que acontece depois? Rapidamente, Henri e Lacan "ambos concordaram com a inutilidade

[7] *Idem, ibidem.*

de buscar uma tentativa de modificação de sua condição à qual o paciente parece nunca ter subscrito"[8]. A utilização do verbo *subscrever* é bastante confusa. Poder-se-ia supor que ele signifique que, apesar da extensão do procedimento de observação no hospital, Henri aceitou a recusa sem muitos protestos, fato citado pela equipe de Delay para confirmar que, para Henri, "a busca de sua quimera era mais importante para ele do que sua realização"[9]. Henri não se sentia plenamente habilitado a fazer sua própria demanda? Que ele não tenha demonstrado precipitação para realizar sua mudança de gênero é bastante revelador; isso nos ensina algo crucial sobre a orientação escolhida nesse tratamento por Lacan, que se interessava pelo fato de que, para Henri, a demanda sobre o gênero aparecera como uma injunção imposta por outros, e que ela parecia feita e desfeita de maneira caprichosa e repentina. Ao longo de sua história, a identidade sexual aparecia como um destino imposto no qual ninguém tinha direito de dizer nada e que tinha de ser aceita sem contestação. Essa dinâmica repetiu-se durante a estadia de Henri em Sainte-Anne, onde ele passou muito tempo esperando a autorização médica e aceitou passivamente uma decisão que talvez contradissesse seus desejos.

Estaria Lacan procurando conceder-lhe maior liberdade ao delegar sua decisão a ele?

Por causa de seus testículos não descidos, Henri foi declarado menina ao nascer e criada como tal em um "erro" comum, o mesmo erro que a personagem Lili Elbe comete no filme *A garota dinamarquesa*. Como vimos, o erro é tomar a presença ou ausência de um órgão natural por um órganon, um sistema de princípios, uma regra de organização que permite que alguém assuma um corpo. Quanto às pessoas responsáveis por atribuir o sexo de Anne-Henriette, elas tomaram um órgão real como se ele significasse a diferença sexual. Um exemplo extremo desse mesmo erro ainda é observado hoje em certos casos de intersexualidade, em que a atribuição do gênero dos recém-nascidos com genitálias ambíguas às vezes se baseia no tamanho do clitóris ou do pênis, uma prática controversa chamada por Anne Fausto-Sterling de "falometria", em razão do uso da palavra *falo* na terminologia médica

---

[8] *Idem*, p. 53.
[9] *Idem, ibidem*.

atual[10]. Isso mostra que, às vezes, os pediatras que decidem a atribuição de gênero dos bebês que têm uma condição intersexual parecem ter suas próprias teorias sexuais infantis, e estas não são muito distantes daquelas das crianças que atribuem a todos e todas a posse de um falo.

Essa atribuição de gênero baseada em premissas fálicas tomadas literalmente foi obviamente um "erro", que no caso de Anne-Henriette foi abruptamente "corrigido" durante a puberdade. À medida que sua sexualidade despertava, os testículos desceram para o escroto e ela foi forçada de repente a se tornar Henri. Esse erro, calcado em marcadores anatômicos mal percebidos, mostra que a atribuição de gênero é um construto, fato que tem sido denunciado por pessoas intersexuais e transexuais: "Se você acha que porque eu tenho um pênis, sou homem, isso é um erro; posso ser uma mulher que tem um pênis". Ou, contrário: "Se você acha que porque eu não tenho pênis, sou uma mulher, isso é um erro, sou um homem sem pênis". Geneviève Morel conseguiu reconstruir essa lógica de atribuição paradoxal[11]. Essas pessoas estão absolutamente certas, pois, para o inconsciente, quem tem pênis pode ser uma mulher e alguém sem pênis pode ser um homem. A identidade sexual pode ser baseada na atribuição de um órgão? Essa é uma questão crucial se quisermos pensar o fenômeno trans de maneira estrutural. Permitam-me repetir que durante o processo de avaliação em Sainte-Anne, Henri esperava desde o início que a equipe médica decidisse em seu lugar, enquanto ele nunca parecia haver "subscrito" totalmente a decisão de mudar seu estado. Para Lacan, Henri tinha que tomar uma decisão subscrevendo-a. Tinha que ser a escolha de Henri/Anne-Henriette e não de outras pessoas.

ÓRGANON

Lacan mencionou em um seminário de 1971 que os transexuais "confundem o órgão com o significante" e sustentou que o pênis (um órgão) pode ser confundido com o falo (um instrumento), ou

---

[10]Ver FAUSTO-STERLING, Anne. *Sexing the Body: Gender Politics and the Construction of Sexuality*. Nova York: Basic Books, 1999, p. 59.

[11]Ver MOREL, Geneviève. *Ambiguïtés sexuelles — Sexuation et psychose*. Paris: Anthropos, 2000 e *La loi de la mère. Essai sur le sinthome sexuel*. Paris: Anthropos Economica, 2008.

seja, como uma ferramenta significante que funciona apenas como efeito da linguagem[12]. Este é um erro comum que, em alguns casos, pode levar à ablação cirúrgica de atributos físicos como os seios ou o pênis. Esses casos podem resultar de uma incapacidade de usar metáforas para esses órgãos, e a castração não é mais simbólica, mas real, literalizada pela ablação de um órgão corporal real. Consequentemente, os psicanalistas lacanianos na França, liderados por Catherine Millot, autora de *Extrasexo* (1983), descrita por Kate Bornstein como uma "terrorista de gênero", lançaram uma tradição de patologização sistemática das manifestações transgênero.

A posição de Millot não mudou desde 1983. Em seu recente livro de memórias *A vida com Lacan*,[13] Millot usa o caso de um transexual atendido no hospital Sainte-Anne para ilustrar a posição que ela acredita ser a de Lacan nesses casos. Assim, Millot aprova Lacan quando ele não cede à crença delirante de um paciente do sexo masculino que pensava ser uma mulher; lembra-o de que ele é um homem e que nenhuma operação fará dele uma mulher. Millot observa que Lacan encerra sua entrevista chamando o paciente de "meu pobre velho" de uma forma quase amigável, que ela não considera condescendente. Ao contrário, seria, antes, um gesto que lembraria o paciente de sua masculinidade, ao mesmo tempo em que enfatiza as impossibilidades e a infelicidade que caracterizam a condição humana[14].

Um quadro muito diferente emerge da forma como Lacan conduz essa entrevista num hospital psiquiátrico diante de um grupo de psicanalistas e psiquiatras[15]. M. G. L. coloca em palavras simples:

---

[12]LACAN, Jacques. *O seminário, livro 19: ... ou pior*. Rio de Janeiro: Zahar, 2012, p. 17. "Um órgão só é instrumento por meio disto em que todo instrumento se baseia: é que ele é um significante. É como significante que o transexual não o quer mais, e não como órgão. No que ele padece de um erro, que é justamente o erro comum. Sua paixão, a do transexual, é a loucura de querer livrar-se desse erro, o erro comum que não vê que o significante é o gozo e que o falo é apenas o significado [...]. Existe apenas um erro, que é querer forçar pela cirurgia o discurso sexual que, na medida em que é impossível, é a passagem do real".

[13]MILLOT, Catherine. *A vida com Lacan*. Rio de Janeiro: Zahar, 2017, p. 51.

[14]*Idem, ibidem.*

[15]A transcrição dessa entrevista apareceu em *Le discours psychanalytique*, n. 7, 1992, p. 55-92. Os transcritores relatam que o nome que aparece (M. G. L.) não é o do paciente em questão. Ele foi construído para permitir jogos equivalentes aos que o interessado jogava com seu patronímico. Disponível em: <https://tinyurl.com/4w54jxnw> (Acesso: 25 fev. 2023).

"Sexualmente, sou apaixonado tanto por uma mulher quanto por um homem". De fato, G. L. teve relações sexuais com homens e mulheres. Ao contar a história de uma mulher que ele amara porque ela era radiantemente linda, G. L. de repente se volta para uma das médicas presentes na plateia. Ele menciona que ela tem uma beleza luminosa apesar de usar maquiagem.

Lacan imediatamente inverte a questão e pergunta a G. L. se ele já se maquiou, e ele explica que, de fato, ele se maquia de vez em quando: "Aconteceu comigo, sim". Sorrindo, esclarece que faz isso porque "era complexado sexualmente [...] porque a natureza o dotara de um falo muito pequeno". Quando solicitado a elaborar mais, G. L. prossegue: "Tinha a impressão de que meu sexo estava encolhendo, e tinha a impressão de que ia me tornar uma mulher. [...] Tinha a impressão de que ia virar um transexual". "Um transexual?", pergunta Lacan. "Isto é, mudar no nível sexual", responde G. L. Lacan replica: "É isso que você quer dizer? Você teve a sensação [...] de que ia se tornar uma mulher?". "Sim", confirma G. L., bem ciente de que ainda tem um órgão masculino e que nunca sentiu o que era ser uma mulher. No entanto, ele se vira como uma mulher num sonho e, portanto, esperava se tornar uma. Ele experimentou a si mesmo como uma mulher, "sentindo isso psicologicamente".

Lacan deseja que G. L. lhe explique o que ele entende por "transexual", isto é, uma transformação sem intervenção médica — ele não mudava de sexo, mas se transformava espontaneamente em mulher. Ele não expressou explicitamente uma demanda de mudança de sexo. Lacan pede que ele explique mais detalhadamente o que ele entende pela sensação de que ia se tornar uma mulher. G. L. especifica: "Sim, eu tinha hábitos, me maquiava, também tinha vontade de saber... tinha essa impressão angustiante de encolhimento do sexo e, ao mesmo tempo, vontade de saber o que era uma mulher para tentar entrar no mundo de uma mulher e na formulação intelectual e psicológica de uma mulher". Mais precisamente, G. L. tinha a impressão de que essa transformação espontânea em mulher resultava da sensação de encolhimento do que se encontrava no lugar do falo.

Podemos constatar que Lacan pergunta repetidamente a G. L. se ele se sente mulher. Lacan tem um objetivo claro ao fazer isso.

"Enfim, você nunca se sentiu mulher?". G. L. responde: "Não". Lacan: "Sim ou não?". G. L. responde: "Não. Você pode repetir a pergunta?". Lacan retoma: "Perguntei se você sentia ser uma mulher". Novamente, G. L. fala sobre "sentir isso psicologicamente", como uma "intuição". Lacan faz G. L. especificar: "Sim, perdão, perdão, de intuição [...]. Já que você está falando de intuições... as intuições são imagens que atravessam você. Você já se viu como mulher?". Ao que G. L. responde: "Não".

Ao testar a posição de G. L., Lacan discerne cuidadosamente uma ilusão transexual de uma demanda de mudança de sexo, mas nunca adota a posição moralizadora que consistiria em afirmar que a cirurgia nunca o tornaria uma mulher. Enquanto Catherine Millot tende a ver aí um sinal de que Lacan rejeita todos os desejos transexuais como sendo psicóticos, na verdade, ele distingue o caso desesperado de um homem que ele considera psicótico de uma demanda mais legítima de mudança de sexo, o que não era a situação de G. L. Lacan encerra a entrevista se despedindo, apertando a mão dele e chamando G. L. de "meu velho". Ele também pede a ele para ver amostras de... G. L. o interrompe: "Dos meus escritos?". Lacan promete vê-lo novamente em alguns dias.

Depois que G. L. deixou a sala, Lacan discute brevemente o caso com o público. Ele expressa seu pessimismo sobre o prognóstico desse paciente, que ele diagnostica como um exemplo marcante de psicose "lacaniana". Ele recomenda continuar o estudo desse tipo de quadro clínico que, segundo ele, não foi descrito corretamente na literatura. A apresentação de G. L. poderia ser comparada à leitura original que Lacan faz do caso do juiz Daniel Paul Schreber, o caso de um homem que se curou por meio da escrita depois de vivenciar o que Lacan chama de "gozo transexual". Schreber, assim como G. L., achava que estava se tornando uma mulher em vez de expressar uma demanda de mudança de sexo.

Nota-se que Lacan perguntou a G. L. se ele se via como mulher; ele se perguntava aqui sobre o fato de que sua "intuição" é uma alucinação visual enquanto sonda o imaginário do corpo, que, na psicose, muitas vezes caiu ou desapareceu. G. L. e Lacan concluem a entrevista com uma troca sobre os escritos, que tanto se refere ao conhecimento de G. L. sobre o livro de Lacan (*Escritos*) quanto talvez indique sua transferência com ele, ao mesmo tempo em que revela a função da escrita em questões de encarnação, quando o ego escritor [*scripteur*] pode se fazer carne e o autor se tornar um.

A intervenção de Lacan junto a G. L. foi fiel à sua posição clínica diante da psicose. Ele nunca colocou um delírio em questão. Como sabemos, o delírio é, para Lacan, uma tentativa de autocura. É uma metáfora que funciona como um suplemento (suplência) a fim de dar um sentido ao caos e ajudar a enquadrar o gozo. Lacan lembrou a M. G. L. "que mesmo assim você mantém um pau masculino" não para questionar o delírio como tal, mas para abrandar uma condenação infligida como o "discurso imposto" e as "frases impostas" que ele vivenciou no que parecia ser o retorno de uma ideia foracluída no real. A estratégia de Lacan não era contestar a feminização vivenciada por G. L., característica comum da psicose,[16] mas também não era cúmplice de uma convicção delirante. Lacan mencionou o órgão masculino de G. L. em uma hábil manobra clínica que introduziu algo do falo a fim de fixar um limite ao gozo excessivo que invadia G. L.

G. L. não é o único caso de paciente trans abordado por Lacan, como vimos. Com efeito, a mesma sutileza clínica é visível em sua leitura do caso de Schreber, cujas memórias haviam sido comentadas por Freud. A elaboração teórica de Schreber por Lacan em seu seminário difere marcadamente da de Freud e é colorida por aquilo que ele aprendera em seu trabalho com Henri/Anne-Henriette.

O estudo de Freud sobre Schreber pode ser considerado a primeira investigação psicanalítica sobre a transexualidade. Schreber passara seis anos em uma clínica psiquiátrica privada e, sentindo-se suficientemente recuperado, escreveu um relato detalhado de sua doença para argumentar no tribunal por sua liberação do manicômio. Este trabalho consegue garantir a liberdade de Schreber, e *Memórias de um doente dos nervos* é talvez a narrativa da psicose em primeira pessoa evocada com mais frequência em toda a literatura psiquiátrica e entre as primeiras memórias que tratam da mudança de sexo.

---

[16]Para descrever esse fenômeno, Lacan inventou a fórmula *"pousse-à-la-femme"* [empuxo-à-mulher]. Para mais detalhes, ver meu livro *Please Select Your Gender*, Nova York: Routledge, 2010, p. 174-182.

O mundo complexo e delirante de Schreber tinha um centro: seu corpo. O corpo de Schreber era um corpo sem dentes, sem laringe, sem olhos, sem estômago, sem intestinos, um corpo que se consumia, um corpo de milagres, um corpo de raios divinos, um corpo de fertilidade sagrada, mas, sobretudo, ele era o lugar de uma transformação estarrecedora:

> Um capítulo importante da história da minha vida e, em particular, da minha própria concepção do modo de prever o futuro se registra no mês de novembro de 1895. [...] Nessa época, os sinais de feminização apareciam tão intensamente no meu corpo que eu não podia mais deixar de reconhecer a finalidade imanente para a qual caminhava toda esta evolução. Nas noites imediatamente anteriores talvez se tivesse chegado a uma verdadeira retração do membro genital viril se eu, movido ainda pelo sentimento de hombridade, não acreditasse dever opor a isto minha vontade decidida — tão perto se tinha chegado de completar o milagre. De qualquer modo, a volúpia de alma se tornara tão forte que eu tinha primeiramente nos braços e nas mãos, depois nas pernas, no peito, nas nádegas e em todas as demais partes do corpo, a impressão de um corpo feminino[17].

Schreber tinha certeza de que estava se tornando uma mulher. Ele se tornaria a esposa de Deus, uma presa voluntária dos prazeres voluptuosos de Deus. Freud interpreta a paranoia de Schreber como uma defesa contra a homossexualidade, enquanto Lacan centra sua análise no que chama de pulsão transexual de Schreber e, sobretudo, de seu "gozo transexualista"[18]. Isso não deveria nos surpreender. Como vimos com Henri, Lacan conduziu uma psicoterapia com uma pessoa transexual e estava bem consciente das diferenças entre transexualidade e homossexualidade[19].

---

[17]SCHREBER, Daniel Paul. *Memórias de um doente dos nervos*. Trad. Marilene Carone. Rio de Janeiro: Graal, 1984, p. 125.
[18]LACAN, Jacques. "De uma questão preliminar a todo tratamento possível da psicose". In: *Escritos*. Trad. Vera Ribeiro. Rio de Janeiro: Zahar, 1998, p. 578.
[19]Ver CASTEL, Pierre-Henri. *La métamorphose impensable : Essai sur le transsexualisme et l'identité personnelle*. Paris: Gallimard, 2003, p. 351.

Na transformação delirante de Schreber em mulher, Lacan encontrou uma nova significação em um fenômeno recorrente na psicose: a feminização. Este é o elemento-chave na leitura original de Lacan do caso — ele se distancia da interpretação de Freud segundo a qual a paranoia de Schreber é determinada por uma rejeição da homossexualidade (para Freud, Schreber teve que imaginar que estava se transformando em mulher para aceitar a ideia de que ele ia ter relações sexuais com um homem ou com uma figura paterna masculina). No delírio transexual de Schreber, em sua convicção de se transformar em mulher, Lacan encontrou os contornos de uma nova teoria da identidade sexual.

Vinte anos após o tratamento de Henri, e novamente em Sainte-Anne, Lacan conduziu uma entrevista clínica com outro paciente que também voltava de uma tentativa de suicídio, um travesti masculino que se encontrava em observação psiquiátrica após um colapso nervoso. Assim como Henri, esse paciente achava que poderia passar por uma mudança de sexo e endereçara um pedido oficial a uma equipe de médicos. Em 21 de fevereiro de 1976, Michel H. foi levado à consulta com Lacan no anfiteatro do hospital onde estava sendo tratado. Desde 1973, o hospital Henri-Rousselle do centro hospitalar de Sainte-Anne recebia pacientes que apresentavam "ambiguidades sexuais". Muitos desses pacientes se identificavam como "transexuais"[20]. Michel H. estremecia ao explicar da maneira mais simples possível a Lacan que, desde muito jovem, sentia prazer em vestir as roupas de suas irmãs, sobretudo suas roupas íntimas: "Não me lembro quando foi, porque eu era muito jovem. Lembrei dos acontecimentos, era que quando eu era pequeno acariciava roupas femininas, principalmente as anáguas, o náilon..."[21]. Todas as manhãs e todas as noites, enquanto suas irmãs se trocavam, Michel se escondia no banheiro e vestia as roupas de uma de suas irmãs. De vez em quando, ele adormecia com essas roupas e assim era descoberto por seus pais. Eles concluíram que seu filho era sonâmbulo. "Continuei

---

[20]LACAN, Jacques. "Entretien avec Michel H". In: CZERMAK, M.; Frignet, H. (org.). *Sur l'identité sexuelle: à propos du transsexualisme*. Paris: Association freudienne internationale, 1996, p. 311.
[21]*Idem*, p. 312.

a me travestir escondido", se recordava Michel; o que provocou a intervenção de Lacan: "Então, você admite que é um travestismo"[22]. Michel confirmou isso e passou a explicar o quanto essas práticas lhe causavam sofrimento. Lacan insistiu: "Portanto, você reconhece que isso arruinou tudo para você, e você mesmo chama isso de travestismo. Então, isso implica que você sabe bem que você é um homem". Michel respondeu claramente à pergunta direta de Lacan: "Sim, estou bem ciente disso"[23]. Ao sondar assim a identidade sexual de Michel H., Lacan tinha uma intenção estabelecida.

Novamente, assim como em G. L., Lacan procurava distinguir um delírio transexual de um pedido de redesignação sexual testando a posição de Michel H. acerca do tema da genitália masculina e sua relação com o gozo. Isso não implicava que ele assumisse uma posição moral. Lacan explorava a origem do gozo em Michel H. Lembremos que o conceito de sexuação de Lacan se baseia na ideia de que o que conta acima de tudo não é a anatomia, mas as modalidades de gozo.

Michel H. explicou que quando vestia roupas femininas, sentia-se feliz. Michel H. descreve essa satisfação em termos não sexuais: "Não está no nível sexual; está no plano... enfim, eu chamo isso de plano do coração". Para ser mais claro, ele acrescentou: "Já tenho toda a personalidade de uma mulher, também no nível sentimental..."[24].

Michel H. queria redigir a narrativa de sua infância, a fim de vê-la mais claramente, mas a rasgara antes da última internação. Lembrava-se especialmente de um pesadelo recorrente. Uma loira vinha à sua casa para atacar os membros de sua família cortando suas pernas, o que resultava em fluxos de sangue. Mais tarde, ele começou a usar drogas, e se tornou um travesti que usava uma peruca loira. Uma vez que ele "surtou" com remédios, tentou castrar a si mesmo com uma lâmina de barbear velha, enferrujada e sem corte, mas a dor o deteve. Foi hospitalizado em virtude disso[25].

Ele teve experiências sexuais com homens e mulheres, e nunca teve realmente prazer: "Eu não fiz nenhuma escolha. Minha escolha

---

[22] *Idem, ibidem.*
[23] *Idem*, p. 313.
[24] *Idem, ibidem.*
[25] *Idem*, p. 322-324.

é que nem um nem outro me atrai"[26]. Parecia-lhe que esses atos sexuais eram mecânicos e que ele tinha que realizá-los porque era isso que se esperava dele. Não sentia necessidade. Ele disse: "Estava nos braços de uma mulher; tive muita dificuldade em penetrá-la. Estava fora do meu elemento. Nunca me senti homem". Lacan então observou: "Ainda assim, você se sentiu homem, você é dotado de um órgão masculino". Ele respondeu: "Apenas quando tive o prazer da relação sexual. Para mim, era um prazer que não se podia recusar, a gente é obrigado a aproveitar"[27]. Assim, Michel H. parecia dizer que a única vez que sentia possuir um membro viril era quando experimentava o prazer, com a nuance de que esse prazer era para a forma, e que, consequentemente, seu órgão era para a forma também. "Era uma engrenagem, a gente é obrigado a ir lá... Nós estávamos juntos, éramos obrigados a ir sempre mais longe. Não podíamos parar. Nós nos beijamos, nos acariciamos"[28]. Suas ideias acerca do prazer obrigatório e mecânico revelam uma relação com o Outro marcada por um gozo que não lhe dizia respeito. Sua alienação de seu próprio gozo durante os atos sexuais explica o prognóstico pessimista dado por Lacan, como veremos.

O travestismo dava a Michel H. acesso a um gozo que produzia sua única "felicidade"[29]. Mas, na verdade, Michel H. dá formulações contraditórias sobre sua identidade sexual. Ele declara: "Percebi que não podia não me sentir uma mulher nos braços de um homem"[30]. Contudo, uma página depois, ele conta como tinha uma parceira com quem vivia "em concubinato"[31]. Mas "nos braços de uma mulher... Nunca me senti homem"[32]. Apesar de tudo, essa concubina aceitava que Michel se vestisse de mulher em casa. Eles tinham relações sexuais bastante esporádicas, ele vestido de mulher; nesses casos, Michel conseguia esquecer que era homem: "Sempre me vestia de mulher, mesmo durante a penetração e me sentia mulher

---

[26] *Idem*, p. 314.
[27] *Idem*, p. 317.
[28] *Idem*, p. 329.
[29] *Idem*, p. 334.
[30] *Idem*, p, 316.
[31] *Idem*, p. 330.
[32] *Idem*, p, 317.

durante a relação sexual"[33]. Da mesma forma, ele diz que quando se drogava, esquecia. Michel diz: "Esquecia que era um homem"[34].

Para atingir seus objetivos, ele dizia estar pronto para se prostituir como mulher: "Aprendi muitas coisas: que já se pode ser castrada, ter seios com hormônios, que se pode realmente metamorfosear um homem em mulher"[35]. Michel havia escrito a formulação de seus desejos. Foi em um poema em que ele expressa como quer ser transformado em "A Eterna — a mulher loira".[36] Eis as três primeiras estrofes deste poema:

> **A Eterna — a mulher loira**
>
> — Hospital Pinet
> — Conto o projeto de querer me esquecer
> — Na perseverança
> — De encontrar minha melhor personalidade
> — Corinne adorada
> — Travesti eu odeio
> — Fico muito gerado (*géné*[37]) [*sic*] de saber que sou afeminado [*sic*]
> — E o sofrimento
> — De me ridicularizar fere minha sensibilidade
> — Corinne esvaziada
> — Michel renasce
> — Estou em segurança de poder pensar
> — Na sorte
> — De me matar se um dia eu estiver desesperado [*sic*]
> — Corinne executada[38]

Este poema foi assinado três vezes: "Michel, Michelle e Corinne". Corinne, como ele explicou, era seu novo nome, um nome que ele

---

[33] *Idem*, p. 331.
[34] *Idem*, p. 325.
[35] *Idem*, p. 332.
[36] *Idem*, p. 336.
[37] Nota do tradutor: além do uso da forma masculina nos dois adjetivos, o paciente aqui comete um erro de acentuação e escreve *géné* [como em *génération*, isto é, *geração*] em vez de *gêné* [envergonhado], fato ao qual a autora fará alusão na sequência.
[38] *Idem*, p. 336.

havia escolhido quando criança. Era o nome de uma menina de 6 anos. Foi a idade em que ele começou a se travestir. Na reprodução fac-símile do poema escrito à mão, podemos ver que o *C* ornamentado de "Corinne" é quase idêntico ao *M* de "Michel". Também podemos ouvir *corps* [corpo] em "Corinne". Lacan comentou este poema nestes termos:

> Lacan: Você é quem está falando, então você se adora?
> Michel: Sim, é isso.
> Lacan: Em suma, você está se dirigindo a si mesmo?
> Michel: Sim, é isso, estou questionando.
> Lacan: Corinne, quem é?
> Miguel: Sou eu. Mudei meu nome para melhor acomodar meu estado feminino[39].

A personagem de Corinne manifesta o fato de que seu corpo pode mudar sob o efeito da linguagem. Aliás, sua ortografia às vezes incerta o faz escrever "gerado" [*géné*] duas vezes em vez de "envergonhado" [*gêné*], como sua própria geração, uma autogeração por meio do significante, se estivesse em questão. Como se Corinne fosse capaz de unificar seu *corpo* [*corps*] masculino e seu *coração* [*cœur*] feminino.

Lacan parecia bastante pessimista em relação a Michel H., o qual ele vê, sobretudo, como um fetichista atormentado. Ele insiste no fato de que a mudança de sexo desejada traz de volta a aterrorizante mulher loira que corta os membros. Lacan afirma que a operação cirúrgica terá um custo psíquico: "Como ele bem manifestou, nem com homem, nem com mulher, terá gozo. Ele não terá mais satisfações do que teve até agora"[40]. O poema continha um aviso bastante arrepiante: "À sorte/De me matar se um dia eu estiver desesperado [*sic*]/Corinne executada". O risco de suicídio era real: uma mudança de gênero poderia significar a "execução" de Corinne no sentido de seu assassinato e também de sua realização. Mas o poema termina

---

[39] *Idem*, p. 338.
[40] *Idem*, p. 348.

com a ideia de que era preciso "continuar a viver" como Corinne — o que significa uma certa "despersonalização":

— Vou me gerado (*géné*) [sic] e pouco importa continuar
— Na existância (*existance*) [sic]
— A me despersonalizar com simplicidade
— Corinne adorada[41]

Lacan havia concluído daí que a realização do anseio da transformação cirúrgica em mulher apenas reforçaria os tormentos e os terrores. Ele parece, neste ponto, mais conservador do que seu discípulo Alain Didier-Weill.

Após essa entrevista, ocorreu uma discussão entre os psiquiatras presentes no anfiteatro. Marcel Czermak, que havia convidado Lacan, um dos psiquiatras encarregados pelo hospital Henri-Rousselle, admite que esse caso o deixava "embaraçado". Lacan aconselhou seu público a ler a tese que Jean-Marc Alby havia publicado em 1956[42]. Ele previa que Michel faria sua "operação", mas que isso só pioraria seu estado. Didier-Weill tomou a palavra para perguntar se seria possível o que chamou de operação puramente "analítica"[43]. Lacan não cedeu em nada em sua resposta: "Não vamos conseguir nada. Não vamos conseguir nada. Isso foi feito, não deu em nada. Data da primeira infância. Ele está decidido em fazer esta metamorfose. Não mudaremos nada". Didier-Weill, então, conclui: "Isso remete a uma impotência para nós quase tão insuportável quanto a que ele próprio experiencia"[44].

Vou concluir com esta nota de impotência. Como observava Jean Allouch, os analistas têm o poder de "não poder". Allouch argumenta postulando que a impotência ou a fragilidade do analista adquire a

---

[41]*Idem*, p. 336.
[42]É provável que Lacan tenha lembrado que a conclusão da tese destacava as "neuroses narcísicas" de inúmeros pacientes que desejavam uma mudança de gênero. Cf. ALBY, Jean-Marc. *Contributions à l'étude du trans-sexualisme*. Paris: Tese de doutorado, 1956, p. 314.
[43]LACAN, Jacques. "Entretien avec Michel H". In: CZERMAK, M.; Frignet, H. (org.). *Sur l'identité sexuelle: à propos du transsexualisme*. Paris: Association freudienne internationale, 1996, p. 347.
[44]*Idem, ibidem*.

forma de uma abstenção que deixa toda a liberdade ao paciente[45]. Assim, Lacan não proibiu Michel H. de ir até o fim de sua demanda, mesmo que ele permanecesse cético. Ele assume sua impotência e assiste à evolução daquilo que ele chama de "transexualismo"[46]. É até quase animador quando ele parece aquiescer com os hormônios que Michel pretende tomar depois de uma "castração" que faria no Marrocos. Podemos concluir com um Lacan um tanto desiludido que saúda Michel ao partir: "Meu pobre velho, até logo"[47].

---

[45] ALLOUCH, Jean. "Lacan's dismanteling of his clinic". In : *Recherches en psychanalyse*, vol. *10*, n. 2, 2010, p. 213a-219a. Disponível em: <https://tinyurl.com/56d8puwz> (Acesso: 21/04/2023).

[46] LACAN, Jacques. "Entretien avec Michel H". In: CZERMAK, M.; Frignet, H. (org.). *Sur l'identité sexuelle: à propos du transsexualisme*. Paris: Association freudienne internationale, 1996, p. 347.

[47] *Idem, ibidem.*

CAPÍTULO DOZE

Retratos em um espelho unidirecional

Qual é o ponto em comum entre Elsa B., que queria usar roupas masculinas em público, E., que queria ser mulher, G. L., que dizia ser um mutante sexual, Henri, que demandava intervenção médica para encontrar Anne-Henriette, Michel H., que queria se tornar sua "Corinne", e o juiz Schreber, que pensava estar condenado a se transformar em mulher para desposar Deus? Hoje, é provável que essas pessoas se identificassem todas como trans[1]. Como um(a) psicanalista deve considerar essa estranha convergência? Em primeiro lugar, o(a) analista de hoje gostaria de distinguir diferentes estruturas clínicas, porque elas vão da neurose simples (histeria) até a psicose grave (paranoia). Em segundo lugar, quem trabalha com a clínica deveria reconhecer que os sintomas do(a)s pacientes evoluem com os contextos históricos, porque elas e eles extraem seu material daquilo que a cultura, a maior e a menor, oferece — a religião, os *talk shows*, os programas de televisão, a internet. Tal "abertura ao Outro" é observada seja o(a) analisando(a) neurótico(a) ou psicótico(a). O que Schreber percebia no final do século XIX como raios enviados por um Deus maligno para atravessar seu corpo tornou-se, na década de 1920, uma máquina de influência semelhante ao rádio, como descrito por Victor Tausk, ou um ainda um cérebro "telepata transmissor", como G. L. se via

---

[1] Esta é a tese do livro *Schreber's Law: Jurisprudence and Judgment in Transition* (Edimburgo: Edinburgh University Press, 2018), de Peter Goodrich, que supõe que Schreber poderia ter deixado seu sanatório mais facilmente se tivesse se declarado trans.

nos anos 1970; hoje, seria uma rede informatizada pirateando as ondas *wi-fi*[2]. Mas antes de tudo, a histeria funcionou, e ainda funciona, como um barômetro cultural. As possessões demoníacas da Idade Média tornaram-se os ataques de conversão da época de Charcot e retornam aos dias atuais em mistérios médicos atribuídos a síndromes obscuras, vírus não detectados, alergias recalcitrantes e toda a gama de distúrbios autoimunes inexplicáveis.

Sejamos honestos: a psicanálise freudiana foi fundada em dois "erros" — mas, como escreveu James Joyce, um homem genial nunca se engana, pois seus erros são os portais para a descoberta. O primeiro "erro" foi a apresentação de Freud de um caso de histeria masculina em seu retorno a Viena após sua estada em Paris na Salpêtrière de Charcot. Seus colegas médicos vienenses ficaram revoltados com seu flagrante desrespeito pela etimologia; para todos eles, era óbvio que "histeria" derivava do grego *hystera*, os órgãos inferiores do corpo feminino, a verdadeira etimologia de útero. Como Freud ousava falar de um caso de um homem com sintomas relacionados ao útero[3]? A correspondência de Freud com Fliess mostra amplamente que ele sabia que os homens (incluindo ele próprio) podiam ser histéricos. Poder-se-ia dizer que ele já estava "*queering*" o conceito de histeria, não o tornando dependente do gênero.

O segundo "erro" veio um pouco mais tarde e foi atacado pela maioria das feministas. Foi Freud quem decidiu falar de um "complexo de castração" que presidiria a evolução sexual de homens e mulheres. Freud, que nunca visitara uma fazenda, parecia não saber a diferença entre a ablação dos testículos e o corte do pênis, algo a que os criadores de gado e veterinários devem prestar atenção.

---

[2]Ver TAUSK, Victor. "On the Origin of the 'Influencing Machine'". In: *Schizophrenia, Psychoanalytic Quarterly*, vol. 2, nº 3-4, 1933, p. 519-556; e "De la genèse de "l'appareil à influencer' au cours de la schizophrénie". In: *Œuvres psychanalytiques*. Paris: Payot, 1978, p. 76-217. [Nota da editora: para uma versão brasileira do artigo de Tausk e comentários, cf. TAUSK, Victor; KATZ, Chaim; BIRMAN, Joel. *Tausk e o aparelho de influenciar*. São Paulo: Escuta, 1990.]

[3]Para saber mais sobre a conferência, muito mal recebida, de Freud em 1886 para a Sociedade Imperial dos Médicos de Viena sobre a histeria masculina, a respeito da histeria traumática de um homem que caiu de um andaime, ver meu livro *Please Select Your Gender*. Nova York: Routledge, 2010, p. 65.

Esse "erro" mostra que a própria invenção do castrador de Freud foi marcada pela percepção que a criança tem da diferença entre o pênis e a vagina, uma diferença alucinada como o corte violento, de um lado, daquilo que aparece do outro — em suma, sua invenção conceitual foi profundamente afetada pelo próprio complexo de castração. Para compreender melhor a necessidade desses dois "erros", é preciso se debruçar na torção conceitual mais rigorosa fornecida por Lacan. A castração, na versão mais simples e esquemática do modelo edipiano freudiano, era baseada no binário de ter ou não ter, da presença ou da ausência: os meninos têm, as meninas não têm. Se para Freud a castração é uma perda que as mulheres pensam que pensam ter sofrido e que os homens têm medo de sofrer, para Lacan, com efeito, ambos os sexos são castrados — o falo não é um órgão, mas sim algo que ninguém tem ou não pode ter.

Nessa perspectiva, o desejo está enraizado na falta. A maneira como as pessoas se relacionam com seu corpo sexual é determinada pela maneira como elas se relacionam com a falta: é o que a psicanálise lacaniana chama de castração. A relação com a falta será o fundamento das estruturas do desejo, sejam elas neuróticas ou perversas. No que se segue, desenvolverei as vantagens de manter o conceito de castração. Essa é a chave do tratamento psicanalítico de pessoas trans em virtude do papel que a castração desempenha na clínica dos sintomas trans. A seguir, explicarei as vantagens que há ao se manter o conceito de castração, a fim de argumentar — contra Catherine Millot e os freudianos clássicos — que o anseio de mudar de gênero cortando um pênis ou seios não é uma estratégia que visa fugir ou negar a diferença sexual, mas, ao contrário, esse anseio geralmente implica uma preocupação maior com a diferença sexual. A compreensão da prevalência da castração é crucial para o tratamento psicanalítico de pessoas transexuais.

As narrativas sobre a forma como as pessoas se identificam para além dos critérios hetero, homo e bi são próprias da psicanálise e não devem lhe opor resistência em campo, como foi o caso no passado. Vou ilustrar isso com um breve exemplo clínico. Uma mulher na casa dos cinquenta anos, a quem chamarei de Amanda, me consulta porque está infeliz com o marido. Está surpresa que ele ainda não a tenha deixado. Como reconhece categoricamente, ela é horrível com ele, desrespeitando-o, rebaixando-o e até maltratando-o. Amanda acrescenta, com um sorriso, que "nada acontece na cama", porque "somos como irmão e irmã". No entanto, ela admite que quando ele faz uma investida sexual ou mesmo tenta um gesto de ternura, ela o rejeita violentamente. Em seguida, Amanda me conta uma anedota: aos 20 anos, ela estava apaixonada por um homem. Eles se conheceram em um hotel e foram fazer sexo pela primeira vez. Quando a beijou, ela percebeu que ele realmente a amava e se assustou com a intensidade da atração que ele tinha por ela. Para encontrar uma saída, ela inventou uma mentira e se declarou grávida. O encontro terminou abruptamente. Ele foi embora, e o relacionamento deles não durou. Apesar de seu desejo por ele, Amanda o impeliu a rejeitá-la porque ela não podia tolerar seu amor.

Por motivos que ela desconhece, Amanda não podia suportar que um homem investisse algo sobre ela. Por que ela interrompeu o encontro sexual e precipitou o fim do relacionamento? Foi inventando uma mentira que inibiu a possibilidade de ser objeto do desejo desse homem — seu falo. Sua mentira a fez passar da condição de mulher desejada para a de uma futura mãe intocável. A mentira sobre sua gravidez permitiu que ela evitasse seu próprio desejo por ele. Pode-se dizer que, no momento do ato sexual, a lâmina da castração apareceu repentinamente e, com ela, a angústia. Ao ter relações sexuais com um homem, Amanda tinha que aceitar sua posição não apenas como objeto de desejo — como o falo de seu parceiro, isto é, como representante do que falta a um homem —, mas também como mulher desejante: ela poderia vê-lo como o detentor do falo, daquilo que talvez lhe faltasse, o que implicava potencialmente uma ameaça de castração para ambos os parceiros sexuais. A manobra de Amanda permitiu que a própria angústia que ela sentia fosse transferida para o namorado: por uma astúcia, a angústia que ela sentia após a atração palpável dele por ela tornou-se a do namorado.

Em termos psicanalíticos, sua angústia e o ato de evitá-la colocam vários problemas. Essa analisanda também afirma que sempre que ama um homem, ela toma um cuidado extremo com sua aparência. Escolhe suas roupas com cuidado, faz o cabelo em um salão de beleza e usa muita maquiagem. Ela diz que quando todos esses preparativos acabam, ela se olha no espelho e descobre que está parecendo um homem travestido. Por causa dessa impressão, Amanda continua adicionando camadas de maquiagem, o que exacerba sua sensação de parecer um homem. Seu comentário lembra a observação de Lacan segundo a qual "no ser humano, a própria ostentação viril pareça feminina"[4]. Isso significa que, mesmo quando as posições não são simétricas, há um elemento de logro tanto na masculinidade quanto na feminilidade. Poder-se-ia até mesmo falar de impostura, como faz Joan Copjec quando ela descreve "a fraude no cerne de qualquer reivindicação de identidade positiva"[5]. Na mascarada e na impostura, o falo desempenha um papel. A masculinidade implica a pretensão de "ter" o falo e a feminilidade a pretensão de não ter o falo "sendo" o falo.

Para a psicanálise, a diferença sexual não é uma norma, mas uma impossibilidade real, isto é, um limite ao que pode ser dito e pensado. A identidade sexual de homens e das mulheres é sempre precária, pois a criança humana torna-se um sujeito sexuado em um sistema simbólico de linguagem em que não há significante da diferença sexual. Essa realidade sexual inconsciente da qual o sujeito não tem conhecimento algum (não sabe o que é um homem ou uma mulher) é uma realidade que a psicanálise pressupõe.

O corpo que fala perde carne e ganha fisicalidade no simbólico; ele é sexuado pela castração, que funciona tanto no nível simbólico quanto no imaginário. Como argumenta Lacan, o corpo enoda as estruturas elementares do funcionamento social, sua realidade sexual e seus aspectos imaginários. De uma perspectiva psicanalítica, a identidade sexual não é determinada pela biologia ou qualquer outro fator inato, mas sim aprendida por meio da linguagem (simbólica) e das identificações (imaginárias). A identidade se constrói em torno da perda, uma perda que remonta ao momento inaugural em que nascemos e em que um sexo nos foi atribuído. Para a psicanálise, a escolha inconsciente nada tem a ver com o livre-arbítrio voluntarista. Nessa escolha, as duas alternativas disponíveis não são

---

[4]LACAN, Jacques. "A significação do falo". In: *Escritos*. Trad. Vera Ribeiro. Rio de Janeiro: Zahar, 1998, p. 702.
[5]COPJEC, Joan. *Supposing the Subject*. Nova York: Verso, 1994, p. 41.

isomorfas; assim, aparecem discordâncias entre o sexo erógeno e o sexo declarado. No inconsciente, não há representação ou símbolo da oposição masculino-feminino. A identidade sexual de homens e mulheres é sempre precária, pois a criança humana é sexuada sem simbolizar plenamente, inconscientemente, um posicionamento sexual normal e finito. A psicanálise tenta esclarecer não apenas a forma como a sexualidade não se conforma às normas sociais que a regem, mas também a forma como as diversas fantasias são construídas para mascarar essa falha estrutural.

SOBREVIVÊNCIA DE FREUD

As chamadas guerras freudianas não cessaram. Elas se intensificaram no final do século XX. Na década de 1970, eclodiram com a crítica feminista da psicanálise associada a Betty Friedan, Kate Millett e Germaine Greer. Houve também os céticos com relação a Freud, como Frederick Crews e Frank Sulloway. Depois, houve Jeffrey Moussaieff Masson, que denunciou Freud por supostamente ter abandonado sua teoria da sedução precoce para encobrir pais pervertidos, suprimindo deliberadamente provas de abusos sexuais na infância. Como resultado, a morte de Freud foi anunciada regularmente. Ano após ano, nas capas de revistas e monografias, o desaparecimento de Freud assomava ameaçadoramente. Tal tenacidade leva a se perguntar: Freud já está morto? Por que esse desejo de o declarar morto repetidas vezes? Os críticos ridicularizaram as teorias de Freud como sendo inúteis e não científicas e reduziram suas contribuições a uma relíquia cultural. E, no entanto, permanece a necessidade de denunciar e atacar, uma estratégia que parece sugerir que ele é mais importante morto do que vivo.

É bem sabido que as últimas duas décadas foram dominadas por uma preferência por modalidades de tratamento empiricamente demonstráveis. Estudos recentes, no entanto, mostraram que a psicanálise tem dado resultados mais duradouros do que a terapia cognitivo-comportamental. Apesar disso, prefiro abordar a questão de forma diferente. Em vez de insistir na forma como a psicanálise se compara às várias modalidades de terapia disponíveis hoje, quero me concentrar no que é único da psicanálise, aquilo que nenhuma outra forma de "cura pela fala" pode oferecer, como, por exemplo, um tipo diferente de escuta que repousa na hipótese do inconsciente. Atrás do divã, um(a) psicanalista tem a oportunidade não apenas de ouvir os depoimentos de analisando(a)s sobre a eficácia da psicanálise, mas também de ver como as controversas ideias freudianas, como a castração, são surpreendentemente expostas. É o que foi mostrado em uma sessão de análise com Melissa, como eu a chamo, uma analisanda de 24 anos. Melissa é atormentada pelos sentimentos contraditórios que tem por seu namorado, Mike, que a ama com devoção e quer se casar com ela. Ela retribui, mas é torturada por sua atração sexual por outros, homens e mulheres, e se sente incapaz de expressar sua ambivalência. Quanto mais ele mostra seu amor, mais culpada ela se sente. Melissa reage às próprias incertezas acrescentando sinais de amor e multiplicando gestos compensatórios. Cada vez que ela questiona mentalmente sua relação, ela se torna mais atenta. Presentes generosos, pequenos pratos, palavras doces — toda uma série de gestos carinhosos proliferam na proporção direta de suas dúvidas sobre ele. Isso resulta em um nível quase insuportável de angústia para ela. Seguem alguns trechos de sua narrativa:

> Sinto-me bastante estável e mais calma do que pensava. Mas no final, ainda me sinto angustiada. Gostaria de saber o que parece desencadear a angústia em mim. Talvez seja esse pensamento recorrente, esse questionamento incessante...
>
> Quero saber o que meu relacionamento com Mike significa para mim. Eu tenho sentimentos contraditórios para com ele. Às vezes, sinto uma sensação de felicidade, porque eu o amo muito. Às vezes, isso pode ser realmente maravilhoso. Mas quando ele expressa o quanto me ama, não tenho nada além de arrependimentos.
>
> Ele parece ter muita admiração por mim; ele é amoroso e me apoia. Mas às vezes sua intensidade é esmagadora. Estou apartada dele ou de mim mesma. Algo me impede de me conectar com ele.
>
> Pode ser por causa da obrigação que está ligada ao seu amor, como se ele esperasse algo em troca. Tenho uma espécie de suspeita sobre a natureza do problema, e emocionalmente, é meu. Diz respeito a ver outras pessoas. Tive alguns sonhos e me sinto muito

confusa. Em meus sonhos, fiz amor com um cara. Quando acordei, senti como se tivesse traído Mike.

Seus sentimentos por mim são tão monogâmicos; ele não se interessou por mais ninguém. Mais uma vez, é possível ver o quanto somos diferentes. Tenho que aceitar o fato de que tenho desejos; talvez tenha sonhado com sexo com um homem, mas na verdade queria estar com uma mulher.

Isso faz eu me sentir mal.

O que há de errado comigo? Eu gosto do Mike. Valorizo nosso relacionamento. Gostaria de não fantasiar sobre outras pessoas...

Vou ter que fazer uma escolha sobre nossa relação.

Mike fala em um tom tão comovente. Realmente, não achava que ele fosse capaz de se expressar dessa maneira. Quando o ouvi falar assim, chorei, e quase imediatamente depois me senti distante. Só acho que a sensação de estar com outra pessoa é muito assustadora para mim. Acho que o que me assusta é que se imagino que estar em um relacionamento próximo é manter aspectos de mim mesma, tenho medo de que isso se transforme no amor que tudo consome que tenho pela minha mãe...

Forjei meu próprio caminho fora de meu relacionamento com minha mãe, mas conquistando minha própria sexualidade...

Tenho medo de ter um desejo sexual por Mike. Ele é o foco principal da minha atenção sexual. Não posso fazer isso. O que realmente me assusta é que eu não tive um relacionamento real com uma mulher, mas isso faz parte da minha sexualidade. É realmente confuso. Não me identificaria como lésbica, mas realmente não sei se sou realmente eu mesma com Mike.

...Qual é a diferença entre homens e mulheres? Minha mãe diria que gênero é social. Até que ponto eu discordo? Homens e mulheres são diferentes. Sim, existem mulheres que são masculinas e homens que têm lados femininos. Mas ainda é muito confuso para mim...

Sinto atração por homens e mulheres. É físico... Acho que é assim que eu sei disso, essa atração física por mulheres não vai desaparecer. Também tenho atrações emocionais e intelectuais em relação às mulheres. Eu me sinto bem cercada por mulheres. Qual é a origem dessa atração? Ela está ligada a questões de gênero e sexualidade...

Como posso aceitar o amor de Mike? Gosto de fazer amor com ele, mas sinto que uma parte de mim é deixada de fora. Sinto-me suja por ter sido sexualizada por ele. Retrocedi. Na verdade, estar com ele é estranho para mim. Eu me sentia à vontade com minha sexualidade antes dele. Minha sexualidade não era motivo de vergonha ou angústia. Talvez a pergunta seja: sou heterossexual ou bissexual?

Por que Melissa estava angustiada? Suas palavras foram motivadas por um desejo de compreender uma questão relativa ao gênero e ao sexo, ou ela confundiu escolha de objeto com política identitária? Melissa era realmente bissexual porque fantasiava ter uma relação com uma mulher? Quando ela faz a pergunta: "Sou hetero ou bissexual?", ela se questiona: "Sou homem ou mulher?". Nesse caso, a questão tradicional da identidade sexual, que está no cerne da histeria, passa de uma questão de identidade de gênero ("Sou um homem ou uma mulher?") para uma questão de orientação sexual ("Sou heterossexual ou bissexual?"). Os comentários de Melissa redefinem todo o campo da política sexual, a saber, a heterossexualidade compulsória, as escolhas sexuais, a monogamia, o amor, a reciprocidade nas relações, o apego e a sexualidade. Ela tomou consciência do amor de seu namorado, mas embora admitisse que estava feliz com ele, essa percepção a fez se arrepender de sua experiência. Foi então que ela questionou sua sexualidade enquanto se distanciava, ou, como ela dizia, "apartada [*coupée*] dele ou de mim mesma". Que tipo de "corte" [*coupure*] foi esse? A história de Melissa põe novamente em cena o clássico cenário familiar do Édipo, feito de identificações e rivalidades? Ela colocou em questão sua identidade sexual como uma reação fóbica à intimidade? Sua ambiguidade sexual era uma estratégia para se defender contra o desejo, anulando a mãe? Como ela disse, ela produziu uma forma de sair de uma relação "devoradora" com sua mãe, "conquistando [sua] própria sexualidade". Sua incerteza quanto à sua própria sexualidade era uma espécie de substituto do pai (um substituto do nome [*nom*] ou do "não!" [*non!*] que separa mãe e filho)? O que nos leva a uma questão teórica: noções contestadas como "atribuição fálica" e "castração" funcionam na prática clínica?

Melissa não é o único caso de uma pessoa que parece se desvincular do paradigma da conformidade social à orientação sexual "normal" ou mesmo à identificação sexual. Ora, ela escapa do paradigma psicanalítico tradicional da castração e da angústia associada a ela?

Outra analisanda veio me ver cheia de perguntas porque, apesar de ser uma mulher casada feliz, começou a sentir angústia, e depois teve relações sexuais com uma mulher. Ela quer ficar com o marido e ser fiel. Foi só porque, como disse, ela queria saber como era tocar e sentir a pele de uma mulher. Dado que ela admirava e queria ser como a mulher atraente e agressiva com quem tivera essa relação sexual, tratava-se de uma questão de identificação? Ela estava fascinada por uma feminilidade idealizada que a ajudaria a definir sua identidade sexual com base em uma prática sexual? Ou "terminara com os homens", como uma vez declarara exasperada, e finalmente tinha seguido seu desejo?

Poderia citar também uma analisanda que fugiu do pedido de casamento de um homem por quem ela se dizia apaixonada e correu para os braços de uma amiga lésbica que dizia não achar atraente. Lembro-me também de uma analisanda, feminista declarada, que se definia como bissexual, mas que nunca teve relação sexual com uma mulher. Detestava maquiagem e coisas "femininas" e insistia no fato de que queria ser amada por quem ela realmente era, sem ser "objetificada por um homem". Mas então ela se viu seduzida por um namorado que lhe disse de uma forma quase ofensiva que ela tinha que usar roupas sexy e constantemente a comparava com outras mulheres que ele cobiçava. Ou ainda o pai que fica em casa que duvida de sua masculinidade e se sente culpado, esperando reunir coragem para confessar à esposa que está convencido de que é bissexual porque fantasia que a vê fazendo amor com outro homem.

Todos esses casos oferecem variações sobre um tema universal: a ausência de relação do sujeito com o sexo. Esses casos parecem se situar em uma zona de ambiguidade sexual, como coloca Geneviève Morel[6]. Essa incerteza deve nos fazer repensar nossa definição de sexo e sexualidade, sobretudo se compararmos os exemplos anteriores com outros casos que se articulam mais explicitamente em

---

[6]Ver MOREL, Geneviève. *Ambiguïtés sexuelles — Sexuation et psychose*. Paris: Economica, 2000.

torno de questões de atributos sexuais, como o de um homem trans que estava profundamente infeliz em sua vida sexual porque, não tendo pênis, tinha certeza de que lhe faltava o atributo fálico que ele julgava ser desejado por todas as mulheres. Ou ainda o caso de uma paciente que explicava que, no passado, teriam pensando em alguém como ela "como um homem com problema mental, mas é exatamente o contrário, sou uma mulher com problema físico: a pior anomalia congenital que uma mulher pode ter, eu nasci com pênis e testículos".

Esse(a)s analisando(a)s que se perguntam se são heterossexuais ou bissexuais parecem perdido(a)s em sua sexualidade: não distinguem orientação sexual de gênero, raciocínio que, como argumenta Stephen Frosch, resulta de uma "óbvia confusão de categoria", pois não há ligação necessária entre escolha de objeto e identidade de gênero[7]. A orientação normativa da psicanálise clássica, que levou a padrões perturbadores de normalidade, como a elevação dos órgãos genitais à categoria de órgãos-fetiche de uma genitalidade heterossexual madura ou à patologização da homossexualidade, foi, na verdade, um desvio pós-freudiano. Ela se baseava no que Lacan consideraria uma noção "delirante" de normalidade.

Talvez o(a)s analisando(a)s que confundem escolha de objeto e identidade procurem uma resposta totalizante que introduz um paradoxo: essas pessoas se perguntam se são heterossexuais ou bissexuais como se o simples fato de fazer a pergunta significasse que elas não são nem um nem outro; mas se não são nenhum dos dois, sentem-se obrigadas a escolher o que são. Jacqueline Rose observou que o inconsciente sempre revela o fracasso da identidade. Rose chega mesmo a dizer que não há estabilidade da identidade sexual porque há "uma resistência à identidade no próprio cerne da vida psíquica"[8]. Para Rose, esse "fracasso" não é um fato de patologia individual ou um caso particular de desvio com relação à norma, mas sim um traço psíquico geral que aparece em todas as formas do inconsciente (sonhos, lapsos e jogos de palavras), assim como nas

---

[7]FROSH, Stephen. *For and against Psychoanalysis* (1997). Londres/Nova York: Routledge, 2006, p. 236.
[8]ROSE, Jacqueline. *Sexuality in the Field of Vision*. Londres: Verso, 1986, p. 91.

"formas de prazer sexual que são marginalizadas da norma"[9]. Numa perspectiva psicanalítica, a identidade é uma construção artificial que resulta de identificações imaginárias com um "outro" externo que confere um "senso de si mesmo" interno. A identidade pressupõe uma projeção de si na imagem, projeção essa que muitas vezes se esgotará no decorrer de uma psicanálise, pois o sujeito emerge justamente ali onde a identidade imaginária fracassa.

A interpretação de Rose de "fracasso da identidade" é central; ela contradiz a teoria usual da "falta" concebida como uma perda ou lesão que as mulheres sofrem e que os homens temem. A falta não é uma "ferida" negativa devida à perda de um objeto, nem uma carência. Para Lacan, a falta é uma força produtiva: todos os sujeitos devem enfrentar e assumir sua falta. O sujeito lacaniano é a falta subjetivada. Tal falta exerce diversos efeitos sobre o sujeito: ela divide o sujeito, cuja entrada na ordem simbólica é positivada no ser do desejo como falta-a-ser; em outros termos, o desejo nasce da falta e nunca pode ser plenamente realizado. A relação com a falta será o fundamento das estruturas do desejo, sejam elas neuróticas ou perversas. Observemos aqui que a perversão é considerada uma estrutura e não uma prática sexual. Para aqueles que permanecem céticos sobre os benefícios da angústia de castração, digamos que a castração é um movimento de separação imposto pela lei edipiana do tabu do incesto. Essa lei apresenta um limite à fantasia de um sujeito hiperbolicamente fálico e impõe uma renúncia às pulsões, o que tem um efeito civilizador. Do ponto de vista psíquico, a angústia de castração pode ajudar a formalizar e conter outras angústias mais primitivas e amorfas; como vimos, a situação mais angustiante é a da falta da falta: é quando o sujeito está colado à sua realidade imaginária sem espaço para desejar. Poder-se-ia dizer que a psicanálise é chamada a sofrer sua própria castração, a experimentar um empobrecimento de seus preconceitos, o que abre caminho para novas formas de desejo. Se levado em conta, isso poderia transformar radicalmente a relação tensa entre a psicanálise e as pessoas transgênero.

[9] *Idem, ibidem.*

CAPÍTULO TREZE

A beleza do sexo plástico

Todo mundo tem um corpo, todo mundo está em seu corpo, ou, como o poeta americano John Ashbery, recentemente falecido, disse: "*Everybody has a body, that's why they're called everybody*"[1]. "*Called*" significa "chamado". Mas somos "chamados" pelo nosso corpo? Ou até mesmo definidos por esse corpo? Minha prática psicanalítica com analisando(a)s que se identificam como trans me fez descobrir algo diferente sobre o corpo. Essas pessoas muitas vezes têm uma relação complexa com seu corpo. Muitas delas afirmam que não estão no corpo certo; sentem que estão em um corpo cujo gênero não é o correto. No entanto, outro(a)s analisando(a)s se recusam a alinhar seus corpos com o binário homem/mulher e preferem se situar em algum lugar entre os dois. Não estou dizendo que os corpos trans tenham algo específico em relação aos corpos normativamente generificados, mas sim que a experiência trans nos mostra que existe uma disjunção entre a forma como esses sujeitos vivenciam seus corpos e os contornos corporais determinados por sua carne. Tal disjunção mostra explicitamente que todo(a)s nós precisamos estabelecer algum tipo de relação com nosso corpo. Poder-se-ia dizer que essa disjunção não é patológica, mas universal, que é necessário um processo de encarnação e que isso funcionará para qualquer um(a) que tente preencher a lacuna e incorporar sua realidade carnal para dar estofo à sua subjetividade.

---

[1] ASHBERY, John. "Passive/Aggressive". In: *The London Review of Books*, vol. 38, n. 2, 21 jan. 2016, p. 20. [Nota da editora: "Todo mundo (*everybody*) tem um corpo (*body*), é por isso que se chamam todo mundo (*everybody*)."]

O período da adolescência mostra claramente a energia que meninos e meninas púberes dedicam a imaginarizar, no sentido lacaniano do termo — a encarnar a carne. O tempo que o(a)s adolescentes passam em frente ao espelho, ou tirando *selfies*, ilustra a importância do investimento libidinal nas identificações especulares que sustentam o corpo como uma totalidade e permitem que esses jovens estejam em seus corpos, ajudando a imagem a vestir a carne. Observemos que aquilo que se busca em uma redesignação ou confirmação de gênero não é simplesmente uma mudança anatômica, mas uma encarnação diferente. É por isso que a redesignação do sexo é hoje chamada de "cirurgia de afirmação de gênero", em outras palavras, a ratificação oficial de uma experiência.

Esse processo foi descrito por Janet Mock, a jornalista e ativista trans em nosso primeiro capítulo, e ela o chama de "*réelité*"[2] [realidade]: "Encarnar a "*réelité*" permite que mulheres trans entrem em lugares com menos risco de se verem rejeitadas ou interrogadas, controladas ou atacadas. A "*réelité*" é uma forma de sobrevivência". Mock explica ainda:

> Estou ciente de que me identificar com aquilo que as pessoas veem em vez de aquilo que é autêntico, isto é, quem eu realmente sou, implica apagar partes de mim mesma, de minha história, das minhas experiências e de algumas pessoas próximas. Viver através do prisma das definições e percepções dos outros nos reduz a sermos conchas de nós mesmos, em vez de pessoas complexas que encarnam múltiplas identidades. Sou uma mulher transexual de cor e essa identidade me permitiu ser mais fiel a mim mesma, oferecendo-me uma alavanca para sublimar minha aparente negritude, minha feminilidade trans muitas vezes invisível, minhas origens havaianas nativas de que tão poucos falam e as inúmeras iterações de feminilidade que todos esses elementos juntos formam[3].

---

[2] Nota do tradutor: jogo de palavras entre os vocábulos *réel* (real) e *réalité* (realidade), que será retomado pela autora a seguir.

[3] MOCK, Janet. *Redefining Realness: My Path to Womanhood, Identity, Love & So Much More*. Nova York: Atria Books, 2014, p. 249.

A "*réelité*" não é "passar por", nem "se conformar". O que aconteceu com a mudança de gênero extremamente midiatizado de Caitlyn Jenner? Quando a mudança foi oficializada na capa da *Vanity Fair*, com a legenda "Me chame de Caitlyn", Jenner postou a seguinte mensagem no Twitter: "Estou tão feliz, depois da longa luta pela qual passei, por finalmente ser realmente eu"[4]. Mas qual verdade esse "eu" e esse "corpo" encerram? A que se deve a coerência do corpo e da autopercepção? Como um corpo é mais ou menos autêntico ao eu que ele contém e expressa?

No cerne da teoria de Lacan sobre as origens da subjetividade está a invenção do estádio do espelho, o movimento dialético no decorrer do qual a criança se identifica com sua imagem no espelho. A identificação da criança com a imagem do espelho cria o eu [*je*] e o ego [*moi*][5] ao mesmo tempo em que fornece o quadro para uma "relação libidinal essencial à imagem do corpo"[6]. Esse momento decisivo na formação do ego da criança, o momento do triunfo ilusório porque a criança não controla seu corpo, geralmente é retomado na adolescência, que vivencia um segundo estádio do espelho. Esse momento de formação subjetiva por meio da autoimagem é posto em cena em inúmeras memórias de transição de gênero. O estádio do espelho de Lacan inaugura a constituição subjetiva, o nascimento do ego. Diria que a presença reiterada de uma cena diante do espelho nas memórias, as *selfies* e os *vlogs* (esses blogs baseados em vídeos) envolve mais a criação de um ego, enquanto projeção de uma superfície, do que o fascínio por uma miragem. Uma das lições importantes que aprendi trabalhando com analisando(a)s transgênero é que os problemas de identidade sexual giram em torno de um corpo específico, um corpo no qual não se nasceu, um corpo no qual se torna.

Estar com o corpo numa relação em que ele parece não ser o certo é uma possibilidade incluída naquilo que implica o verbo *ter*

---

[4] JENNER, Caitlyn, tweet de 16/08/16, às 00h10. http://twitter.com/Caitlyn_Jenner.
[5] Nota da editora: nesta edição, diferentemente das versões estabelecidas dos textos de Lacan, optou-se por traduzir *moi* — designador da função imaginária — por "ego", ao passo que *je* — designador da posição enunciativa, simbólica, do sujeito do inconsciente — por "eu".
[6] LACAN, Jacques. "Quelques réflexions sur l'ego". In: *Le coq-héron*, n. 78, 1980, p. 3-13.

que usamos para nos referirmos ao nosso corpo: se se *tem* um corpo próprio, não se pode, de forma alguma, ser seu corpo. Esse corpo pode ser estranho, grande, deformado, imperfeito, desagradável, generizado de forma errada, como ilustram os muitos exemplos em que a experiência que se pode ter do próprio corpo e os ideais que se acalenta não correspondem. Aqui, teríamos que ir além do modelo de identificação imaginária, exemplificado pelo estádio do espelho de Lacan, para compreender os problemas que se vinculam à encarnação na transição de gênero. A maioria do(a)s comentadore(a)s tende a restringir-se a isso. Esse é particularmente o caso de um autor como Jay Prosser, aliás brilhante[7].

O estádio do espelho, segundo Lacan, é um estádio que a criança atravessa e por meio do qual a imagem externa do corpo (refletida no espelho ou representada pelo olhar amoroso do(a) principal cuidador(a), na maioria das vezes a mãe) é introjetada como um corpo unificado. Essa imagem, que se tornará o ego [*moi*], é uma *imago* idealizada e formará o pano de fundo das percepções emergentes do indivíduo. Ela antecipa uma percepção corporal de unidade que não corresponde à imaturidade neurológica e à vulnerabilidade da criança. Também cria um ideal de perfeição que o sujeito sempre se esforçará para alcançar. Vemos aqui como o ego [*moi*] depende de um objeto externo com o qual a criança se identifica, como esse ego [*moi*] é produzido num processo de alienação, isto é, como outro, como a ilusão de reciprocidade e a promessa de completude, ao passo que a experiência real do corpo é fragmentada, porque nessa fase precoce a criança não consegue sequer controlar seus movimentos corporais. Durante o estádio do espelho, o ego [*moi*] se constrói por antecipação alienando-se de si mesmo. A relação dual do corpo com o ego [*moi*], que está na base da imagem do corpo segundo Lacan, era muito diferente no caso de um artista como James Joyce, e não ocasionou nele a identificação

---

[7] Ver PROSSER, Jay. *Second Skins: The Body Narratives of Transsexuality*. Nova York: Columbia University Press, 1998. Para uma discussão sobre o "estádio do espelho transexual" de Prosser, ver meu livro *Please Select Your Gender*. Nova York: Routledge, 2010, p. 242-244.

com uma imagem, mas com a própria escrita. Para retomar as palavras de Morel, o ego de Joyce era sustentado por sua arte[8].

Quando Lacan se interessou pela arte de Joyce, descobriu uma nova relação com o corpo. Ele notou que Joyce tinha um corpo estranho, um corpo que podia cair, desmoronar completamente, como um envelope aberto deixando escapar seu conteúdo. Lacan se deteve em uma passagem de *O retrato do artista quando jovem*, quando o herói Stephen Dedalus se lembra de um acesso de raiva diante de seus colegas de classe que, de repente, se desprende dele "tão facilmente como um fruto é despojado de sua mole casca madura"[9]. Para Lacan, tal transformação da raiva é reveladora e pode ser generalizada em uma definição do corpo joyceano, a saber, um corpo que pode cair de si mesmo, cair como uma casca[10]. A solução de Joyce seria inventar uma escrita que pudesse "sustentar" o corpo. Dada a complexa relação que as pessoas trans têm com seus corpos — muitas vezes dizem que sua alma está trancada em um corpo do gênero errado (do gênero oposto) — considero que a artificialidade transexual pode constituir uma arte comparável, senão à genialidade de Joyce, pelo menos àquela produzida por verdadeiro(a)s artistas. A imagem do corpo como uma concha vazia, como uma cerca que oprime o eu, é um tema recorrente em narrativas autobiográficas de transição de gênero. Raymond Thompson, um transexual *F to M*, descreveu vividamente essa experiência que consiste em viver seu corpo como um recipiente [*contenant*] mal ajustado:

> Eu precisava estar fora do meu corpo, ser livre. Tinha a impressão de que meu "corpo interno" estivesse tentando forçar uma passagem até as extremidades dos meus membros. Estava ficando cada vez maior por dentro, o que me dava a impressão de estar explodindo pelas juntas e de querer a qualquer preço sair dali!

---

[8]MOREL, Geneviève. *Ambiguïtés sexuelles — Sexuation et psychose.* Paris: Economica, 2000, p. 47.

[9]JOYCE, James. *Retrato do artista quando jovem.* Trad. Caetano Galindo. São Paulo: Companhia das Letras, 2016, p. 107.

[10]LACAN, Jacques. (1975-76). *O seminário, livro 23: O sinthoma.* Rio de Janeiro: Zahar, 2007, p. 145.

Esse processo, porque era impossível, de repente se invertia e eu começava a encolher por dentro. Todo o meu corpo estava encolhendo dentro de mim até que fiquei muito pequeno por dentro. Era como se eu estivesse ficando tão pequeno que tivesse que encontrar um lugar seguro para me esconder dentro de mim. Meu minúsculo corpo interior estava em um ambiente desconhecido, em um lugar que lhe era estranho, e me sentia completamente em perigo. Estava me tornando uma pequena sombra dentro de meu corpo físico, uma sombra correndo por toda parte tentando encontrar um lugar para se esconder. Por dentro, gritava. "Tirem-me daqui!"[11].

O corpo desses sujeitos trans aparece como um contêiner [*contenant*] que não pode conter. Consequentemente, a transição de gênero parece ser a única maneira possível de escapar dos limites de uma prisão, a prisão de um gozo excessivo. Frank Lewins explica: "No caso de pessoas transexuais trancadas em uma prisão de carne e sangue, há uma vontade extremamente urgente e contínua de emancipação"[12]. O corpo é vivido como um envelope que estorva, uma camada externa vestida como uma roupa mal cortada que se estaria impaciente para retirar. É assim que Leslie Feinberg descreve as coisas: "Penso no prazer que seria desfazer o zíper de meu corpo da testa ao umbigo e sair de férias. Mas não há como escapar: de todo modo, eu também teria que levar meu corpo comigo"[13]. Jan Morris expressa um desejo muito semelhante quando escreve: "Tudo o que eu queria era a libertação, ou a reconciliação — viver sendo eu mesma, vestir-me com um corpo que me conviesse melhor, e alcançar finalmente a Identidade[14]. Morris refere-se a seu corpo antigo como uma camada externa opressiva na qual o ser real, o verdadeiro eu, está encerrado; a necessidade de se libertar dela é premente: "Se eu fosse trancada nesta jaula novamente, nada poderia me impedir

---

[11]THOMPSON, Raymond. *What Took You So Long?: A Girl's Journey to Manhood*. Nova York: Penguin, 1995, p. 200.
[12]LEWINS, Frank. *Transsexualism in Society: A Sociology of Male to Female Transsexuals*. Melbourne: Macmillan, 1995, p. 14.
[13]FEINBERG, Leslie. *Journal of a Transsexual*. Nova York: World View Publishers, 1980, p. 20
[14]MORRIS, Jan. (1974). *Conundrum*. Nova York: Holt, 1986, p. 104; 169.

de alcançar meu objetivo [...] nem mesmo a perspectiva da morte"[15]. Poder-se-ia generalizar essa experiência na medida em que o corpo parece ser o único lugar do qual não se pode sair. Estamos todas e todos trancado(a)s em nossos corpos mortais — a encarnação incorpora a morte. Isso nos lembra o paradoxal desaparecimento da raiva de Stephen, personagem de Joyce, a qual ele vivencia na passagem seguinte como uma espécie de morte subjetiva — ele chega ao ponto de esquecer o próprio nome. É preciso atravessar essa morte para si mesmo para poder renascer de forma diferente e reconquistar um corpo modificado. A transição de gênero diz mais respeito à mortalidade, à fronteira entre a vida e a morte, do que à sexualidade, à fronteira entre homem e mulher.

A PLASTICIDADE DO GÊNERO

Em minha clínica, conheci pessoas cujo ser inteiro é consumido pela questão de uma metamorfose de vida ou de morte. Como vimos, a taxa de tentativas de suicídio, atualmente de 41% entre a população trans (em comparação com 4,6% entre a população geral dos Estados Unidos), vem amargamente nos lembrar disso. A pesquisa confirma minhas observações clínicas. Em seu estudo, Jay Prosser descobre que, em toda a comunidade transgênero, o fato de passar de um sexo a outro não é uma questão secundária, mas uma tentativa que assume o poder sobre a vida inteira dos sujeitos. Como diz Prosser, "passar de um sexo a outro é o que as pessoas transexuais fazem na vida (é nossa ocupação principal que consome tanto quanto uma carreira)"[16]. Um de meus pacientes, um homem trans que chamarei de Maxwell, me disse recentemente que sua jornada não é isenta de perigos: "Passar de um sexo para outro é complicado. É a experiência mais incrível e assustadora pela qual se pode passar. Mas eu não tive escolha". Ele acrescentou: "Essa possibilidade de ser quem você realmente é, de ter um corpo que corresponde ao modo como você se sente, é incrível, mas também pode ser assustador. Não se sabe

---

[15] *Idem, ibidem.*
[16] PROSSER, Jay. *Second Skins: The Body Narratives of Transsexuality.* Nova York: Columbia University Press, 1998, p. 4.

realmente o que vai acontecer". Ele parou, sorriu, então assentiu com espanto, e continuou: "Quando comecei minha transição dez anos atrás, não tinha ideia do que ia acontecer. É uma experiência extremamente dolorosa. Hoje, talvez seja mais banal. Há crianças que começam sua transição aos 17 ou 18 anos. Tenho 39 anos. Não sei o que teria acontecido se eu tivesse mudado de sexo quando era mais jovem, por volta dos 18 ou 20 anos".

Percebi uma expressão de surpresa em seu rosto: "Minha jornada foi tão intensa, tão interior, tão dilaceradora. Eu não sabia o que pensar sobre isso. Achei que estava enlouquecendo, me sentia doente, sozinho, isolado. Era muito grande: a transformação da adolescência no espaço de apenas dois ou três meses".

Muitas vezes, ouvi esse tipo de história em meu consultório. Esse é um testemunho bastante comum em nossa clínica, mesmo que possa parecer excepcional aos olhos do público. Lembremos da reação geral, em 2014, quando Angelina Jolie revelou abertamente que era portadora de uma rara mutação genética que a predispunha a cânceres no aparelho reprodutor feminino. A opinião pública ficou chocada. Diante da perspectiva de ter que enfrentar um câncer, assombrada pelo medo da morte, a atriz decidiu se submeter a uma dupla mastectomia seguida da retirada dos ovários e das trompas de falópio.

Angelina Jolie optou por amputar certas partes saudáveis de seu corpo na esperança de evitar seu destino genético. Ela assumiu o controle de seu corpo. Jolie recorreu a uma cirurgia de reconstrução mamária com implantes. Agora ela não tem mais ovários produtores de hormônios. Ela não se tornará, então, como muitas mulheres transexuais? A identidade de Angelina Jolie é realmente a soma das partes de seu corpo? Nossas respectivas identidades sexuais são realmente a soma das partes de nossos corpos?

A identidade sexual não pode ser determinada pela quantidade de hormônios ou pela habilidade de um cirurgião em manejar seu bisturi. Há uma lição a ser aprendida com a história de Angelina Jolie; a identidade sexual transcende a anatomia, permanecendo um mistério. Podemos vislumbrar a transformação de Angelina Jolie — sua mastectomia e a cirurgia reconstrutiva que se seguiu — e a de meu analisando Maxwell no mesmo contexto? Essas duas transformações são "plásticas"?

A "sexualidade plástica", conceito desenvolvido em 1992 pelo sociólogo Anthony Giddens, refere-se à maleabilidade da expressão erótica tanto em termos de escolha individual quanto de normas sociais. "A sexualidade fixa", por sua vez, remete à modernidade — ela se opõe aos binários heterossexual/homossexual, conjugal (legítimo)/extraconjugal (ilegítimo), comprometido/muito livre (de moral frouxa) e "normal" (coito)/perverso (anal, autoerótico, sadomasoquista). Para Giddens, a contracepção eficaz, juntamente com a independência social e econômica conquistada pelas mulheres, "libertou" os homens das restrições ligadas às expectativas tradicionais associadas aos gêneros; e a "sexualidade plástica" é um dos resultados dessa mudança. Giddens escreve:

> A sexualidade plástica é a sexualidade descentralizada, liberta das necessidades de reprodução. Tem as suas origens na tendência, iniciada no final do século XVIII, à limitação rigorosa da dimensão da família; mas torna-se mais tarde mais desenvolvida como resultado da difusão da contracepção moderna e das novas tecnologias reprodutivas. A sexualidade plástica [...] liberta a sexualidade da regra do falo[17].

Giddens, portanto, afirma que a sexualidade plástica representa uma mudança de valor. O sexo não é mais um meio em vista de um fim — ele implica mais do que reprodução, as afinidades e a continuidade geracional. O sexo não está mais intimamente ligado à morte — é raro hoje, pelo menos no mundo desenvolvido, que uma mulher morra no parto.

O ato de dar à luz uma criança, e todo o mercado da procriação, tem a ver com a mortalidade. Os Estados Unidos podem até se considerar uma cultura obcecada pela beleza, mas é o Brasil, um país de renda *per capita* muito menor, que é o maior consumidor de cirurgia plástica. As mulheres brasileiras procuram apagar todos os vestígios do parto e da amamentação. Alexander Edmons observou a prevalência cultural da cirurgia plástica no Brasil, em que em clínicas

---

[17] GIDDENS, Anthony. *A transformação da intimidade. Sexualidade, amor, erotismo nas sociedades modernas.* São Paulo: Editora Unesp, 1992, p. 10.

chamativas e hospitais públicos gratuitos, brasileiros e brasileiras de todas as classes sociais fazem fila para fazer cirurgias, ou "plástica", como dizem por lá[18]. As mulheres brasileiras querem um corpo que pareça jovem e tonificado, não um corpo que pareça danificado pela reprodução sexual. Como Maria da Glória de Sousa, de 46 anos, descrita como tendo apenas 30 anos, afirma com franqueza após seis cirurgias: "Nascemos perfeitas, mas depois temos filhos e sabemos os efeitos que ter filhos podem ter no corpo. Então, de repente, é o renascimento: a cirurgia plástica. Podemos ser bonitas, ainda mais bonitas do que éramos antes". E acrescenta: "Minha bunda nunca vai cair, nem meus seios. Eles ficarão sempre assim, bem durinhos"[19]. Basicamente, essas mulheres querem negar sua própria mortalidade. É como se estivessem dizendo: "Sei muito bem que sou mortal, mas...".

A AIDS, todavia, reintroduziu a relação entre sexo e morte, observa Giddens[20]. De fato, a epidemia de AIDS nos obrigou a repensar a sexualidade porque, como mostrou Tim Dean, ela pode levar à troca da vida pelo sexo — uma relação dramática, literal, entre um e outro aparece[21]. Esta relação é uma relação complexa. Vou me concentrar no "retorno" da pulsão de morte porque considero essa pulsão como um limite da promessa plástica. Lembramos a ideia de Judith Butler, do gênero como performativo, como promessa de plasticidade infinita. A pessoa transexual não é o exemplo mais radical da pulsão "plástica", ou, como diria Hegel, do nosso desejo de ir contra a natureza?

Muitas vezes, a transformação de gênero visa alcançar uma forma bonita, estável. O documentário intimista, de uma ternura magnífica, intitulado *Beautiful Darling: The Life and Times of Candy Darling, Andy Warhol Superstar*, explora esse objetivo final. Esse longa-metragem de 2010 centra-se na vida de Candy Darling, a comovente musa transgênero que aparece em vários filmes de Andy Warhol e inspirou muitas músicas de Lou Reed. O documentário

---

[18]EDMONDS, Alexander. *Pretty Modern: Beauty, Sex, and Plastic Surgery in Brazil*. Durham (NC): Duke University Press, 2010, p. 10-15; p. 90.
[19]GARCIA-NAVARRO, L. "*In Brazil, Nips And Tucks Don't Raise An Eyebrow*". In: *NPR*, Disponível em: <https://tinyurl.com/3u57hdb2> (Acesso: 02 jun. 2021).
[20]GIDDENS, Anthony. *A transformação da intimidade. Sexualidade, amor, erotismo nas sociedades modernas*. São Paulo: Editora Unesp, 1992, p. 38.
[21]Ver DEAN, Tim. *Beyond Sexuality*. Chicago: University of Chicago Press, 2000, p. 20-21.

inclui um trecho de outro documentário, *Bailey on... Andy Warhol* (1973), no qual Warhol explica a diferença entre *drag queens* e suas próprias estrelas. *Drag queens*, diz ele, "apenas se disfarçam oito horas por dia. As pessoas que utilizamos realmente pensam que são garotas, e isso é muito diferente". Warhol talvez tenha sugerido que Candy deveria fazer uma cirurgia de mudança de sexo. No filme, Candy hesita: "Não sou uma mulher autêntica [...], mas a autenticidade não me interessa. O que me interessa é ser o produto de uma mulher". Ela, então, se entupia de hormônios femininos, os mesmos que provavelmente causaram sua morte em 1974, pelas consequências de um linfoma. Ela tinha 29 anos. Candy não se preocupa com seus órgãos genitais; ela tem um rosto lindo — é "*I, Candy*", ou melhor, "*Eye Candy*". Seu rosto é extraordinário; ele é encantador, pálido e luminoso, sempre impecavelmente maquiado. Candy tem o rosto que Roland Barthes descreve com êxtase quando olha para Greta Garbo — um rosto "vind[o] de um céu onde as coisas são formadas e acabadas na maior claridade". Para Barthes, a beleza de Garbo "constituía uma espécie de estado absoluto da carne que não se podia ser atingido nem abandonado"[22].

Candy era extremamente bonita. Mas seu rosto majestoso não lhe permitiu conciliar os limites impostos a ela por seu ser corporal, sexual. "Sinto como se estivesse vivendo em uma prisão", Candy escreveu em seu diário. Nele, ela conta como é incapaz de fazer certas coisas — nadar, visitar pessoas próximas, arrumar um emprego ou ter um namorado. Sua vida sexual continua sendo objeto de especulações. Deitada em sua cama de hospital, em agonia, Candy posou para Peter Hujar, que fez um retrato dela em preto e branco, o qual mais tarde recebeu o título de *Candy Darling on her Deathbed* ("Candy Darling em seu leito de morte"). A morte não estava longe da lente da câmera — Candy morreu pouco depois.

Ela deixou um bilhete:

> A quem possa interessar,
> Quando você ler isso, eu não estarei aqui. Infelizmente, antes de minha morte, eu não tinha mais nenhuma vontade de viver. Apesar

---

[22] BARTHES, Roland. *Mitologias*. Rio de Janeiro: Bertrand Brasil, 2001, p. 47-48.

de todos os amigos que tinha e da aceleração que minha carreira estava experimentando, me sentia vazia demais para continuar essa existência irreal. Tudo me aborrece tanto... Aborrece-me até a morte, poderíamos dizer. Pode parecer ridículo, mas é verdade. Já fiz os preparativos para o meu funeral, fiz uma lista de convidados e paguei todas as despesas. [...] Adeus agora.

Vou sempre amar vocês,

Candy Darling[23]

Como Susan Sontag escreveu: "Peter Hujar sabe que retratos de pessoas vivas são sempre retratos de pessoas mortas também". Referindo-se a essa última fotografia de Candy, em sua introdução a *Portraits in Life and Death*, o único livro que Hujar publicou em vida, ela acrescenta: "A fotografia transforma o mundo inteiro em um cemitério"[24].

É a tensão entre a beleza e a morte que quero enfatizar aqui. Ou, para ser mais precisa, quero estudar a beleza como negação da morte, que funciona como limite à promessa de plasticidade, de permutação infinita. No início dos anos 1900, foi criada a Bakelite, o primeiro termofixo totalmente sintético. Em 1933, o polietileno foi descoberto. Em 1939, na World's Fair de Nova York, a DuPont Corporation apresentou o nylon, a primeira fibra puramente sintética. Nos anos 1940 e 1950, começou a produção em massa de plástico. A década de 1950, como nos conta Meyerowitz tão fascinantemente, marcou o início da influência midiática da transexualidade[25].

Quando Christine Jorgensen foi operada na Dinamarca, foi um verdadeiro frenesi midiático. A fórmula "mudança de sexo" estava na boca de todos[26]. "Em 1952, a imprensa descobriu Christine Jorgensen, inaugurando um período de cobertura midiática exaustiva e até mesmo obsessiva. Na história da mudança de sexo nos

---

[23]RASIN, J. *Beautiful Darling: A documentary on Candy Darling, The Life and Times of the Andy Warhol Superstar*, 2010.
[24]SONTAG, Susan. "Introduction". In: HUJAR, Peter. *Portraits in Life and Death*. Nova York: De Capo, 1976.
[25]MEYEROWITZ, Joanne. *How sex changed: A history of transsexuality in the United States*. Cambridge: Harvard University Press, 2004.
[26]*Idem*, p. 51.

Estados Unidos, as reportagens sobre Jorgensen representaram tanto um episódio culminante quanto um pontapé inicial[27]. Nos Estados Unidos, a enorme presença pública de Jorgensen foi emblemática de uma crescente preocupação cultural com os campos imbricados da ciência e da sexualidade. Foi como se, de repente, a própria Jorgensen encarnasse a questão histérica: "O que é um homem e o que é uma mulher?"[28].

Os anos 1960 foram os da pílula anticoncepcional e da revolução sexual. A palavra *plástico* tem raízes tanto gregas quanto germânicas. Em grego, *plástico* vem de πλαστικός (*plastikos*) que significa "que pode ser moldado ou modelado"; *plastikos* vem de πλαστός (*plastos*) que significa "modelado", em referência à maleabilidade das formas, permitindo que sejam fundidas, prensadas ou extrudadas em uma variedade de formas. Em alemão, *plástico* vem de *Plastik*, que significa "escultura clássica", com a intenção de apresentar belas formas e uma harmonia na distribuição dos estímulos visuais.

Em sua obra inovadora e inspiradora *The Future of Hegel*, Catherine Malabou baseia-se no estudo de Hegel, em *Estética*, da arte e escultura gregas, que define como "a arte plástica por excelência". De fato, Hegel escreve:

> Os gregos possuíam esse sentido plástico perfeito ao mais alto grau em sua concepção do divino e do humano. Só compreendemos e situamos os poetas, oradores, historiadores e filósofos gregos em seu lugar à luz dos ideais da escultura, em outras palavras, da plástica, a única capaz de nos mostrar, em toda a sua realidade, as figuras de heróis épicos e dramáticos, estadistas e filósofos. Pois nos tempos áureos da civilização grega, os personagens atuantes, homens de ação, tinham, assim como os poetas e os pensadores, esse caráter plástico, universal e individual, sem diferença alguma entre o interior e o exterior[29].

Malabou vislumbra a "plasticidade filosófica" como uma atitude filosófica, como o comportamento do filósofo; para ela, a

---

[27] *Idem*, p. 49.
[28] *Idem*, p. 49 e 51.
[29] HEGEL *apud* MALABOU, Christine. *L'Avenir de Hegel*. Paris: Vrin, 1996, p. 24.

"plasticidade filosófica" se aplica à filosofia, ao ritmo com que o conteúdo especulativo é desdobrado e apresentado. Em *A ciência da lógica*, Hegel afirma:

> Uma apresentação plástica requer também um sentido plástico de acolhimento e compreensão; mas tais adolescentes, tais homens plásticos, capazes de renunciar por conta própria, tranquilamente, às suas próprias reflexões e intervenções por meio das quais o "pensar por si" anseia por se manifestar, ouvintes aptos a seguir apenas à Coisa, como Platão os imaginava, seriam impossíveis de encenar no diálogo moderno; menos ainda se poderia contar com tais leitores[30].

Não vou me alongar nas nuances do argumento de Malabou; apenas observarei que o filósofo optou por insistir na ideia de uma produtividade contínua das formas, isto é, na "plasticidade", ao passo que o *plástico* em si hesita estranhamente entre um certo conceito de beleza e a possibilidade técnica de transformar a matéria em função dos cânones da beleza. Daí a "cirurgia plástica".

A cirurgia plástica visa remodelar ou mover um tecido, preencher uma cavidade, esconder uma lesão ou melhorar a aparência. Vale ressaltar que, hoje, a cirurgia plástica vaginal é uma das cirurgias mais solicitadas, ao lado de abdominoplastias e implantes mamários. As labioplastias e as vaginoplastias estão entre os procedimentos estéticos que mais crescem à medida que a busca por uma "*designer vagina*" ["vagina de designer", em inglês] se intensifica. Curiosamente, a maioria das remodelações vaginais visa criar o tipo de vaginas simétricas que a cirurgia de redesignação sexual produz para pessoas de *M to F*.

Giddens partia do princípio de que a sexualidade plástica é uma sexualidade não constrangida pela "regra do falo, pela importância jactanciosa da experiência sexual masculina"[31]. Fiquei muito surpresa com uma coisa que descobri enquanto conduzia uma pesquisa sobre pessoas intersexuais. A "síndrome de insensibilidade

---

[30] *Idem, ibidem*.
[31] GIDDENS, Anthony. *A transformação da intimidade. Sexualidade, amor, erotismo nas sociedades modernas*. São Paulo: Editora Unesp, 1992, p. 10.

androgênica", ou síndrome de feminização testicular, é um distúrbio genético que afeta fetos masculinos XY que não respondem à testosterona durante a gestação. Os fetos afetados dão origem a bebês que se parecem com meninas, com vulvas de aparência normal, uma vagina mais curta que a média e sem útero, trompas de falópio ou ovários. Essa síndrome é frequentemente detectada durante a adolescência, quando essas meninas estão atrasadas na menstruação.

Todas as descrições médicas convergem para essa observação: as mulheres com essa síndrome costumam ser excepcionalmente bonitas. Eles têm uma bela tez (a ausência de andrógenos impede o desenvolvimento de acne), são extremamente altas, com corpos magros, braços e pernas longas (um possível efeito da masculinização do esqueleto), seios generosos e sem pelos pubianos. Surpreendentemente, elas parecem encarnar o ideal atual de beleza feminina na sociedade ocidental, e muitas mulheres com essa síndrome seguem carreiras como modelagem ou atuação, nas quais a beleza tem muita importância. Não deixa de ser irônico que nossos atuais ideais de beleza sejam perfeitamente encarnados por pessoas que, do ponto de vista cromossômico, são homens.

Hoje, vemos regularmente *top models* transgêneros como Andreja Pejic, Geena Rocero, Hari Nef ou Lea T desfilando para os maiores estilistas e posando em campanhas publicitárias para grandes marcas. A fluidez de gênero é um sucesso há algum tempo, mas recentemente a agência Apple Model Management abriu a primeira agência de modelos exclusivamente dedicada a manequins transgêneros em Los Angeles.

Para quem não está familiarizado com o universo da moda, saiba que desde 2009 existe uma revista de moda de edição limitada que é objeto de um verdadeiro culto. *Candy*, em referência a Candy Darling, é, segundo seu site, "a primeira revista de estilo transversal" cujo objetivo é celebrar "o transvestismo, a transexualidade, o travestismo e a androginia em toda a sua glória".

Inspirada na edição "Hollywood" da *Vanity Fair*, para seu 5º aniversário, a "edição transversal" de 2014-2015 da *Candy* apresentava em sua capa desdobrável quatorze das mulheres transgênero mais importantes e bonitas na vanguarda da luta pelos direitos dos transgênero hoje. Foi a primeira vez que tantas mulheres transgênero estavam presentes na capa de uma revista ao mesmo tempo. A legenda dizia: "Modelos a seguir". A edição rapidamente esgotou e, alguns meses depois, a *Vanity Fair* imitava o estilo da "edição transversal" da *Candy* quando colocou na capa Caitlyn Jenner. De fato, os modelos em papel brilhante oferecem mais do que projeções imaginárias, eles dão também conselhos para quem deseja mudar de sexo. Essa inversão de influências aliada ao atual fascínio da mídia por tudo o que é trans corresponde menos a uma curiosidade por um fenômeno tornado público com a intenção de escandalizar e fazer revelações do que a uma mudança profunda na estética de nossa vida cotidiana.

SEXO É A PIADA DA NATUREZA

A natureza talvez tenha senso de humor. Nos vivos, diz-nos Hegel, a Natureza une "o órgão de sua maior perfeição — o da geração — com o aparelho urinário"[32]. Zizek usa essa observação de Hegel, uma crítica à frenologia, que dá início à sua *Fenomenologia do espírito*. Zizek refere-se ao que chama de teoria do falo de Santo Agostinho. Para Santo Agostinho, a sexualidade não é o pecado pelo qual os seres humanos são punidos, mas antes um castigo devido ao "orgulho do homem e à sua sede de poder"[33]. O falo encarna o castigo, "o estádio em que o próprio corpo do homem se vinga de seu falso orgulho"[34]. O homem é capaz de controlar o movimento de todas as partes de seu corpo, exceto uma — o falo age à sua maneira, como bem entende, tem sua própria vontade.

Zizek inverte esse paradoxo e nos diverte com uma piada vulgar: "Qual é o objeto mais leve da Terra? — O falo, porque é o único que pode ser levantado apenas pelo pensamento"[35]. Nessa levitação divina, qualquer punição pode ser superada dialeticamente. O falo

---

[32] HEGEL, Georg W. F. *A fenomenologia do espírito*. Trad. Paulo Meneses. Petrópolis/Bragança Paulista: Vozes/Editora Universitária São Francisco, 2014, p. 245.
[33] ZIZEK, Slavoj. *Eles não sabem o que fazem: O sublime objeto da ideologia*. Rio de Janeiro: Jorge Zahar Editor, 1992, p. 79.
[34] *Idem, ibidem.*
[35] *Idem, ibidem.*

é menos o modo pelo qual a carne é rebaixada do que o significante da operação pela qual o poder do pensamento sobre a matéria se torna manifesto. Pensamento, palavras e imagens podem ser mobilizados para evitar o triste destino imposto pela anatomia.

Lembramos que Freud evitou a armadilha de escolher entre anatomia e convenções sociais. Para a psicanálise, o sexo nunca é um acontecimento natural, nem pode ser reduzido a uma construção discursiva. A alternativa "sexo ou gênero" é uma alternativa falsa. A diferença sexual não é nem da ordem do sexo nem da ordem do gênero, porque o gênero deve ser encarnado e o sexo, simbolizado. Há um antagonismo radical entre sexo e sentido, como demonstra muito convincentemente Joan Copjec. O sexo é uma falta de significação, uma barreira ao sentido. A diferença sexual é uma categoria comparável a outras formas de diferença em jogo na construção da identidade — social, racial ou de classe? Ou é um tipo diferente de diferença?

Voltemo-nos para a clínica. Stanley é um recente transexual na casa dos quarenta anos. Ele fala facilmente sobre sua mãe e do desejo dela. Ele foi criado por uma avó que, segundo ele me disse, era a única pessoa que o amava. A avó de Stanley rejeitava a filha — mãe de Stanley — porque "ela só gostava de meninos". Mas quando Stanley, criança, foi enviado para morar com a avó, ela recebeu calorosamente a garotinha.

A mãe de Stanley, Marika, saiu da casa dos pais aos 14 anos para se casar com Robert, que tinha 15. Marika já estava grávida quando saiu de casa. O pai de Stanley era polonês-americano. Robert pertencia a esse tipo de homem musculoso, engraçado e alcoólatra por quem a mãe de Marika, Gilda, também de origem polonesa, tinha uma queda. Quando Marika foi se instalar na família de Robert, ela se tornou muito próxima da família de seu novo marido.

Todos eram muito pobres. Alguns trabalhavam (por parte da mãe), enquanto outros estavam constantemente desempregados (por parte do pai). Ambos os pais de Stanley morreram jovens. Robert morreu em um acidente de carro, mas Stanley suspeita de suicídio. Marika morreu de *overdose* acidental de medicamentos. Durante o casamento de Marika na adolescência, a mãe de Stanley reformulara a definição lévi-straussiana de exogamia: "Tomo uma

A BELEZA DO SEXO PLÁSTICO

esposa e dou uma filha". Marika se entregara como filha à família de seu esposo Robert, e em troca dera sua própria filha à mãe. Meu analisando diz que ele era uma moleca [*garçon manqué*[36]] em sua infância. Sua avó lhe dizia: "Não engravide". E Stanley respondia: "Nunca ficarei grávida".

Stanley reconhece que ser homem hoje está muito ligado ao fato de não estar grávida; não engravidar durante a adolescência, como aconteceu com sua mãe, permitiu que ele não repetisse um destino que, segundo ele, era o da maioria das meninas de sua escola. Hoje, Stanley é um homem casado, satisfeito com seu trabalho como assistente médico. Sua esposa, enfermeira, é uma mulher heterossexual que nunca tivera um relacionamento com ninguém antes de conhecê-lo. Eles têm uma filha que foi concebida por inseminação artificial. São um casal normal cujo problema atual é que a esposa de Stanley quer um segundo filho.

Meu analisando tem medo de ter um filho e se opõe tranquilamente a essa ideia, pois acha que seria difícil para ele ser "pai de um menino". Logo em seguida, ele derrapa de forma reveladora: "Não posso ser transparente para ele". Na verdade, Stanley, que já é um "pai trans" porque tem uma filha, acha que criar um filho revelará sua insuficiência — sua falta de conhecimento em matéria de masculinidade. Stanley se considera um "homem feminista", um rótulo que tem o outro sexo — a diferença — escrito em sua identidade. Ele não é, diz ele, como um homem biológico. Ele se sente confortável na companhia de outros homens, mas também diferente (isso é importante, pois ele não é psicótico).

Recentemente, Stanley me contou um sonho: "Estou fazendo amor com um homem. Ele não sabe que eu sou trans. Fico angustiado. Toco o pênis dele, mas em vez disso encontro uma coisa estranha de plástico translúcido com uma varinha vermelha dentro". E acrescenta, como que para se explicar: "Uma coisa de plástico transparente". Nesse ponto, suspendi a sessão, repetindo: "Uma coisa de plástico transparente".

---

[36] Nota do tradutor: a expressão francesa *garçon manqué* refere-se a uma menina que se assemelha ou exibe características ou comportamentos considerados típicos de um menino.

Em última análise, a descoberta mais radical da psicanálise é que o sexo está ligado à pulsão de morte. A "castração" de Stanley está ligada à aceitação de sua própria mortalidade, fato que não deixa de estar relacionado ao seu desejo conflitante de se tornar pai. A reprodução demonstra a mortalidade do indivíduo. Apesar do que muitas vezes imaginamos, não nos "duplicamos" por meio da reprodução sexuada. Não oferecemos a nós mesmos uma parte de imortalidade ao termos filhos, pelo contrário. Como diz Lacan, a reprodução sexuada significa que "o que é vivo, por ser sujeito ao sexo, caiu sob o golpe da morte individual"[37]. A reprodução não garante a imortalidade através da replicação, mas mostra, antes, a singularidade (e a morte) de cada indivíduo. No caso de Stanley, isso é ilustrado com absoluta clareza — sua esposa engravidará usando esperma de um doador anônimo. E Stanley está ciente disso. Ele está aliviado que, graças à inseminação artificial, sua prole não carregará os genes "defeituosos e propensos ao vício" de sua família. Para Stanley, o corte da castração ou a mortalidade que ele luta para aceitar é também uma expressão de sua singularidade como sujeito, como homem feminista, como "trans parente" [*trans parent*].

A estética incrivelmente variada das pessoas trans encontrou uma voz contemporânea nos vídeos irreverentes e inovadores de Ryan Trecartin, que foi aclamado como um dos jovens artistas americanos mais importantes. Trecartin foi lançado pelo New Museum durante a exposição coletiva *Younger than Jesus* e, mais recentemente, foi exibido na Bienal de Veneza de 2013, onde apresentou *Any-Ever* e outros vídeos. A recepção foi bastante entusiasmada. A videoarte maluca de Trecartin é um hino à plasticidade que brinca com a transformação de gênero e as modificações corporais. Em entrevista ao *The New Yorker*, Trecartin declarava: "O que identifica as pessoas não é mais seu corpo"[38]. A carne é um plástico

---

[37]LACAN, Jacques. *O seminário, livro 11: Os quatro conceitos fundamentais da psicanálise*. Trad. M.D. Magno. Rio de Janeiro: Zahar, 1988, p. 194.
[38]TOMKINS, Calvin. "Experimental People: The Exuberant World of a Video-Art Visionary". In: *The New Yorker*. Disponível em: <https://tinyurl.com/4eyb6bu4> (Acesso: 02 jun. 2021).

pós-produzido em um mundo girando a uma velocidade vertiginosa. Sua arte foi descrita por Patrick Langley nos seguintes termos: "Se o Facebook tivesse um pesadelo, seria assim"[39]. O objetivo é colocar a pulsão de morte no centro da cena em vez da pulsão de beleza. Seu trabalho transcende qualquer comparação e desafia as narrativas lineares. A câmera na mão nos mostra em velocidade caótica um crescendo de cenas desconexas de destruição caricaturais (jovens homens e mulheres em uma bolha social multirracial, todas e todos disfarçados e vadiando em casas meio abandonadas e destruídas, bebendo e caindo bêbados, iniciando incêndios, *hackeando* caixas de e-mail, jogando televisões de carros dirigidos a toda velocidade). Jovens infringindo leis tentando identidades diferentes. Os vídeos de Trecartin nunca são estáticos; há uma supersaturação dinâmica de imagens, de jargão falado misturado com *slogans* comerciais, uma mistura de futilidades aforísticas no "murmúrio a céu aberto de um inconsciente digital"[40]. A feiura do ambiente se espalha como um modo de transgressão cômica. "A morte a muitos curará de seu desejo de imortalidade", como escreveu Beckett acerca de Proust, mas Trecartin nos vacina com paródias e risadas picantes[41]. Trecartin rejeita os binarismos real/virtual, homem/mulher, eu/outro, sexualidade/heterossexualidade, racionalidade/loucura, superfície/profundidade, estilo/conteúdo, tempo/espaço. Ele propõe uma travessura pós-joyciana ao reescrever e reeditar nossas construções identitárias atuais, e não se assusta com a ideia da morte.

Para Freud e Lacan, reprodução sexual e morte são dois lados da mesma moeda. A reprodução sexual requer mais do que um indivíduo; uma única pessoa, ou um único parceiro, simplesmente não consegue produzir um novo ser. Em princípio, o ser vivo sexuado implica a morte do indivíduo imortal. A diferença sexual e a reprodução sexual explicam uma falta constitutiva no sujeito — uma falta

---

[39] LANGLEY, Patrick. "Ryan Trecartin, The Real Internet is Inside You". In: *The White Review*. Disponível em: <https://tinyurl.com/22dhv68c> (Acesso: 02 jun. 2021).
[40] TOMKINS, Calvin. "Experimental People: The Exuberant World of a Video-Art Visionary". In: *The New Yorker*. Disponível em: <https://tinyurl.com/4eyb6bu4> (Acesso: 02 jun. 2021).
[41] BECKETT, Samuel. *Proust*. Trad. Arthur Nestrovski. São Paulo: Cosac & Naify, 2003, p. 25.

que Lacan descreve como "reprodução, pelo ciclo sexual"[42]. Como vimos, não há nenhum preceito "biológico" pré-programado na psique que determine por que alguém se situará, independentemente de seu corpo, como homem ou como mulher; e não há preceito "biológico" que busque o que viria a completá-lo.

Adotar uma orientação sexual é aceitar uma perda primordial. Mais uma vez, o sexo deve ser simbolizado e o gênero encarnado. Os significantes fundamentais — "trans", "pai" [*parent*], "plástico" — em ação no inconsciente de Stanley talvez possam se reconectar em um sinthoma. Este homem feminista está à vontade no mundo porque consegue passar por um homem. O fato de ele ser um homem nunca é questionado. Ele é alto, magro, musculoso e atraente, e tem todas as marcas daquilo que, em nossa sociedade, é considerada uma masculinidade viril. Novamente, ele obviamente não é psicótico. Stanley costuma dizer nas sessões que é "estranho", ser um homem trans, que ele acha difícil explicar sua transição, até para si mesmo, mas que precisa inventar algo para sobreviver. Nos anos que antecederam sua transição, ele estava bebendo muito e pensava em suicídio.

Gostaria de insistir na forte pulsão à beleza que habita o processo de transformação transexual. Encontramos muitas pessoas trans que esperam ser consideradas ou "interpretadas" como pertencentes ao gênero com o qual se identificam. Essas pessoas falam em "passar" ou "não passar por" (*passing or not passing*). Não posso deixar de me perguntar: trata-se de uma beleza puramente imaginária, ou de uma beleza como a de Antígona, na qual Lacan vê o brilho puro ou o "brilho insuportável" que caracteriza uma beleza purificada do imaginário?[43] Em sua descrição de Antígona, Lacan considera sua beleza como uma "barreira" protetora que "interdita o acesso a um horror fundamental"; para Lacan, sua beleza é uma tela que nos protege do poder destrutivo do impossível, que Lacan chama de real. A beleza pode ser um limite para o desencadeamento do gozo

---

[42] LACAN, Jacques. *O seminário, livro 11: Os quatro conceitos fundamentais da psicanálise*. Trad. M.D. Magno. Rio de Janeiro: Zahar, 1988, p. 188.
[43] LACAN, Jacques. *O seminário, livro 7: A ética da psicanálise*. Trad. Antonio Quinet. Rio de Janeiro: Zahar, 2008, p. 294.

e um lugar intermediário entre duas mortes. Isso poderia nos levar a concluir que os indivíduos transgênero desejam ser reconhecidos em seu ser. Quando essas pessoas dizem "eu sou bonito/bonita", a ênfase é mais no "eu sou" do que no "bonito/bonita". Trata-se de uma preocupação ética mais do que estética.

CAPÍTULO CATORZE

Este objeto obscuro: da beleza ao excremento

Doch mildernd wirkt auch hier der Zeiten Lauf;
Er lässt, was schön war, immer schon erscheinen.

Mas o que, o tempo que passa também esbate as coisas da vida:
Belas, elas resplandecem inalteravelmente.

DANIEL PAUL SCHREBER[1]

O presidente Daniel Paul Schreber quis, antes de tudo, tornar-se mulher por razões estéticas. Como ele explica, um sonho lhe trouxera a revelação de que seria "singularmente belo" ser uma mulher, ainda mais uma mulher com a qual Deus teria relações sexuais: "deveria ser [realmente bonito] [*recht schön*] ser uma mulher se submetendo ao coito"[2]. A preocupação

---

[1]SCHREBER, Daniel P. *Schreber inédit*. DEVREESE, Daniel *et al.* (org.). Paris: Seuil, 1986, p. 58. Trecho de um poema para sua mãe, Pauline, por ocasião de seu nonagésimo aniversário, 29 de junho de 1905.
[2]FREUD, Sigmund. "Observações psicanalíticas sobre um caso de paranoia (*Dementia paranoides*) relatado em uma autobiografia ('O caso Schreber')". In: *Observações psicanalíticas sobre um caso de paranoia (Dementia paranoides) relatado em uma autobiografia ('O caso Schreber'), Artigos sobre a técnica e outros textos (1911-1913)*. Trad. Paulo César de Souza. São Paulo: Companhia das Letras, 2010, p. 18, tradução modificada. De acordo com Freud, a primeira pista para um delírio transexual em curso apareceu na ideia hipnopédica de Schreber "deveria ser realmente *bonito* ser uma mulher se submetendo ao coito" (grifos meus). Essa noção evoluiu e acabou levando à voluptuosa libertinagem que ele rapidamente atribuiu a Deus. [Nota da editora: a tradução utilizada verte *schön* por "bom". Modificamos a citação para adequá-la aos propósitos da autora.]

com a beleza marcara profundamente a família Schreber. Seu pai, Dr. Daniel Gottlieb Moritz Schreber, que desempenhou um papel central no universo paranoico de seu filho, foi um médico, atleta, autor prolífico e pedagogo célebre, que fazia proselitismo pelos benefícios do exercício e da boa forma. O velho Schreber popularizou a busca por um corpo saudável, alcançado por meio de um rigoroso programa de exercícios. Ele também lançou um regime pedagógico severo baseado na disciplina estrita e em aparelhos ortopédico de sua invenção[3]. O influente especialista em saúde e reprodução recomendava que pais e educadores exercessem "a máxima pressão e constrangimento durante os primeiros anos de vida da criança"[4]. Dr. Schreber inventou aparelhos de contenção ortopédicas para garantir que as crianças mantivessem "a postura mais ereta possível em todos os momentos, seja em pé, sentadas, andando ou deitadas"[5]. Sua preocupação com uma postura perfeitamente ereta, mesmo durante o sono, era combinada com o uso de correias e cintos de retenção utilizados em sua cruzada contra a masturbação infantil. Muitos críticos de orientação psicanalítica suspeitaram de uma tendência perversa beirando o sadismo na busca da normatividade sexual do Dr. Schreber.

Aos 50 anos, o pai de Schreber, também fisiculturista e vencedor de vários concursos de *fitness*, usou o próprio corpo como modelo para as ilustrações de seu livro *Pangymnasticom*, pois, como observa seu biógrafo Alfons Ritter, "um treinamento constante dera a seu corpo uma beleza perfeita"[6]. Com efeito, o corpo ideal do Dr. Schreber não era apenas saudável, mas também belo, como mostra o título de um de seus livros populares: *Kallipoedie oder Erziehung zur Schönheit durch naturgetreue und gleichmäßige Förderung normaler Körperbildung* ("*Callipedia* ou educação para a beleza através da produção natural e progressiva de um corpo

---

[3]Ver NIEDERLAND, William G. "Schreber: Father and Son". In: *The Psychoanalytic Quarterly*, vol. 28, no 2, 1959, p. 151-169.
[4]*Idem*, p. 154.
[5]NIEDERLAND, William G. *The Schreber Case: Psychoanalytic Profile of a Paranoid Personality*. Nova York: Psychology Press, 2009, p. 51. Ver também p. 56, p. 70, p. 73, p. 74.
[6]RITTER, Alfons *apud* NIEDERLAND, W. G. *The Schreber Case: Psychoanalytic Profile of a Paranoid Personality*. Nova York: Psychology Press, 2009, p. 64.

normal"). Esse livro, muitas vezes referido mais brevemente como *Callipedia* ou *Educação para a beleza*, tornara-se um guia muito popular para pais e educadore(a)s. Esse livro não só condensa o método pedagógico de construção do corpo de Schreber pai, com exercícios físicos vigorosos e metódicos (ginástica diária e ginástica sueca) visando a forma física, uma boa postura e o controle emocional, como também expõe uma preocupação estética baseada nos ideais clássicos de beleza condensados na palavra alemã *Plastik*. Para os Schreber, a beleza inscreve a norma.

Schreber filho, seguindo o ideal de beleza de seu pai, acrescentou a isso seu próprio toque, porém, ao ver a beleza não como sinal de saúde, mas como fonte de prazer. Ele achava que o corpo feminino era o mais belo dos corpos, um lugar de volúpia que criava desejo tanto para homens quanto para mulheres: "a nudez feminina, na verdade, atua como excitante igualmente para *ambos* os sexos"[7]. O corpo feminino era uma forma de encarnação superior à qual ele aspirava, uma forma "miraculosa" que podia ser assustadora. Ele aparecia em momentos de prazer intenso, por exemplo, ao tocar piano e sentir "a sensação evocada pela beleza da música".[8] Schreber escreve em suas memórias:

> Posso me "desenhar" em um outro lugar, diferente daquele no qual eu de fato estou; por exemplo, enquanto me sento ao piano, estar ao mesmo tempo no quarto ao lado em frente ao espelho, com roupas femininas; posso, o que é muito importante para mim, pelas razões indicadas no capítulo XIII, criar para mim mesmo e para os raios, quando estou deitado na cama à noite, a impressão de que meu corpo é dotado de seios e de órgãos sexuais femininos. Desenhar um traseiro feminino no meu corpo — *honny soit qui mal y pense* — tornou-se para mim um hábito de tal forma que eu o faço quase involuntariamente toda vez que me inclino. Com razão, creio poder chamar o "desenhar", no sentido desenvolvido acima, de um milagre às avessas[9].

[7] SCHREBER, Daniel Paul. *Memórias de um doente dos nervos*. Trad. Marilene Carone. Rio de Janeiro: Graal, 1984, p. 119.
[8] *Idem*, p. 167.
[9] *Idem*, p. 158.

ESTE OBJETO OBSCURO: DA BELEZA AO EXCREMENTO

Nos momentos de aproximação, meu peito dá a impressão de ter seios bastante desenvolvidos; este fenômeno pode ser visto *com os próprios olhos* por qualquer um que queira me observar. Estou, portanto, em condições de fornecer, por assim dizer, uma prova passível de inspeção ocular. Certamente não bastaria uma observação rápida num determinado momento: o observador precisaria fazer o esforço de permanecer junto a mim cerca de dez a quinze minutos. Neste caso, qualquer um poderia observar que meu peito alternadamente aumenta e diminui de volume. Naturalmente, permanecem nos braços e no tórax os pelos viris, que, aliás, em mim estão presentes em pequena escala; também os mamilos continuam do tamanho pequeno que corresponde ao sexo masculino. Mas à parte isso, ouso afirmar que qualquer pessoa que me vir de pé diante do espelho, com a parte superior do corpo desnudada — sobretudo se a ilusão for corroborada por algum acessório feminino terá a impressão indubitável de um *torso feminino*. Não hesito em esclarecer que quando estiver fora do sanatório, *da minha parte não solicitarei* um exame deste tipo, mas permitirei que seja feito por qualquer especialista que a tanto seja movido, não por mera curiosidade, mas por um interesse científico[10].

Essa e outras passagens levaram Deleuze e Guattari a afirmar que Schreber era o transexual de Freud. Em uma importante análise, os filósofos franceses argumentam que Schreber não era bissexual ou homossexual, como pensava Freud, mas inteiramente transexual. Eles escrevem que Schreber "não é simplesmente bissexuado, nem entre os dois sexos, nem é intersexuado, mas transexuado. Ele é trans-vivomorto, trans-paifilho"[11]. De fato, Schreber dizia sentir seu corpo oscilar entre a vida e a morte, mas felizmente, para ele, destinado a ser regenerado em uma transição mística de homem para mulher[12]. Sobre seu corpo transformado, ele escreve:

---

[10] *Idem*, p. 184.
[11] DELEUZE, Gilles; GUATTARI, Felix. *O anti-Édipo — Capitalismo e esquizofrenia 1*. São Paulo: Ed. 34, 2010, p. 106.
[12] *Idem, ibidem*.

> A única coisa que pode soar como algo irracional aos olhos das outras pessoas, é a circunstância apontada pelo senhor perito de que às vezes eu sou encontrado com o tronco seminu diante do espelho ou algum outro lugar, enfeitado com adereços um tanto femininos (fitas, colares de bijuteria etc.). Mas isto só acontece *quando estou só*, e nunca, pelo menos até onde eu posso evitar, na presença de outras pessoas. [...] *Tenho boas e sólidas razões para o comportamento* acima descrito, por mais tolo ou desprezível que ele possa parecer para as pessoas[13].

Essa experiência particular parece reproduzir os elementos básicos do estádio do espelho de Lacan. Schreber compõe uma imagem clara e completa de si mesmo como uma bela mulher, com a sugestão de uma criada perturbadora pronta para seduzir o mestre. Esse clichê vitoriano tem uma função paródica, pois o olhar do pai é tanto onipresente quanto anulado. A idealização hipermasculina do pai foi invertida em zombaria feminina, na qual ele, no entanto, encontra consolo temporário. Os raios encarnam o gozo puro e parecem vir de fora. A encarnação feminina oferece uma solução para dar sentido à volúpia intensa que Schreber experimenta: "Eu consigo, especialmente se penso em coisas femininas, chegar a uma sensação de volúpia correspondente à feminina. Faço-o, diga-se de passagem, não por luxúria, mas em certos momentos sou obrigado a fazê-lo, se quiser conseguir dormir ou me proteger contra sofrimentos que de outro modo seriam quase insuportáveis"[14].

O corpo de Schreber, uma vez completamente feminizado, torna-se uma máquina voluptuosa de gozo polimorfo. A sensibilidade erótica aumentada não se limita aos mamilos ou seios, mas abrange todas as zonas erógenas e, mais particularmente, os orifícios de evacuação. Devido à influência negativa ou "pérfida" dos raios de Deus, Schreber nunca poderia proferir estas palavras em velocidade normal: "Por que o senhor não c...?[15] Veja como ele elabora os "milagres" que se produzem em seu corpo:

---

[13]SCHREBER, Daniel Paul. *Memórias de um doente dos nervos*. Trad. Marilene Carone. Rio de Janeiro: Graal, 1984, p. 261.
[14]*Idem*, p. 182.
[15]*Idem*, p. 153.

Como tudo o mais no meu corpo, também a necessidade de evacuação é provocada por milagre; isto acontece da seguinte maneira: as fezes são empurradas para a frente (às vezes também de novo para trás) e quando, em consequência da evacuação já efetuada, não há mais material suficiente, se lambuza o orifício do meu traseiro com os poucos resíduos do conteúdo intestinal. Trata-se aqui de um milagre do deus superior, que se repete pelo menos muitas dúzias de vezes por dia. A isto se liga a ideia quase inconcebível para o homem e só explicável pelo completo desconhecimento que Deus tem do homem vivo como organismo — a ideia de que o "c..." seja, de certo modo, o último recurso, isto é, de que por meio do milagre da necessidade de c... se atinja o objetivo da destruição do entendimento e se torne possível uma retirada definitiva dos raios. Para chegar aos fundamentos da origem desta ideia, parece-me necessário pensar na existência de um equívoco com relação ao significado simbólico do ato de evacuar, ou seja: quem chegou a ter uma relação correspondente à minha com os raios divinos, de certo modo está justificado a c... sobre o mundo inteiro[16].

Na parte seguinte das *Memórias*, Schreber observa que, cada vez que experimenta o "milagre" de precisar defecar, ocorre de alguém ser enviado por Deus ao banheiro justamente para impedi-lo de se aliviar. Como isso acontece com frequência, "milhares de vezes", isso não pode ser devido a uma coincidência. Schreber conclui esta parte com uma resposta pronta: a pergunta "Por que você não c...?" é seguida pela resposta maiúscula "Provavelmente porque sou burro, algo assim"[17]. A partir dessa série de razões, Schreber deduz não apenas que Deus não tem consideração, mas também que ele não tem compreensão dos organismos humanos: "Quando, então, no caso de uma necessidade, efetivamente evacuo — para o que me sirvo de um balde, dado que quase sempre encontro o banheiro ocupado —, isto se associa toda vez a um intensíssimo desdobramento da volúpia de alma. A libertação da pressão provocada

---

[16] *Idem, ibidem*.
[17] *Idem*, p. 154.

pela presença de fezes nos intestinos tem como consequência um intenso bem-estar, que é proporcionado aos nervos da volúpia; o mesmo acontece no ato de urinar"[18].

Para Lacan, não há dúvida de que o livrinho de Freud sobre o caso Schreber é o melhor ensaio que ele já escreveu — talvez porque Schreber tenha desencadeado um elemento psicótico no próprio Freud: "O que Freud fez de melhor foi a história do presidente Schreber. Ele está ali como um peixe na água"[19]. Elogiando a leitura do caso feita por Freud, Lacan argumenta que um psicanalista nunca deveria hesitar em ser delirante, e acrescenta: "Se eu fosse mais psicótico, provavelmente seria um analista melhor"[20]. No entanto, quando Lacan examina a transformação de Schreber em mulher, ele discorda da hipótese freudiana da homossexualidade reprimida para enfatizar a dimensão do gozo transexual. Deleuze e Guattari ecoam Lacan em sua avaliação. O que Lacan acrescenta a essa identificação transexual, prestando atenção a outra fonte de gozo, é a abordagem temerosa, mas voluptuosa, da defecação de Schreber. A obsessão do juiz Schreber por essa merda erógena pode ser comparada ao curioso papel desempenhado pela beleza e pela estética em seu delírio transexual.

No delírio de Schreber, encontramos os excrementos mais repugnantes convivendo com o mais belo, o que nos lembra a equação que Freud fazia, no inconsciente, entre os excrementos (substituídos por dinheiro ou presentes) e os bebês. Os excrementos e os bebês também escondem o pênis, sendo os três indistinguíveis um do outro e completamente intercambiáveis. Freud acrescentou: "esses elementos são com frequência tratados, no inconsciente, como se equivalessem uns aos outros e pudessem livremente substituir uns aos outros"[21]. Se a relação entre "bebê", "pênis" e "excrementos" está em jogo no caso Schreber, devemos relacionar tal labilidade

---

[18] *Idem, ibidem*.
[19] LACAN, Jacques. "Ouverture à la section clinique". *Ornicar?*, n. 9, 1977, p. 7-14.
[20] *Idem, ibidem*.
[21] FREUD, Sigmund. "Sobre transformações dos instintos, em particular no erotismo anal". In: *História de uma neurose infantil ("O homem dos lobos"), Além do princípio do prazer e outros textos (1917-1920)*. Trad. Paulo César de Souza. São Paulo: Companhia das Letras, 2010, p. 255.

simbólica ao movimento da pulsão. É justamente por causa dessa extrema mobilidade que Lacan estende o conceito de objeto da pulsão com sua noção de objeto pequeno *a*. Esse objeto psíquico especial que comemora a perda não é o ponto final do desejo, mas seu motor primordial. Lacan considera o objeto pequeno *a*, objeto-*causa* do desejo, como o desencadeador do desejo. Os objetos, por outro lado, representam esse objeto original e, por terem uma função representativa, entram em uma relação de equivalência ou intercambialidade que favorece um movimento de objeto a objeto.

Muito cedo, Freud detectara três tipos de objetos que são os protótipos dos objetos libidinais: objetos orais, anais e genitais. Ele conseguiu apoiar a exploração do segundo tipo de objeto ao ler um catálogo de ritos excrementais, o *Scatologic Rites of All Nations: A Dissertation on the Employment of Excrementicious Remedial Agents in Religion, Therapeutics, Divination, Witch-Craft, Love-Philters, etc. in All Parts of the Globe,* de John Bourke. Freud foi convidado pelo famoso folclorista Friedrich Krauss para escrever o prefácio de sua edição alemã de 1913. Vimos que, em 1903, Krauss cunhou o termo *parafilia*, valorizado por Stekel, Gutheil, Money e outros, apresentado em inglês em 1913 pelo urologista William J. Robinson.

A revista anual de Krauss, *Anthropophyteia*, reunia muitos dos interesses de Freud: folclore, etnografia e antropologia. Freud foi um de seus leitores fervorosos. Em 1910, a revista foi alvo de vigorosas acusações. Dizia-se que, sob o pretexto de divulgação antropológica, ela estava distribuindo material obsceno e pornográfico. Foi então que Freud interveio escrevendo uma carta aberta de apoio à revista (publicada na *Anthropophyteia*), e entre 1910 e 1912 seu nome apareceu como membro do conselho editorial. Em 1913, ano de publicação de *Totem e Tabu*, a versão revisada de Krauss foi publicada com o prefácio de Freud.

O livro de Bourke era um texto antropológico inovador que foi, como indica o subtítulo, "baseado em notas originais e observações pessoais, e em uma compilação de mais de mil autoridades" e foi julgado "não destinado à consulta geral". É frequentemente chamado de *Scatologic Rites of all Nations*.

Originalmente publicado em inglês em 1891, este livro foi escrito por John G. Bourke (1846-1886), um militar de origem irlandesa nascido na Filadélfia. Capitão da Terceira Cavalaria dos EUA, ele estudou os mesmos nativos ameríndios que suas tropas planejavam exterminar. Era um historiador e etnólogo amador, cujo legado inclui centenas de páginas sobre a vida na fronteira após a Guerra Civil Americana.

O subtítulo explica que o assunto pode parecer desagradável e indelicado. Bourke ousara explorar ritos e costumes que deveriam ser excluídos de qualquer conversa educada na companhia de homens instruídos. O aviso funcionava como uma grande incitação e o livro despertou enorme interesse. Essa advertência desapareceu quando a tradução alemã de 1913 foi impressa sob a direção de Krauss, acompanhada do prólogo de Freud. O título mudou e foi condensado: *Der Unrat in Sitte, Brauch, Glauben und Gewohnheitsrecht der Völker* (literalmente: "Imundícies nos costumes, usos, crenças e leis consuetudinárias de todas as nações"). A contribuição de Freud para o texto de Bourke foi posteriormente reproduzida na edição alemã das *Obras Completas* de Freud sob o título "As funções excrementais em psicanálise e no folclore"[22]. Ela foi incluída no quinto volume de uma antologia de textos escritos por Freud em inglês publicada em 1950.

Em 1994, Louis P. Kaplan reeditou uma versão resumida do livro de Bourke. Foram apenas 30 capítulos e 165 páginas, em vez das temidas 500 páginas e 52 capítulos de Bourke. Esta nova versão foi publicada em Nova York sob o título *The Portable Scatalog*. Ela foi apresentada não como um texto antropológico, mas como entretenimento humorístico. Kaplan atribui o desaparecimento das marcas de censura à aparição de Freud no volume. Ele considera, meio trocista, que um prólogo escrito pelo "mestre do estádio anal" conferiu ao texto "um selo de aprovação imediato"[23]. Freud, por sua vez,

---

[22]Nota da editora: FREUD, Sigmund. "Prefácio a *Ritos escatológicos do mundo inteiro*, de J. G. Bourke". In: *Observações psicanalíticas sobre um caso de paranoia (Dementia paranoides) relatado em uma autobiografia ('O caso Schreber'), Artigos sobre a técnica e outros textos (1911-1913)*. Trad. Paulo César de Souza. São Paulo: Companhia das Letras, 2010, p. 346-350.

[23]BOURKE, J. G., *The Portable Scatalog: Excerpts from Scatological Rites of All Nations. A Dissertation upon the Employment of Excrementitious Remedial Agents in Religion, Therapeutics, Divination, Witchcraft, Love-Philters, etc., in All Parts of the Globe* (Organizado por L. P. Kaplan). Nova York: William Morrow and Co., 1994, p. 15.

permaneceu imperturbável, pois sabia que o mal-estar produzido pelo tema do livro viria dos inevitáveis conflitos que existem entre as exigências das pulsões e as restrições impostas pela cultura. Em seus *Três ensaios sobre a teoria da sexualidade*, ele já havia aludido ao modo como a civilização paralisa as pulsões sexuais e decompõe o corpo em partes, as quais ela rotula como "normais" ou "anormais" no contexto das atividades sexuais.

John Bourke foi um autor prolífico que manteve um diário meticuloso ao longo de sua vida adulta: este relato pessoal detalhado é um valioso registro etnográfico que serviu de base para seus livros. *Scatological Rites of All Nations* foi inspirado por um evento excepcional. Em 1881, Bourke foi convidado a assistir a uma cerimônia religiosa secreta dos nativos Zuñi, do Novo México. Ali ele pôde observar que, durante o êxtase da dança ritual, os nativos bebiam urina humana. Mais tarde, ele descobriu que seus rituais incluíam não apenas urina, mas também a ingestão de excrementos humanos e animais. O primeiro relatório desse experimento foi publicado em 1885 em uma monografia de 56 páginas: *Notes and Memoranda on Human Ordure and Human Urine in Rites of Religious or Semi-Religious Character in Various Nations*.

Desconfortável com o papel pioneiro de "observador participante" que Malinowski teria recomendado, Bourke menciona que, felizmente, o rito que presenciara não incluía a habitual ingestão de excrementos de animais e humanos. Apesar de seu caráter desagradável, o etnólogo amador fornece uma explicação sobre a racionalidade desse ritual. Ele observa que, entre os Zuñi, os Nehue eram uma ordem ou seita médica; suas danças visavam fortalecer o estômago dos participantes para que pudessem tolerar qualquer alimento, mesmo o mais repugnante. Desta forma, desenvolviam não só uma resistência que lhes permitia sobreviver em situações de escassez de alimentos, mas também lutar contra os problemas digestivos. Bourke destaca o fato de não ser um rito isolado, mas uma prática conhecida e sancionada por todas as comunidades de povos originários do sudoeste americano. Ele acrescenta que os excrementos e os rituais que os acompanham deveriam ser estudados e se tornar uma rica fonte de informações sobre a vida dos povos primitivos e das civilizações modernas, e que os cientistas não deveriam mostrar repugnância com relação à morte e aos dejetos.

O fascinante texto completo de Bourke é muito longo para ser resumido aqui, mas vou apresentá-lo brevemente. Este texto inspirou James Frazer, autor de *The Golden Bough* ["O ramo de ouro"], assim como Freud, e trata da dieta de excrementos dos povos autóctones da Flórida, do Texas e da Califórnia. Ele descreve os estranhos modos de hospitalidade siberiana[24] como aqueles costumes em que as mulheres são oferecidas a estrangeiros para que eles bebam sua urina. Bourke também conta como, na África, não é arroz nem chuva de pétalas, mas a urina da noiva que é jogada nos convidados da festa nupcial. Ele constata que a urina aparece em ritos psicotrópicos em que drogas estão associadas à urina do xamã. Ele não deixa de mencionar as aberrações, como o uso de excrementos humanos pelos doentes mentais. Ele conta que, entre os árabes, o excremento dos reis era usado para produzir incenso sagrado e que, para os tibetanos, os dejetos corporais dos lamas eram usados como amuletos. Ele até menciona os excrementos do menino Jesus, que se acreditava ter poderes milagrosos. Bourke estuda o papel do esterco de vaca em ritos religiosos, particularmente entre os antigos israelitas e assírios (cujos altares eram cheios de esterco votivo) e evoca os deuses excrementais egípcios e romanos. Ele também menciona uma divindade pouco conhecida, a deusa Cloacina, deusa romana dos banheiros, cujo nome teria sido inventado pelo próprio Rômulo para designar a deusa padroeira das latrinas, dos esgotos e dos banheiros na Cidade Eterna.

Além das referências detalhadas ao uso das matérias fecais em rituais mortuários, há os usos esperados da urina e das fezes em diagnósticos médicos e também em tratamentos, assim como o uso industrial da urina e do lixo em, por exemplo, curtimento, branqueamento, tingimento. Bourke descobre o uso de excrementos na alimentação, como na fabricação de queijos, mas também quando foi revelado, em razão da suspeita de disseminação do cólera, que a água dos banheiros era o ingrediente secreto do pão

---

[24]Não esqueçamos que a hospitalidade vem da raiz latina *hostis*: estrangeiro, inimigo. Sobre este ponto, ver DERRIDA, Jacques; DUFOURMANTELLE, Anne. *Da hospitalidade: Anne Dufourmantelle convida Jacques Derrida a falar da hospitalidade*. São Paulo: Escuta, 2003.

deliciosamente esponjoso, segundo a chocante receita de uma distinta padaria de Paris.

Essa lista de práticas cloacais é minuciosa e exaustiva: os excrementos eram usados como poções de amor, em curas medicinais, como antídoto para flechas envenenadas ou, na Irlanda, para diminuir a febre de uma criança, combater doenças oculares e neutralizar a feitiçaria. As mulheres romanas urinavam nas estátuas da deusa Berecynthia, grande mãe dos deuses, enquanto os Hurons canadenses se cobriam com excrementos para afastar os maus espíritos. Nesse contexto, não é de surpreender que feitiços e encantos mágicos muitas vezes contenham descargas corporais: lágrimas, suor, excrementos. Também não faltam referências à flatulência, à urina para abluções, para mudar a cor do cabelo ou para preservar os dentes, assim como as múltiplas variações da beleza realizada "*cum stercore humano*".

Bourke e Freud tiveram atitude semelhante, como pode ser visto no subtítulo de *Totem e Tabu*: "Algumas concordâncias entre a vida psíquica dos homens primitivos e dos neuróticos". Bourke baseia-se na semelhança entre a dança da urina Zuñi e a celebração medieval europeia chamada "A festa dos tolos" (*festum fatuorum, festum stultorum, festum hypodiaconorum*). Esta tradição tem sido bem estudada. Tratava-se de uma celebração em que os participantes assistiam à missa usando máscaras, eram autorizados a cometer transgressões que iam do vulgar ao obsceno, incluindo banhos de sangue e atividades blasfemas de "loucura e paixão" que muitas vezes levavam à "mais indecente libertinagem"[25]. Para enfatizar as semelhanças entre as saturnálias europeias e a dança da urina Zuñi, Bourke analisa a linguagem. Durante a festa medieval dos tolos, os foliões comiam *boudins* [morcelas], palavra que também significa "excremento" em francês. As pessoas também jogavam estrume nos transeuntes enquanto cantavam canções ímpias e escatológicas. Bourke analisa a interpretação da festa feita por Thomas Fosbroke

---

[25]BOURKE, J. G., *The Portable Scatalog: Excerpts from Scatological Rites of All Nations. A Dissertation upon the Employment of Excrementitious Remedial Agents in Religion, Therapeutics, Divination, Witchcraft, Love-Philters, etc., in All Parts of the Globe* (Organizado por L. P. Kaplan). Nova York: William Morrow and Co., 1994, p. 28.

e acrescenta que os participantes não apenas usavam máscaras, mas que os homens se vestiam de mulher e as mulheres de homem. O sexual e o anal pareciam estar entrelaçados: gestos obscenos e atividade sexual imprópria eram complementados por charretes cheias de excrementos, cujo conteúdo era jogado na multidão. Bourke conclui que em ambos os lados do Atlântico o ritual seguia a mesma lógica, e que enquanto os Zuñis comiam excrementos reais, os foliões medievais que consumiam morcela ingeriam um equivalente "sublimado"[26].

A observação de Bourke evoca o uso da "sublimação" na psicanálise. A equivalência que Bourke propõe entre os excrementos e seu substituto aparece explicitamente no prólogo de Freud ao descrever o interesse coprofílico de uma criança vítima dos efeitos da repressão. Graças à educação, ela se voltará para outros objetos, como, por exemplo, passar da matéria fecal para o dinheiro. Freud argumenta que a separação entre o interesse pelos excrementos e o interesse sexual só ocorre mais tarde na vida das crianças; tal passagem nunca é absoluta: "uma parte das tendências coprofílicas atua também na vida posterior, manifestando-se nas neuroses, perversões, hábitos e más maneiras dos adultos"[27].

Essa tendência coprofílica persistente foi ilustrada pelo paciente de Freud, o Homem dos Ratos. No início de sua análise, esse paciente viu uma jovem nas escadas do consultório de Freud e assumiu que ela era a filha do médico. Naquela noite, ele sonhou que a mulher tinha cocô seco nos olhos. Para Lacan, isso significava que o Homem dos Ratos imaginava que "Freud deseja nada menos do que lhe dar sua própria filha, da qual faz fantasticamente um personagem dotado de todos os bens da Terra e que ele representa sob a forma bastante peculiar de um personagem com óculos de estrume nos olhos"[28]. Ao ler isso, sem medo, como uma união entre

---

[26] Idem, p. 29.
[27] FREUD, Sigmund. "Prefácio a *Ritos escatológicos do mundo inteiro*, de J. G. Bourke". In: *Observações psicanalíticas sobre um caso de paranoia (Dementia paranoides) relatado em uma autobiografia ('O caso Schreber'), Artigos sobre a técnica e outros textos (1911-1913)*. Trad. Paulo César de Souza. São Paulo: Companhia das Letras, 2010, p. 349.
[28] LACAN, Jacques. *O mito individual do neurótico ou poesia e verdade na neurose*. Rio de Janeiro: Zahar, 2007, p. 28.

ESTE OBJETO OBSCURO: DA BELEZA AO EXCREMENTO

mito e fantasia, a interpretação de Freud é drástica: "ele se casa com minha filha, não por seus lindos olhos, mas por seu dinheiro". No sonho do Homem dos Ratos, olhar e excrementos estão ligados: os óculos desempenham um papel importante em sua obsessão por uma dívida não paga e por uma tortura anal, que pode ser comparada nos "óculos de estrume" com o estrume que enche as cavidades dos olhos.

Na interpretação freudiana, o dinheiro está ligado a um amor interessado nesse sonho que recria sua fantasia fundamental. O Homem dos Ratos repete a história de seu pai no sonho: ele se casa com uma mulher rica por conveniência, não por amor. Os objetos seguem um circuito que não é fortuito, mas que segue a trajetória da pulsão. Esse itinerário não é determinado por um objeto normativo, como se poderia supor no caso da função dos órgãos genitais, mas pelo drama pessoal do neurótico, sua estrutura mítica privada, a qual ele segue à risca.

Outra ligação entre o texto de Bourke sobre os ritos escatológicos e a teoria freudiana aparece. Ele descreve um costume dos habitantes de Samoa, na Polinésia, segundo o qual, quando uma mulher está prestes a dar à luz, eles rezam ao deus ou ao espírito protetor das famílias paternas e maternas. Este deus será o protetor do nascituro. Como sinal de respeito a essa divindade, as orações oferecidas pela família fazem alusão ao bebê como o "excremento" do deus. Esse costume continua por toda a infância, com o apelido da criança tornando-se, carinhosamente, "excremento de Togo" ou "excremento de Satia", dependendo do nome do deus protetor. Bourke observa que essa formulação grosseira, no entanto, expressa piedade e reverência pelas divindades[29]. Eis a prova antropológica do que Freud descobriu na clínica ao seguir o caminho traçado pelo circuito dos objetos da pulsão. Ele desenvolveu isso em "Sobre as transformações [das pulsões], em particular no erotismo anal", artigo publicado em 1917, três anos após a versão alemã do texto de

---

[29] BOURKE, J. G., *The Portable Scatalog: Excerpts from Scatological Rites of All Nations. A Dissertation upon the Employment of Excrementitious Remedial Agents in Religion, Therapeutics, Divination, Witchcraft, Love-Philters, etc., in All Parts of the Globe* (Organizado por L. P. Kaplan). Nova York: William Morrow and Co., 1994, p. 52.

Bourke[30]. Freud propõe aí uma série de equivalências entre os diferentes objetos da pulsão: criança = pênis = excrementos = dinheiro = presente. Freud observa que "nas produções do inconsciente — pensamentos espontâneos, fantasias e sintomas — as noções de *fezes* (dinheiro, presente), *criança* e *pênis* são dificilmente separadas e facilmente confundidas". Ele acrescenta que "esses elementos são com frequência tratados no inconsciente, como se equivalessem uns aos outros e pudessem livremente substituir uns aos outros"[31]. Graças a essa permutabilidade, uma criança é considerada um "*Lumpf*" (merdinha, como vemos na análise do Pequeno Hans), ou seja,

> como algo que se separa do corpo através do intestino; assim, um montante de investimento libidinal que se aplicava ao conteúdo do intestino pode ser estendido à criança que nasceu através do intestino. Um testemunho que a linguagem fornece, dessa identidade entre criança e excremento, acha-se na expressão "dar um filho". O excremento é o primeiro presente, uma parte de seu corpo, da qual o bebê se separa apenas por injunção da pessoa amada, com a qual ele espontaneamente lhe demonstra sua ternura, pois via de regra ele não suja pessoas estranhas. (Mesmas reações, embora menos intensas, no caso da urina). Na defecação o bebê tem que decidir, pela primeira vez, entre a atitude narcísica e a de amor ao objeto. Ou ele entrega docilmente o cocô, "sacrifica-o" ao amor, ou o retém para a satisfação autoerótica, mais tarde para a afirmação de sua própria vontade. Com essa última decisão vai se constituir a teimosia (obstinação), que portanto se origina de uma perseverança narcísica no erotismo anal[32].

As fezes são o "primeiro presente" de amor do bebê, que mais tarde transfere seu valor libidinal para um interesse por dinheiro ou

---

[30] FREUD, Sigmund. "Sobre transformações dos instintos, em particular no erotismo anal". In: *História de uma neurose infantil ("O homem dos lobos"), Além do princípio do prazer e outros textos (1917-1920)*. Trad. Paulo César de Souza. São Paulo: Companhia das Letras, 2010, p. 252-262, tradução modificada.
[31] *Idem*, p. 255.
[32] *Idem*, p. 257-258.

um desejo de bebê e, neste último caso, as pulsões erótico-anais e genitais se sobrepõem. Quanto ao pênis, Freud atribui seu significado ao erotismo anal. Ele supõe que o pênis já tinha um protótipo na fase sádico-anal quando a massa fecal estimulava a mucosa do reto, que mais tarde seria substituída pela vagina[33]. Freud também indica que uma mulher muda seu desejo por um pênis para um desejo por um homem, com a possibilidade de uma regressão temporária do homem ao pênis, como objeto de seu desejo. A teoria de Freud faz várias suposições heterossexistas, mas devemos atentar para o fato de que, se ele atribui ao órgão masculino um papel importante, o pênis já funciona como um substituto.

Freud e, mais sistematicamente ainda, Lacan, falam do falo como um objeto separável e transformável (e, nesse sentido, um objeto parcial) que é o último elemento da série de objetos intercambiáveis. Lacan acrescenta dois outros objetos à lista freudiana. Quando Lacan inventa o conceito de objeto *a* como resto objetal, ele o apresenta fundado em quatro objetos que definem a pulsão parcial: o seio como objeto perdido da sucção (pulsão oral), os excrementos como objeto da excreção (pulsão anal) e os objetos causadores de desejo, como a voz (a pulsão invocante) e o olhar (a pulsão escópica). Para Lacan, quando há um objeto *a*, há castração, pois o objeto, como tal, é sempre um objeto perdido. Ao falar do objeto oral, Lacan esclarece esse ponto: "[O objeto pequeno *a*] não é a origem da pulsão oral. Ele não é introduzido a título de alimento primitivo, é introduzido pelo fato de que nenhum alimento jamais satisfará a pulsão oral, senão contornando esse objeto eternamente faltante"[34].

Vamos agora abordar o objeto anal; como o objeto anal não é sexuado, trata-se de um modelo mais universal de perda subjetiva, aplicável a pessoas cis e trans. A civilização começa pelo esgoto, como nos lembrou Lacan[35]. Não há apenas o fato de que, para os seres civilizados, a própria expulsão dos excrementos está sujeita às restrições da cultura. Quando "fazemos nossas necessidades", o cocô

---

[33] *Idem*, p. 259.
[34] LACAN, Jacques. *O seminário, livro 11: Os quatro conceitos fundamentais da psicanálise*. Trad. M.D. Magno. Rio de Janeiro: Zahar, 1988, p. 170.
[35] LACAN, Jacques. *Meu ensino*. Rio de Janeiro: Zahar, 2005, p. 75.

que produzimos também está preso em imperativos que dependem de significantes tais como "Senhoras" e "Senhores". A importância libidinal do fator anal me foi perfeitamente lembrada no dia em que um de meus analisandos involuntariamente testemunhou a importância de nosso destino cloacal: "Sou um verdadeiro cuzão por deixar meu parceiro me tratar como um merda".

CAPÍTULO QUINZE

O escatólogo de Freud

A escatologia pode dar uma importante contribuição à psicanálise, pois o objeto anal é o primeiro objeto da perda e da castração. Lacan toma os excrementos como modelo da perda subjetiva, da castração primordial. Ele desenvolve a observação de Freud segundo a qual os excrementos são a primeira parte de nosso corpo que tivemos que abrir mão como prova de amor. É por meio da renúncia e da separação dos excrementos que entramos no complexo de castração. Tim Dean observa que essa perda é universal: "O modelo de Lacan em matéria de perda subjetiva não é o falo, mas os excrementos, um objeto não sexuado. Diante *desse* objeto-causa de desejo, a controvérsia sobre o conceito de falo empalidece a ponto de se tornar insignificante, pois se todos nós, homens e mulheres, perdemos o falo ou não, todos perdemos objetos do ânus. E essa distinção permanece universalmente verdadeira — independentemente do sexo, raça, classe, nação, cultura ou história"[1].

Zizek observa que o objeto anal funciona como um elemento significante, enfatizando o papel que os excrementos desempenham na economia entre os sujeitos, como prova para o Outro de autocontrole e disciplina na criança, ou da obediência às exigências do Outro, ou como primeiro presente para o Outro[2]. Os excrementos, antes de se tornarem um objeto simbólico, foram elevados à

---

[1] DEAN, Tim. *Beyond Sexuality*. Chicago: University of Chicago Press, 2000, p. 264-265, grifos do autor.
[2] ZIZEK, Slavoj. *The Metastases of Enjoyment: Six Essays on Women and Causality*. Nova York: Verso, 1994, p. 179.

categoria de presente; são objetos, partes do corpo que caem e se perdem para então adquirir um papel simbólico. Esse tipo de funcionamento indica que o objeto anal passou pelo crivo da castração simbólica, o que o transforma no que Lacan chama de objeto *a*, isto é, o objeto que causa o desejo.

Ao desenvolver essa função primordial, no seminário *A angústia*, Lacan se pergunta por que os excrementos têm tanta importância no que ele chama de "uma economia intravivente e intervivente"[3]. Lacan sugere que a importância do excremento advém do fato de ele ser objeto das demandas do Outro representado nesta ocasião pela mãe. A educação ensina as crianças a controlar seu esfíncter, o que não é fácil. A capacidade de reter excrementos enfatiza o domínio da criança sobre algo que faz parte de seu corpo e pode ser liberado sob demanda. A educação responde à demanda do Outro e é acompanhada por uma série de conhecidas táticas higiênicas denominadas "aprendizagem do penico". O controle dos intestinos produz efeitos erógenos indiscutíveis, que "se tornam ainda mais evidentes quando sucede a uma mãe continuar a limpar o bumbum do filho até os doze anos de idade", comenta Lacan[4]. "Vê-se isto todos os dias [...] vemos muito bem por que o cocô assume facilmente a função do que chamei [...] ágalma. Que esse ágalma se transponha aqui para o registro do nauseabundo seria apenas efeito da disciplina da qual ela é parte integrante"[5]. A merda não é apenas um presente, mas também o ágalma, as imagens sagradas contidas no corpo feio de Sócrates que, segundo Alcibíades em *O banquete*, explicam o carisma e o poder assexuado da mente de Sócrates.

A demanda eleva o cocô ao patamar de objeto precioso, de presente que provoca amor. Uma relação *agalmática* específica é estabelecida entre a mãe e os excrementos de seu filho, um vínculo que não é apenas concebível em sua relação com o falo, "com a ausência dele, com a angústia fálica como tal. Em outras palavras, foi como simbolizador da castração que o *a* excrementício chegou ao âmbito

---

[3] LACAN, Jacques. *O seminário, livro 10: A angústia*. Rio de Janeiro: Zahar, 2005, p. 326.
[4] *Idem*, p. 328.
[5] *Idem, ibidem*.

de nossa atenção"[6]. As demandas da mãe (ou da pessoa que cuida da criança) giram em torno de "Segura" ou "Deixe sair". Entre os rituais de cheirar e enxugar estão a aprovação e o elogio: "Que cocô lindo!". Mas então, o objeto muda e a criança aprende a não se apegar muito ao cocô fedorento e nojento, condição para ser corretamente "educada". Os excrementos, ao mesmo tempo, são (como dom supremo) e não são a criança (como dejecção abjeta).

Fica claro pela experiência da defecação e aprendizagem do asseio que a criança reconhece a separação como um princípio importante. O papel dos excrementos como mediador na relação da criança com o Outro e com os outros oferece um modelo de alteridade que, como indica Lacan, estabelece as bases para a constituição de uma outra dimensão: a do desejo. O excremento, como objeto *a*, pode ser uma parte do corpo que é liberada e dada como presente, ou um objeto retido em desobediência rebelde, ou uma atividade sexual dada pelo prazer produzido pela estimulação da massa fecal em sua passagem pelo reto e pelo ânus, conforme detalhado por Freud em um suplemento à terceira edição dos *Três ensaios*.

Vimos Schreber preso em cópula forçada com um Deus malvado e estúpido que não sabe nada sobre o corpo humano e quer que ele se transforme em mulher. Suas preocupações anais com relação aos excrementos lhe davam um prazer intenso. Schreber entra em uma economia dos excrementos comparável à descrita por Bourke. Através dessa economia excremental, podemos discernir os contornos de toda uma economia social e psíquica da dádiva. Podemos, a partir dessas observações, ir mais longe e levar a psicanálise além de seus limites? Embora a psicanálise pareça estar obcecada pelo sexo ou pelas funções inferiores do corpo humano, a maioria dos conceitos psicanalíticos não são sexuados, mas contribuem para uma definição original da sexualidade, como o inconsciente, a repetição, a transferência, o sintoma e, finalmente, o objeto *a*.

Já falamos da confusão entre pênis e falo; isso está subentendido na declaração de Freud de que "a anatomia é o destino". Freud parecia afirmar que os sujeitos humanos são definidos pelos

---

[6] *Idem, ibidem.*

órgãos genitais com os quais nascem, mas há um mal-entendido por trás dessa ideia de que "a anatomia é o destino". Se examinarmos de perto sua formulação original no ensaio de Freud de 1912 "Sobre a mais comum depreciação na vida amorosa", percebemos que Freud não está falando de gênero, mas apresentando uma tese sobre as relações sexuais insatisfatórias, anunciando o "Não há relação sexual" de Lacan. Freud escreve: "Acho que devemos levar em conta, por mais estranho que pareça, a possibilidade de que algo na natureza [da própria pulsão sexual] não seja favorável à plena satisfação"[7]. Freud enumera dois elementos que, segundo ele, fazem da insatisfação uma característica universal da sexualidade humana. O primeiro fator é que qualquer objeto sexual é apenas um pobre substituto para o primeiro objeto proibido, a mãe. O segundo fator é que existe um profundo antagonismo entre nossas pulsões sexuais e a vida civilizada. Nossas pulsões — as pulsões coprófilas (excrementais) e sádicas são exemplos de Freud — ofendem nossas normas culturais. Freud escreve: "O excremental se acha íntima e inseparavelmente unido ao sexual, a posição dos genitais — *inter urinas et faeces* — permanece o fator determinante e imutável. Pode-se dizer, modificando uma conhecida frase do grande Napoleão, que 'Anatomia é destino'. Os genitais mesmos não acompanharam o desenvolvimento das formas do corpo humano em direção à beleza, continuaram animalescos, e também o amor permaneceu, no fundo, tão animal como sempre foi"[8].

Essa observação sobre a "feiura" dos órgãos genitais reaparece em uma nota de rodapé acrescentada por Freud aos seus *Três ensaios*, em 1915. Freud observa um fato intrigante: achamos belo o que é sexualmente atraente, mas os genitais, que se acredita produzirem a mais forte excitação sexual, na maioria das vezes não são considerados bonitos. Atribuir a característica de "bonito" ou "feio" a um objeto é um julgamento estético, e amor e nojo compõem os dois extremos. Mas podemos achar excitante um objeto ou uma parte do corpo que suscita nojo?

---

[7]FREUD, Sigmund. "Sobre a mais comum depreciação na vida amorosa (Contribuições à psicologia do amor II)". In: *Obras completas*, v. 9. Trad. Paulo César de Souza. São Paulo: Companhia das Letras, 2013, p. 360, tradução modificada.

[8]*Idem*, p. 361-362.

Precisamos examinar mais de perto o efeito do nojo. O nojo é a reação mais forte a coisas feias, como vômito, excrementos, podridão e decomposição. Para Freud, é possível dizer que as partes genitais são feias porque, em vez de evocar a beleza, elas conservam um caráter animal. Como sugere Paul Rozin, o nojo é uma conquista humana, um fato cultural[9]. Lacan e Freud deram a entender que a vergonha dos excrementos distingue os humanos dos animais; os excrementos que a criança valoriza no início só traz problemas quando estão integrados a uma rede simbólica que lhes atribui um valor abjeto. A criança então aprende a se preocupar sobre a forma como e quando evacuá-los. No contexto mais amplo da sociedade, essa preocupação "civilizada" reaparece na necessidade de construir esgotos e banheiros melhores, o que tem alimentado uma controvérsia recente sobre o acesso a banheiros públicos para pessoas trans. Eis o que torna os banheiros abertos a todos e todas em espaços públicos um campo de batalha e um debate acalorado pelos direitos das pessoas transexuais.

A BELA E A FERA

Tomemos agora um exemplo: o filme *Traídos pelo desejo* (1993). Nesse filme, um homem, Fergus, está prestes a fazer amor com uma linda mulher, Dil. Ela se despe e revela que tem um pênis. Fergus primeiro vomita e depois ataca fisicamente Dil. A atração de Fergus por Dil faz estremecer sua identidade sexual e o leva a questionar sua orientação sexual. Fergus fica abalado de desgosto ao descobrir seu desejo por Dil; sua própria atração se desviou do foco heterossexual normativo. A histeria nos ensinou que o outro lado da repulsa é o desejo, e que a violência é muitas vezes uma reação à consciência dessa reversibilidade perturbadora.

Freud também observa que o nojo "é um obstáculo à superestimação libidinal do objeto sexual, mas que pode, por sua vez, ser superado pela libido. Nele podemos discernir uma das forças que

---

[9] Ver ROZIN, Paul *et al.* Disgust. In: LEWIS, M.; HAVILAND, J. (org.). *Handbook of Emotions*. Nova York: Guilford, 1993, p. 637-653.

provocaram a limitação da meta sexual. Em geral, elas se detêm antes dos genitais em si"[10]. O nojo pode impedir a obtenção da satisfação, mas também pode criar uma proibição cuja própria transgressão aumenta o prazer: "A força do instinto sexual se compraz em afirmar-se na superação desse nojo"[11]. Em uma seção posterior dos *Ensaios* dedicados às "Fixações de metas sexuais provisórias", que introduz a noção de sublimação pela primeira vez, Freud escreve:

> A impressão ótica continua sendo o caminho pelo qual a excitação libidinal é despertada com mais frequência, e a seleção natural conta com a viabilidade desse caminho — aceitando-se essa forma teleológica de ver as coisas —, ao fazer o objeto sexual se desenvolver no sentido da beleza. A ocultação do corpo, que cresce juntamente com a civilização, mantém desperta a curiosidade sexual, que busca completar para si o objeto sexual desvelando suas partes ocultas, mas que pode ser desviada ("sublimada") para o âmbito artístico, quando se consegue retirar seu interesse dos genitais e dirigi-lo para a forma do corpo em seu conjunto. É natural que a maioria das pessoas normais se detenha, em alguma medida, nessa meta sexual intermediária do olhar sexualmente matizado [...][12].

A beleza do corpo é sexualmente excitante, mas como vimos, as áreas mais excitantes, "as partes ocultas", não são "bonitas". Examinemos mais de perto a nota de rodapé acrescentada em 1915, onde Freud analisa esse paradoxo: "Parece-me indubitável que o conceito do 'belo' tem raízes no terreno da excitação sexual e tem o sentido original de 'o que estimula sexualmente' ('os encantos' [*das sexuell Reizende* (*die Reize*); o termo alemão significa tanto 'estímulo, sensação' como 'encanto, fascínio']. Isso tem relação com o fato de que nunca achamos realmente 'belos' os genitais, cuja visão provoca a mais forte excitação sexual"[13]. A sublimação e o interesse pela arte poderiam ser uma estratégia para escapar da feiura dos órgãos genitais?

---

[10]FREUD, Sigmund. "Três ensaios sobre a teoria da sexualidade". In: *Obras completas*, v. 6. Trad. Paulo César de Souza. São Paulo: Companhia das Letras, 2016, p. 44.
[11]*Idem, ibidem*.
[12]*Idem*, p. 49-50.
[13]*Idem*, p. 50, n. 21.

A presença do desgosto na sexualidade foi um fato observado muito cedo por Freud. Em uma carta a Fliess datada de 1º de janeiro de 1896, Freud observa que a proximidade física dos órgãos sexuais e excretores "deve, inevitavelmente, despertar repugnância durante as experiências sexuais"[14]. Ele nota, no caso de Dora, que os órgãos genitais "podem lembrar as funções excrementícias"[15], fato explicitado no homem, já que o mesmo órgão é usado para micção e para o sexo. Para ambos os sexos, apesar dos esforços de idealização, os excrementos são inseparáveis da sexualidade desde o nosso nascimento, lembrando que isso se deve ao fato de *"inter urinas et faeces nascimur"*[16].

As recorrentes observações de Freud sobre a ligação entre sexo e excreção nos lembram novamente a passagem da *Fenomenologia do espírito* em que Hegel observa que "no organismo vivo a natureza exprime ingenuamente, na combinação do órgão de sua maior perfeição — o da geração — com o aparelho urinário"[17]. Podemos ir mais longe na análise das implicações dessa figura em que o mais alto e o mais baixo se misturam na obra-prima filosófica de Hegel, como vimos no capítulo XIII.

Hegel observa que o órgão mais perfeito do homem, o órgão da procriação, é ao mesmo tempo o órgão da micção. Nessa frase já citada, ele não usa o termo alemão *urinieren* (urinar), mas um verbo mais marcante e mais vulgar, *pissen* (mijar). O uso desse termo grosseiro que se choca em uma obra filosófica surpreendeu os críticos. Vincenzo Vitiello considera que esta escolha obedeceu a razões estratégicas[18]. A utilização da linguagem popular por Hegel é interpretada por Donald Phillip Verene como um ataque calculado às alegações pseudocientíficas da frenologia. Hegel aqui

---

[14]MASSON, Jeffrey Moussaieff. *A correspondência completa de Sigmund Freud para Wilhelm Fliess.* Trad. Vera Ribeiro. Rio de Janeiro: Imago, p. 164.
[15]FREUD, Sigmund. "Fragmento da análise de um caso de histeria". In: *Obras completas*, v. 6. Trad. Paulo César de Souza. São Paulo: Companhia das Letras, 2016, p. 204.
[16]FREUD, Sigmund. "Sobre a mais comum depreciação na vida amorosa (Contribuições à psicologia do amor II)". In: *Obras completas*, v. 9. Trad. Paulo César de Souza. São Paulo: Companhia das Letras, 2013, p. 361-362.
[17]HEGEL, Georg W. F. *A fenomenologia do espírito.* Trad. Paulo Meneses. Petrópolis/Bragança Paulista: Vozes/Editora Universitária São Francisco, 2014, p. 245.
[18]Ver VITIELLO, Vincenzo. "La religión revelada". In: DUQUE, F. (org.). *Hegel: la odisea del espíritu.* Madri: Círculo de Bellas Artes, 2010, p. 276.

refuta a proposição fisionômica da frenologia e suas especulações segundo as quais a forma do crânio pode determinar o comportamento e o caráter humanos. Tudo isso equivale a dizer que se pode reduzir o espírito a um osso, o que revela uma profunda ignorância, *Unwissenheit* (um não saber) disfarçado de *Wissenschaft* (ciência) ou de *Wissen* (conhecimento/saber) autêntico do espírito. Com este trocadilho entre *Pissen* e *Wissen*, Hegel expõe a simplificação excessiva e o total absurdo da frenologia. Ele usa esse termo vulgar para contestar a falsa ciência dos frenologistas que reduzem o espírito ao crânio (hoje se trataria do mapeamento do cérebro). Essa extraordinária observação corresponde ao seu divertido prazer em observar que o mesmo órgão serve tanto como órgão nobre da geração quanto como órgão básico da micção. Para Hegel, pelo menos, a anatomia é um destino paradoxal.

A observação de Hegel sobre o chiste da natureza antecipa a crítica daquilo que poderia passar pela amálgama psicanalítico de pênis e falo. Hegel refutou a afirmação da frenologia segundo a qual o crânio poderia ser um mapa do espírito, afirmando ironicamente o contrário do que pensava — ele escreve, portanto: "O espírito é algo como um osso", mas depois procede à desmistificação dessa tese. Se considerarmos o corpo como um mapa de zonas erógenas em movimento e acidentais, podemos dizer que Freud poderia jogar um jogo semelhante ao dizer: "a anatomia é o destino"? O falo pode tanto mijar quanto excitar? Ou essa questão é supostamente muito nojenta?

Avital Ronell observou que a "contradição" percebida por Hegel entre o papel alto e o papel baixo desempenhado pelo pênis impõe um "rezoneamento do prazer falo-central". Essa mudança de posição revela uma "extensa rede de localidades eróticas"[19] que são progressivamente sexualizadas, pois, como observa Freud, no início, "o prazer sexual não se acha ligado apenas à função dos genitais"[20]. Essa dualidade explica o fato de certos órgãos terem uma

---

[19]RONELL, Avital. *The Telephone Book: Technology, Schizophrenia, Electric Speech.* Lincoln: University of Nebraska Press, 1989, p. 102.
[20]FREUD, Sigmund. "Concepção psicanalítica do transtorno psicogênico de visão". In: *Obras completas,* v. 9. Trad. Paulo César de Souza. São Paulo: Companhia das Letras, 2013, p. 319.

dupla função. Ronell acrescenta: "Na história da filosofia, o órgão de dupla função foi nomeado de forma pungente por Hegel e mais tarde comentado por Kierkegaard. O primeiro entendeu que o pênis estava em 'contradição' com a vagina, pois realiza as duas tarefas essencialmente opostas de produzir esperma e mijo (*Piß*), substância geradora e resíduo"[21]. Assim, o pênis não teria "escolha"; está sujeito a forças opostas e contraditórias, enquanto outros órgãos parecem mais "voluntaristas"[22]. Ronell cita o exemplo dado por Freud, a boca apreendida como um desses órgãos de "dupla função". Freud especifica: "A boca serve tanto para o beijo como para a alimentação e a comunicação, os olhos percebem não apenas as alterações no mundo exterior que são importantes para a preservação da vida, mas também as características dos objetos que os tornam elegíveis como objetos de amor, seus 'encantos' (*Reize*)"[23]. Como vimos, Freud pensa que *Reiz* é o que nos faz perceber algo atraente, *sexy* — em uma palavra, belo.

Freud utiliza o exemplo de um órgão com "dupla função", a boca, órgão destinado a ser usado para comer e beber, mas também para beijar. Mesmo os amantes mais apaixonados hesitarão antes de compartilhar uma escova de dentes, esquecendo que o beijo pode levar a uma maior troca de bactérias. Freud escreve:

> A utilização da boca como órgão sexual é considerada perversão quando os lábios (ou língua) de uma pessoa entram em contato com os genitais da outra, mas não quando as mucosas dos lábios das duas se tocam. Nesta exceção está o vínculo com o normal. Quem abomina as outras práticas — provavelmente comuns desde os primórdios da humanidade — e as vê como perversões, cede a uma clara *sensação de nojo*, que o impede de aceitar uma meta sexual desse tipo. Mas frequentemente os limites desse nojo são convencionais; quem beija sofregamente os lábios de uma moça bonita,

---

[21] RONELL, Avital. *The Telephone Book: Technology, Schizophrenia, Electric Speech*. Lincoln: University of Nebraska Press, 1989, p. 102-103.

[22] *Idem*, p. 103

[23] FREUD, Sigmund. "Concepção psicanalítica do transtorno psicogênico de visão". In: *Obras completas*, v. 9. Trad. Paulo César de Souza. São Paulo: Companhia das Letras, 2013, p. 319.

por exemplo, talvez sinta nojo em usar a escova de dentes da moça, embora não haja motivo para supor que sua própria cavidade bucal, da qual ele não se enoja, é mais limpa que a dela. Nota-se aqui o elemento do nojo, que é um obstáculo à superestimação libidinal do objeto sexual, mas que pode ser superado pela libido[24].

O beijo acontece porque a garota é bonita, ou ela parece bonita por ir além do nojo que sua boca pode suscitar? Nem um, nem outro. Freud conclui que, na sexualidade humana, as coisas mais sublimes e repugnantes aparecem em íntima dependência. Como sugere minha argumentação sobre Schreber e a leitura do livro de Bourke por Freud, uma maneira melhor de entender o que pode tornar um objeto atraente ou repulsivo, feio ou bonito, e até mesmo indiferente, seria situá-lo na concepção do objeto *a* de Lacan. Esse objeto, ao qual o prazer sexual pode estar ligado e cuja função é ativar o desejo, é "o suporte do sujeito, e muitas vezes é algo muito mais abjeto do que você gostaria de considerar"[25].

Vimos que a criança só se envergonha dos excrementos quando eles representam aquilo que ela acredita que ele significa para o Outro. A criança aprende com o Outro a atribuir um valor libidinal a um objeto. Os excrementos proporcionam uma experiência precoce de perda corporal; assim, as fezes do bebê tornam-se preciosas como algo que dá prazer aos outros, à mãe por exemplo. Um cocô trivial passa de um presente precioso a um dejeto abjeto ao qual renunciamos com nojo. E se um pênis parecesse algo não muito melhor do que um pedaço de excremento? A própria criança pode ser uma dádiva, como na economia freudiana resumida na equação excrementos = pênis = criança de que falamos. Ou ainda, dependendo do destino das trocas, ela pode ser uma "merdinha".

Mas o que acontece quando todo o corpo é vivido como abjeto? Qual é o papel do objeto quando ele vai além do desejo de tornar

---

[24] FREUD, Sigmund. "Três ensaios sobre a teoria da sexualidade". In: *Obras completas*, v. 6. Trad. Paulo César de Souza. São Paulo: Companhia das Letras, 2016, p. 43.
[25] LACAN, Jacques. "De la structure comme immixtion d'une altérité préalable à un sujet quelconque (1966)". In: *La cause du désir*, v. 3, n. 94, 2016, p. 7-17. Disponível em: <https://tinyurl.com/mt3hp2wv> (Acesso: 11 jun. 2023).

o corpo inteiro? Por que algumas pessoas vivem seus corpos como um corpo errado? Será porque têm a impressão de que os órgãos que rejeitam são órgãos sem corpo? Seus corpos são um "corpo" apenas se tiverem a sensação de que podem ser corpos sem órgãos? E qual é a função da arte para ajudar a encarnar um corpo que está em contradição com a sensação do eu? Veremos nos próximos capítulos a forma como a arte pode oferecer uma solução para todas essas questões.

CAPÍTULO DEZESSEIS

A arte do artifício

This Damned Body: A Living Archive of Transformation ["Este corpo maldito: Um arquivo vivo de transformação"] é um documento *on-line*, um diário que descreve a transição de Swift Shuker de um corpo masculino para um corpo andrógino. O que me impressionou foi o fato de Shuker apresentar o processo como uma forma de arte. Por isso, em 3 de setembro de 2016, fui ao festival anual Fringe Arts Festival na Filadélfia esperando ver um espetáculo ao vivo organizado por Shuker, então codiretor artístico da [redacted] *theatral company*, um coletivo de teatro inovador com sede na Filadélfia.

Quando cheguei ao local principal do festival, soube que a encenação do diário de transição, com o título *This Dammed Body Is Carved Out of Meat* ["Este corpo amaldiçoado é esculpido em carne"], não seria apresentada no palco, mas sim ao vivo em uma plataforma de arte digital do festival. Paradoxalmente, essa história de *meat* e *flesh*[1] foi apresentada apenas virtualmente. No site, encontrei a descrição detalhada de uma "série de performances épicas" em quatro partes. Os vídeos estão organizados cronologicamente com variações sobre o primeiro título:

> Parte 1: ESTE CORPO MALDITO: arquivo vivo de uma transformação (1º de dezembro de 2014 — 1º de janeiro de 2017);
> Parte 2: Este corpo maldito é talhado em carne [*viande*] (28-30 de agosto de 2015);

---

[1] Nota do tradutor: em francês, *chair* e *viande*. Em inglês, *flesh* indica a carne humana ou de um animal vivo, já *meat* é o alimento que ingerimos. Em português não há esta distinção, utilizamos carne para ambos os casos.

Parte 3: Este corpo maldito vai para o inferno (agosto de 2016);
Parte 4: Este corpo maldito volta para casa (1º de janeiro de 2017).

A descrição fornecida pelo programa da Fringe Arts se lê como um manifesto: "A arte é o elo entre sua humanidade, sua espiritualidade e as pessoas ao seu redor; a arte é um alívio na solidão. Cabe a nós devolver esse poder à arte, abrir os olhos de nossos espectadores sobre as funções perdidas da arte. O teatro não é mais necessário. É uma diversão elitista para as classes altas, um mero entretenimento. Nosso trabalho utiliza o poder único do teatro, o de uma presença direta e viva, para fazer as pessoas pensarem, viverem, sentirem, viverem, questionarem, viverem, rejeitarem, viverem, descobrirem e viverem para sempre. Você viverá para sempre. [...] Quanto maior o sacrifício, maior a beleza"[2].

Antes de participar do festival, assisti aos vídeos desses "arquivos vivos" postados durante a fase de captação de recursos do projeto[3]. O *trailer* de *This Damned Body Is Carved Out of Meat* abre com uma voz dizendo "Olá pessoal, estamos fazendo uma peça". O uso do presente traz o imediatismo e a urgência do agora. Ele descreve um projeto de uma peça de teatro, gravações musicais e uma série de performances ao longo de dois anos dedicados às "dificuldades, ao prazer e à feiura de viver em um corpo", palavras que remetem a um impasse, ao gozo e à estética. Vemos uma pessoa que poderíamos supor ser biologicamente do sexo masculino, com longos cabelos loiros escuros de um lado, uma cabeça raspada do outro, pérolas e brincos nas orelhas, unhas pintadas de vermelho vivo, escrevendo palavras em um rosto andrógino com um marcador preto. "NÃO" aparece com setas apontando para a sombra de uma barba as palavras *"NOT IDEAL"* ("NÃO IDEAL") no pomo de Adão, *"HIGH"* ("ALTO") na testa, *"FINE"* ("OK") com setas apontando para o nariz. Ao sermos informados da necessidade de ajudar a financiar o projeto, vemos o protagonista do vídeo, de sutiã vermelho acolchoado, com um marcador preto na mão, continuar a escrever em seu corpo.

---

[2] SHUKER, Swift. *This Damned Body*, Fringe Arts. Disponível em: <https://tinyurl.com/mrubds4z> (Acesso: 19 jun. 2021).

[3] Ver SHUKER, Swift. *This Damned Body Is Carved Out of Meat*, IndieGoGo. Disponível em: <https://tinyurl.com/2p82w9ej> (Acesso: 19 jun. 2021).

Vemos as palavras *"HAIR"* ("CABELO"), indicando peito e axilas, *"FAKE"* ("FALSO") com setas apontando para o conteúdo do sutiã. A cena seguinte mostra a mesma pessoa sem camisa, vestindo apenas duas roupas de baixo uma em cima da outra — um fio dental de renda preta e uma cueca listrada em preto e branco por cima. O processo acelerado de escrita na pele continua, e aos poucos podemos ler *"LARGE"* ("GRANDE") nos ombros e nas mãos, *"FAKE"* ("FALSO") no peito, *"HAIR"* ("CABELO") em direção ao peito e mamilos, *"LINT"* ("PELÚCIA") e *"UNDECIDED"* ("INDETERMINADO") apontando para o umbigo, *"FUCK IT SHAVE IT ALL"* ("FODA-SE DEPILE TUDO") nos pelos da barriga, e *"ALIEN CREATURE UNDER MY SKIN"* ("CRIATURA ALIENÍGENA EMBAIXO DA MINHA PELE") na coxa direita.

Uma versão mais longa desse vídeo foi posta *on-line* durante o festival Fringe Arts com o título *This Damned Body Week 1: Year One*[4]. Ele começa com a afirmação: "Tenho que começar contando uma mentira". A "mentira" é a narrativa de uma tentativa de suicídio — o protagonista é dirigido por "cordas de marionetes" que o fazem pular de um penhasco, uma queda com potencial risco de morte da qual ele "milagrosamente" emerge a salvo. Durante essa narração, vemos se alternarem imagens de Shuker deitado nu em sua cama e imagens de Shuker fazendo uma tatuagem nas costas. A tatuagem mostra uma árvore à qual está amarrada uma pessoa nua, pendurada no ar. Em seguida, o vídeo volta à cena da escrita no corpo, que inclui nudez frontal: no pênis, a escrita diz: "*I AM FINE WITH IT*" ("ISTO NÃO ME INCOMODA"). O vídeo termina com uma frase cativante: "e agora vou contar a verdade".

A história justapõe a afirmação "Isto não me incomoda" escrita no pênis com o relato anterior de uma tentativa de suicídio. Trata-se de uma parte muito comovente pontuada pela voz de Shuker dizendo: "Este corpo não é meu, ele não é bom, não é meu e eu não gosto dele". Ouvimos a voz quebrar porque Shuker está chorando.

---

[4] Ver SHUKER, Swift. *This Damned Body Week 1: Year One*, [redacted] Theater Company. Disponível em: <https://thisdamnedbody.com/> (Acesso: 11 set. 2016). Obras mais recentes estão disponíveis em: <https://tinyurl.com/bdfusp6a> (Acesso: 1 jun. 2023).

"Sei que não quero morrer. Se eu quero viver, tenho que atracar essa vida a alguma coisa, tenho que agarrar a alguma coisa"[5]. Em seguida, vemos imagens rápidas de Shuker pintando linhas em seu corpo com batom, sobrepostas às imagens da tatuagem em andamento, como outra escrita corporal. "Sei que este corpo não é meu. Não está tudo bem". As linhas do batom se espalham, como se quisessem apagar as marcas. Sob a sombra intensa da cor vermelha que se espalha por toda a pele, a escrita no corpo torna-se menos legível, mas ainda perceptível. Shuker sorri ameaçadoramente para a câmera.

Aqui está uma entrada de diário, um trecho do relato comovente de Shuker sobre a transição de gênero. Todas as entradas de diário seguem a mesma matriz: "Pronomes de hoje; Mudanças notadas; Dinheiro gasto em custos de transição; Número de vezes que fui referenciado pelo gênero correto + comentários; Sonho; Pessoas com quem falei hoje; Pessoas com quem realmente me comuniquei hoje; O que você fez para se tornar melhor hoje?; Outros comentários; Você foi salvo?"[6]

Na entrada de "31 de março de 2016", encontramos um sonho que começa assim:

> N e eu estamos em Boston, num trem. Vamos a um médico que está no meio de um grande parque para tratar o pé de N. Descemos do trem, estamos em um grande complexo de túneis, com tetos e paredes curvas, tudo de tijolo bege. Há alguém sentado em uma mesa, e nós nos aproximamos dele para obter indicações, e ele nos dá um cheque de 100 dólares, para o Pig Iron Theatre, e nos diz para entregá-lo ao médico, que fica à esquerda. Começamos a caminhar pelos túneis, que se transformam em corredores, e depois grandes salas com muitas portas. Estamos enlouquecendo, porque não queremos nos perder, e esbarramos em outro casal que está tentando sair há algum tempo. Juntos encontramos uma cozinha que tem uma janela para o lado de fora, então decidimos sair por ali, mas ela está trancada a chave, e quando tentamos quebrá-la, o vidro não é vidro, é

---

[5] *Idem, ibidem.*
[6] SHUKER, Swift. 31/03/2016. *This Damned Body* (blog), 31 de março de 2016. Disponível em: <http://thisdamnedbody.com/archive/> (Acesso: 11 jun. 2023).

> um material estranho, incrivelmente sólido, algo entre plástico e carne humana [*chair*][7].

Verificamos aqui que a arte pode ajudar a inscrever o corpo, "esse material estranho, incrivelmente sólido, algo entre plástico e carne humana", como no sonho de Shuker, que parece evocar a discussão sobre a plasticidade. Isso permitiria afirmar que a escrita desempenha um papel crucial na corporeidade, pois faz do corpo algo mais além do plástico e da carne.

A descrição do vídeo *YEAR ONE* qualifica-o como "épico", o que sugere uma busca heroica ou a realização de um grande feito. É de se perguntar se essa representação grandiosa é irônica: "*THIS DAMNED BODY: an epic, two-year, online performance art piece*" ("ESTE CORPO CONDENADO: uma peça épica de arte performática *on-line* de dois anos")[8]. Mas observemos que o mais notável nesta obra é que a transformação corporal de Shuker não é tanto uma questão de gênero, mas uma reconciliação com a vida:

> Eu, Swift Shuker, pessoa humana real, tenho um corpo físico real. Ele dorme, transpira, caga e sangra. É visível, outros podem vê-lo, cheirá-lo e notá-lo. Depois que eu morrer, as pessoas olharão para o meu cadáver e dizer: "É o Swift". Eles estarão errados.
>
> Eu, esta pessoa humana, estou no CORPO ERRADO. Ele é estranho, peludo e sem peito, e eu não me sinto em casa nele, e quando as pessoas olham para mim, elas veem algo que não sou eu.
>
> Na ausência de Deus, eu assumo o comando. Se devo ser visto, serei visto em meus próprios termos.
>
> Eu, Swift Shuker, estou me tornando um andrógino. Por meio da medicina, da arte e do sacrifício, vou esculpir um corpo com uma estética, um gênero e uma voz com os quais eu possa viver. Porque eu não quero morrer[9].

---

[7] *Idem, ibidem*.

[8] Ver SHUKER, Swift. *This Damned Body Week 1: Year One*, [redacted] Theater Company. Disponível em: <https://thisdamnedbody.com/> (Acesso: 11 set. 2016).

[9] SHUKER, Swift. "About". In: *This Damned Body* (blog). Disponível em: <https://tinyurl.com/4ep2hyf5> (Acesso: 19 jun. 2021).

Este projeto é uma descrição diária e pessoal dos altos e baixos do processo de transição de gênero, desde a depilação a *laser* até o efeito transformador dos hormônios, passando por períodos de depressão e euforia repentina; ele é composto por arquivos de áudio, vídeos, fotografias e entradas de diário. É típico da explosão contemporânea de testemunhos públicos que mostram a transição por meio de *selfies*, vídeos na internet e todos os tipos de documentos. Se o clima parece desesperador e a angústia da personagem quase paralisante, seu objetivo crítico e afirmativo assume uma qualidade urgente, até mesmo necessária: "Estou fazendo tudo isso para me manter vivo", diz Shuker. "A arte nos manterá vivos"[10]. Esse projeto ilustra perfeitamente a função da arte como algo que pode salvar a vida tornando-a habitável. O corpo tal como escrito no vídeo de Shuker levanta a questão da escrita corporal.

Na minha abordagem da obra de Shuker, distancio-me das habituais interpretações psicanalíticas da arte que funcionam segundo chaves imutáveis e estão sujeitas a generalizações sem muito interesse. Prefiro a estratégia recomendada por Freud para a interpretação dos sonhos. Os sonhos, como os hieróglifos egípcios, podem ser decifrados não como imagens simbólicas, mas como escrita fonética. Não procurarei uma tradução do sentido, mas, antes, uma exploração literal do material, como Freud diz em seu ensaio sobre Leonardo da Vinci, que ele apresenta como "uma obra [...] semificcionalizada" ("*halb Romandichtung*")[11]. Isso não significa que Freud subestime a qualidade de sua pesquisa, mas sim que ele reconhece que a escrita psicanalítica implica uma forma criativa de escrever que nunca está muito longe da ficção.

Lacan substitui a questão freudiana da interpretação por uma questão de leitura e escrita — trata-se de ler o sintoma e escrever

---

[10] *Idem, ibidem*.
[11] Em uma carta a Hermann Struck datada de 7 de novembro de 1914, Freud escreve que seu ensaio sobre Leonardo da Vinci é "semificcionalizado" e acrescenta: "Não gostaria que você julgasse por este exemplo a precisão de nossas outras descobertas" ("*Ich möchte nicht, dass Sie die Sicherheit unserer sonstigen Ermittlungen nach diesem Muster beurteilen*"). Isso novamente sublinha a qualidade ensaística de suas teorias, mas não diminui seu efeito intelectualmente estimulante. FREUD, Sigmund. *Correspondance 1873-1939*. Paris: Gallimard, 1979. Disponível em: <https://tinyurl.com/4jnaymve> (Acesso: 11 jun. 2023).

o sintoma, e podemos usar o termo que ele inventa para descrever essa conjunção, o *sinthoma*. Explicarei a lógica dessa invenção nas obras de Lacan e aplicarei esse conceito ao meu próprio *corpus*: minha experiência clínica com analisandas e analisandos que se identificam como trans e para quem um processo equivalente à escrita é central para sua cura, inclusive de outras e outros pacientes que usaram um procedimento semelhante.

Essa função da escrita que aprendi em minha clínica com minhas e meus "pacientes trans" se aplica muitas vezes a pacientes que são cis. O papel "curativo" da escrita é observado de maneira mais comovente nas crônicas de pessoas que mudaram de sexo, mas é universal. Seus depoimentos mostram indiscutivelmente que uma nova escrita sobre o corpo é possível, o que faz com que uma observação do corpo dê uma compreensão produtiva da arte como tal. Com efeito, a experiência das pessoas transexuais evidencia o desafio que assumir um corpo diferente ou transformado representa. Como muitos afirmam, essa experiência é semelhante a se tornar uma obra de arte. O corpo torna-se um esforço artístico, um corpo de trabalho, a obra de uma vida inteira, o produto final. Assim, uma arte semelhante à dos artistas atuais emerge da aparente artificialidade transexual. Às vezes, uma arte desse tipo equivale a um *sinthoma*, o que significa que ela ocupa uma função estrutural análoga ao papel que Lacan atribuía à escrita, em particular a de James Joyce, quem, segundo Lacan, poderia usar a arte como um suplemento, como um artifício.

CAPÍTULO DEZESSETE

Clínica do clinâmen

Será que nossa apreciação da obra-prima de Leonardo da Vinci muda se soubermos que o sorriso enigmático da Mona Lisa, "promessa de ilimitada ternura" e "ameaça sinistra", resulta de tendências homossexuais sublimadas, desejos incestuosos e a falicização da mãe por parte de Leonardo?[1] Freud deu um mau exemplo em sua análise da vida e obra de Leonardo ao se engajar em uma prática que, num outro contexto, ele teria chamado de "psicanálise selvagem", abordagem que ele considerava pseudocientífica e "tecnicamente condenável"[2]. Até certo ponto, o criador da psicanálise estava ciente das limitações de seu método quando se tratava de explicar o efeito de uma obra de arte sobre o espectador, como ele fez em sua análise do *Moisés* de Michelangelo. Freud confessou que não era "conhecedor de arte, mas apenas um leigo" e humildemente admitiu que faltava-lhe "uma boa compreensão de muitos meios e de vários efeitos da arte"[3]. No entanto, ele se declarou culpado por ter sentido a necessidade de interpretar a arte para se aproveitar disso:

> Mas as obras de arte produzem um forte efeito sobre mim, em especial as obras literárias e as esculturas, mais raramente as pinturas. Isso fez com que eu me detivesse longamente diante delas

---

[1]FREUD, Sigmund. "Uma recordação de infância de Leonardo Da Vinci". In: *Obras completas,* v. 9. Trad. Paulo César de Souza. São Paulo: Companhia das Letras, 2013, p. 190.
[2]FREUD, Sigmund. "Sobre psicanálise 'selvagem'", *idem.*
[3]FREUD, Sigmund. "O Moisés de Michelangelo". In: *Obras completas,* v. 11. Trad. Paulo César de Souza. São Paulo: Companhia das Letras, 2012, p. 374.

em determinadas ocasiões, a fim de compreendê-las a meu modo, isto é, de explicar para mim mesmo como obtêm seu efeito. Quando não sou capaz de fazer isso — na música, por exemplo —, quase não consigo ter prazer. Uma inclinação racionalista ou talvez analítica se opõe, em mim, a que eu seja comovido por algo e não saiba por que o sou e o que me comove[4].

Para Freud, a compreensão não diminuía o prazer. Ao contrário, ele se sentia obrigado a encontrar a fonte de seu prazer a fim de aumentá-la. No entanto, ele sempre teve consciência da futilidade dessa tarefa, este "fato, aparentemente paradoxal, de que justamente algumas criações artísticas mais grandiosas e arrebatadoras permanecem refratárias à nossa compreensão. As pessoas as admiram, sentem-se conquistadas por elas, mas não sabem dizer o que representam"[5]. Para Freud, a arte é desconcertante e inescrutável, mas não podemos deixar de tentar encontrar uma interpretação, talvez em reação à natureza opaca das emoções que ela desperta, ou talvez porque uma vez que experimentamos fortes sentimentos de prazer, esse prazer pode ser paradoxal e acompanhado de dor, tédio ou perturbação. Assim nos engajamos no caminho do gozo e pode ser que já não saibamos, ou não queiramos mais saber, para onde ele nos levará.

Embora Freud estivesse bem ciente das potenciais armadilhas da aplicação de conceitos psicanalíticos ao estudo das obras de arte, ele não escapou à tentação de "psicanalisar" não apenas a arte, mas também os artistas, vinculando a vida do artista às suas obras. A partir do momento em que a inveja do pênis, o conflito edipiano, a pulsão escopofílica, o narcisismo etc., foram "aplicados" aos acontecimentos biográficos, oferecendo pistas em vários níveis da patologia para explicar o processo criativo, a vida e a arte ilustraram a teoria. É assim que a psicanálise se tornou "selvagem" e derrapou no terreno escorregadio da psicobiografia. Podemos nos perguntar se esse tipo de produção crítica é realmente psicanalítico, pois, como observam Alain Mijolla e Sophie de Mijolla-Mellor, "não há interpretação

---

[4] *Idem, ibidem.*
[5] *Idem, ibidem.*

psicanalítica que possa ser formulada fora da situação psicanalítica"; a interpretação psicanalítica só funcionaria dentro dos limites da relação transferencial estabelecida entre o/a analisante e o analista[6].

Lacan preferiu manter a psicanálise e a arte perto do divã, primeiro rejeitando fortemente o uso da psicanálise fora do campo clínico. Ele repetidamente atacou a chamada psicanálise "aplicada". E se opôs veementemente a isso, mas não hesitou em usar a arte e a ficção para fazer a teoria psicanalítica avançar. Basta olhar seus textos sobre as obras de autores como Marguerite Duras ou Edgar Allan Poe para constatar que ele se recusava categoricamente a psicanalisar o autor ou as obras, e zombava daqueles que se dedicavam a essa prática.

Com compreensível apreensão, a maioria dos psicanalistas se apoiou em uma proposta tímida, a conhecida fórmula freudiana de que a psicanálise não tem nada a dizer sobre a arte, mas tem muito a aprender com ela. Por outro lado, Lacan acabou contrariando sua posição quando trabalhou em James Joyce, muitas vezes confundindo em sua análise Joyce, o autor, com Stephen Dedalus, o personagem. A leitura de Joyce por Lacan não é, contudo, um exercício psicobiográfico complacente. Tal como o Édipo de Sófocles para Freud, a ficção de Joyce oferece um paradigma psíquico novo e revolucionário. Para Joyce, a arte desempenhou um papel central, e seus escritos podem tê-lo salvado da psicose que tomou conta de sua filha; ele deixou escapar um dia que apenas uma folha de papel *transparente* separava Ulisses da loucura[7].

O seminário de Lacan, realizado em 1975-76, centrou-se em Joyce e ofereceu uma exploração aprofundada da atividade artística. Como Lacan disse inequivocamente durante a sessão de abertura: "anuncio o que será minha interrogação deste ano sobre a arte"[8]. Debruçando-se sobre os escritos de Joyce, ele descobriu uma nova compreensão da arte e da criatividade: a partir da "arte" de Joyce,

---

[6]MIJOLLA, A. (de); MIJOLLA-Mellor, S. (de). *Fundamentos del psicoanálisis*. Madri: Síntesis, 2003, p. 153.
[7]Os itálicos são do autor. "Não importa, foi terrivelmente arriscado, este livro. Um lençol *transparente* o separa da loucura". Citado por DERRIDA, Jacques. "Cogito et histoire de la folie". In: *L'écriture et la différence*. Paris: Seuil, 1967, p. 50.
[8]LACAN, Jacques. *O seminário, livro 23: O sinthoma*. Rio de Janeiro: Zahar, 2007, p. 23.

Lacan deduziu uma definição original do sintoma. Rompendo com o modelo médico ao aproximar o sintoma de uma função matemática, Lacan desenvolveu uma nova teoria da criação artística a partir da situação única, mas não sem precedente, de Joyce, e encontrou um novo significado no termo sintoma [*symptôme*], que ele reescreveu *sinthoma* [*sinthome*]. Esta palavra, aparentemente uma invenção, é a antiga grafia de sintoma.

Quão produtivo foi esse neologismo? A mudança de terminologia colocou o sintoma em relação com a arte, sendo o *sinthoma* definido como o enodamento criativo dos registros do simbólico (linguagem, fala), do real (cujo efeito é a mistura de dor e prazer que Lacan chama de gozo, a distribuição do prazer no corpo) e do imaginário (imagens, sentidos) cujo entrelaçamento sustenta a realidade do sujeito.

Na época do *sinthoma*, Lacan estava trabalhando em modelos que desafiavam a apreensão intuitiva, oriundos da matemática (teoria dos conjuntos) e da topologia (teoria dos nós), tomando emprestada uma sintaxe diferente e um novo vocabulário na tentativa de oferecer uma formalização do que ele observava em sua experiência analítica. Essa passagem da linguística para a topologia gerou grandes consequências. Lacan não considerava mais o sintoma como um simples objeto a ser decodificado, portador de uma mensagem recalcada (um significante) que pode ser decifrado por referência ao inconsciente "estruturado como uma linguagem", mas como o traço do modo único pelo qual alguém pode vir a ser e a gozar de seu inconsciente. O sintoma como *sinthoma* é uma invenção que permite que alguém viva proporcionando uma organização do gozo. A identificação com o *sinthoma* ocorre quando a pessoa se identifica com a forma particular de seu gozo, o que permite se autoidentificar. Para Lacan, o objetivo da cura não era mais suprimir os sintomas do paciente, mas permitir que ele se identificasse com seu *sinthoma* único para gozar dele.

GOZE DE SEU *SINTHOMA*!

O *sinthoma* está inscrito na teoria do nó borromeano de Lacan, constituído por três anéis entrelaçados que correspondem à estrutura tripartida que Lacan chama de ordens do real, do imaginário e do simbólico. Embora heterogêneos, esses três registros se cruzam e se mantêm juntos. Lacan escolhe o nó borromeano em razão de sua característica principal: os anéis são tão interdependentes que, se um deles se desfaz, os outros dois se soltam. Um quarto termo intervém para reparar a falha do nó, religando novamente os anéis e unindo os que se desfizeram. Lacan chamou de *sinthoma* esse quarto anel capaz de remediar os efeitos negativos do denodamento do nó borromeano.

Ao inventar o *sinthoma*, Lacan não apenas propôs um novo termo técnico, mas também abriu um caminho teórico revolucionário. Não esqueçamos de que o termo foi cunhado para um artista talentoso como Joyce, cujo *sinthoma* Lacan afirmava que ele personificava. A teoria do *sinthoma* de Lacan aplicava-se sobretudo às singularidades da arte de Joyce, mas podia ser generalizada. O caso de Joyce construiu um exemplo clínico explicando a forma como funcionava a arte do *sinthoma*.

A ideia de Lacan era que a escrita de Joyce era um dispositivo corretivo para reparar uma falha, um lapso, um deslize do nó. Segundo ele, a escrita enigmática de Joyce em *Finnegans Wake* minava ou desfazia a linguagem ao criar uma corrente verbal de polissemia poliglota, saturada de múltiplos significados, um cosmos de indeterminações; essa prática revolucionária tornou-se seu *sinthoma*. Lacan acrescenta em seguida que Joyce queria fazer um nome para si, e produziu um novo ego por artifício. Isso se tornou sua assinatura, a marca de sua singularidade como artista.

Como argumentei em *Please Select Your Gender*, vinculo o sentido particular dado ao conceito de "arte" por Lacan em sua interpretação das obras de Joyce com aquilo que descobri em minha prática clínica ao tratar pacientes que se identificavam como trans. A arte de Joyce compensa uma falha na estrutura subjetiva de seu autor e salva Joyce da loucura. A arte do *sinthoma* dá acesso a um novo saber-fazer que repara um defeito da psique; isso produz um suplemento que religa os registros do real, do simbólico e do imaginário, e que reenoda o sujeito.

Com a teoria do *sinthoma*, Lacan chegou a um ponto de virada e criou um vocabulário novo com o objetivo de formalizar aquilo que ele observava em sua experiência analítica. Essa mudança me leva ao que chamarei de "clínica do clinâmen", termo que antecipa o novo enodamento produzido pelo *sinthoma*. Enquanto Joyce renodava os três registros do real, do simbólico e do imaginário com um *sinthoma* que reintroduzia certa ordem em sua psique potencialmente caótica, para Lucrécio e Demócrito, a própria existência dos corpos no mundo se devia a um enodamento aparentemente aleatório das trajetórias na queda de átomos através do vazio. Essa guinada explicaria a ligação entre as singularidades e a regra. Essa teoria corresponde às crenças dos primeiros filósofos atomistas que consideravam que os átomos caíam no vácuo e que os corpos eram criados durante essa queda; esses corpos não seguiram um fluxo paralelo, mas eram desviados por redemoinhos ou ramificações introduzindo uma irregularidade. *Clinamen* é o nome latino dado por Lucrécio a essa oscilação infinitesimal e imprevisível dos átomos. Os átomos caem seguindo um declive, um desvio que opera em um vácuo que, por definição, não pode ser percebido.

O princípio do clinâmen expressa "a pluralidade irredutível das causas ou das séries causais, a impossibilidade de reunir as causas em um todo", escreve Gilles Deleuze em *Lógica do sentido*[9].

O clinâmen introduz o acaso e a espontaneidade. Seu movimento descendente produz turbulências, criando redemoinhos e vórtices. Essa turbulência explica a criação de novos corpos, pois é a criatividade espontânea da matéria. Essa conceituação, que também foi desenvolvida por Lacan, pode ser muito útil se a confrontarmos com a noção de sintoma material e encarnado. Da mesma forma que Marx se deu conta de que o materialismo antigo implicava um efeito de estrutura, Lacan complicou a noção de matéria e materialismo fazendo do gozo sua única ontologia.

A noção de clinâmen de Lucrécio nos permite explorar o trauma sob uma nova luz. Ter um corpo sexual significa alcançar o que podemos chamar de uma segunda materialidade. A materialidade necessária para conseguir isso é a da letra (a escrita). Para que o corpo se "sustente", deve ocorrer uma segunda materialização; isso é feito

---

[9]DELEUZE, Gilles. *Lógica do sentido*. Trad. Luiz Roberto Salinas Forte. São Paulo: Perspectiva/EDUSP, 1974, p. 277.

através da escrita de torsões enodadas pela escrita. A letra dá uma consistência ao nó que mantém o corpo nos três registros estruturais.

Italo Calvino defendeu o potencial criativo do clinâmen como catalisador da criação artística ao usar um computador. Esse instrumento, diz Calvino, "longe de intervir como substituto do ato criativo do artista", nos liberta de "uma escravidão da pesquisa combinatória", dando ao escritor "as melhores possibilidades de se concentrar nesse 'clinâmen' que, por si só, pode fazer do texto uma verdadeira obra de arte". Se para Calvino, o clinâmen pode produzir uma verdadeira obra de arte, para o poeta Jacques Roubaud, o clinâmen suscita a originalidade. Roubaud descreveu o efeito do clinâmen sob a forma de seu poema *Air*, dedicado a Raymond Queneau[10]. Segundo Roubaud, o clinâmen afasta-se do caminho certo para liberar um potencial criativo e impõe uma torsão inovadora na rede de restrições. Calvino e Roubaud não são os únicos escritores oulipianos conhecidos por usar técnicas de escrita mediante restrições contando com o clinâmen como "um átomo de liberdade", como Epicuro o chamou.

O clinâmen funciona como fonte de desvios criativos com relação a um determinado quadro de restrição. Paul Braffort, no *Atlas de la littérature potentielle*, por exemplo, apela para a continuidade das pesquisas sobre o complexo papel do clinâmen: "nós nos propúnhamos cada vez mais, para tornar explícitos, os jogos de restrições de que um autor não conseguiria prescindir, de modo a possibilitar ali cálculos e deduções rigorosas (salvo o 'clinâmen')"[11]. Para os escritores oulipianos, o clinâmen é "uma etapa obrigatória na criação de algo "novo"[12] e "se uma restrição lembra ou reflete o processo da memória, a adição de um clinâmen a ela garante sua continuidade e sua plasticidade [...]. Sem o desvio, há apenas um *loop* recursivo e inevitável"[13]. O clinâmen funciona como uma restrição

---

[10]Citado em CONSENSTEIN, Peter. *Literary Memory, Consciousness, and the Group Oulipo*. Amsterdam/Nova York: Rodopi, 2002, p. 68.
[11]OULIPO. *Atlas de littérature potentielle*. Paris: Gallimard, Folio Essais, 1981, p. 110.
[12]CONSENSTEIN, Peter. *Literary Memory, Consciousness, and the Group Oulipo*. Amsterdam/Nova York: Rodopi, 2002, p. 69.
[13]*Idem*, p. 67.

dúctil e rigorosa que inspira soluções originais para cada autor. São invenções únicas, para além da restrição da repetição; quando elas procedem da arte, poderíamos chamá-los de *sinthoma*.

Sugeri anteriormente que as experiências das pessoas transgênero podem nos permitir ver a função da arte de uma maneira que afeta a vida de todos, homens e mulheres, transgêneros e cisgêneros. A transformação da pessoa trans nos aproxima do sentido etimológico de *tekhné*, que em grego significa tanto "técnica" quanto "tecnologia". *Tekhné* não é exatamente uma "arte" no sentido de "belas artes", como demonstrou habilmente Heidegger. Outros equivalentes seriam "expertise", "conhecimentos técnicos" e até "ciência". A arte do *sinthoma* seria a arte tomada em sentido ampliado; trata-se, antes, de um saber-fazer, um conhecimento singular que não pode ser transferido para outra pessoa. No caso das memórias sobre a mudança de sexo que analisei em *Please Select Your Gender*, foi a própria redação que fornecia aos autores novos corpos que podiam assim, e somente assim, ser nomeados[14].

Antes de chegar a meu exemplo clínico, gostaria de esboçar o modo como Lacan chega ao *sinthoma*. Lacan passava então de uma teoria do significante a uma teoria do sintoma em relação com o materialismo dialético. Ele argumentou que fora Marx, e não Freud, quem "inventara" a noção de sintoma,[15] o que o levou a abandonar a tradicional noção freudiana de sintoma como mensagem e como metáfora. As razões eram clínicas. A linguagem dos sintomas pode ser metafórica, mas no sentido em que ela encarna o gozo. A realização de um tratamento analítica não repousa unicamente na decodificação dos sintomas; concentrar-se no modo como o sintoma confere forma simbólica ao real da pulsão implica também transformar a economia do gozo. Só então a análise pode chegar ao fim.

De início, a psicanálise considerava o sintoma interpretável como um rébus; era uma configuração decifrável de símbolos que remontavam a uma fonte recalcada. O sintoma falava ali onde doía, mas, tal como uma mensagem codificada, ele podia ser desfeito uma

---

[14]Ver meu livro *Please Select Your Gender*. Nova York: Routledge, 2010, p. 215-244.
[15]LACAN, Jacques. *Séminaire 22: R.S.I.*, inédito, aula de 10 de dezembro de 1974.

vez traduzido. No entanto, como observa Freud em *Além do princípio de prazer*, depois de interpretado, algo permanecia insolúvel no sintoma, fazendo-o retornar. Havia um além: mesmo que o sintoma provocasse sofrimento (a confissão ajuda alguém a se engajar na análise), o sofrimento também confere uma forma de satisfação dolorosa: é a dor requintada do gozo que se é obrigado a repetir. Nas palavras do paciente de Freud conhecido como Homem dos Lobos, o sucesso do tratamento dependia da vontade de renunciar ao gozo: "Freud dizia que era possível se curar por meio da análise, desde que quisesse ser curado. Ele comparou isso a um bilhete de trem. O bilhete me dá a possibilidade de viajar, mas não me obriga a fazê-lo. A decisão é minha"[16]. A cura, então, depende do que Paul Verhaeghe e Frédéric Declercq chamam de "uma decisão do ego" sobredeterminada pela pulsão[17]. Eles sustentam que o real da pulsão é o real do corpo que funciona de modo que "independente do sujeito; é uma instância que julga e escolhe de maneira independente"[18]. Segundo Lacan, "é um gozo que pensa", e ainda assim o sujeito deve se posicionar em relação a essas escolhas corporais[19].

Como o ego escolhe? Já nos anos 1950, Lacan observava que o ego "está estruturado exatamente como um sintoma. No interior do sujeito, não é senão um sintoma privilegiado. É o sintoma humano por excelência, é a doença mental do homem"[20]. Lacan logo abandona a ideia do eu ou do ego como sintoma, ou ainda mais interessante, do sintoma como ego, tema ao qual não retornará até seu seminário sobre Joyce mais de vinte anos depois.

Por cerca de dez anos, Lacan apresentou o sintoma como uma metáfora que podia ser interpretada de acordo com sua linguística ou sua retórica do inconsciente; assim, em "A instância da letra",

---

[16]OBHOLZER, Karin. *The Wolfman: Conversations with Freud's Patient — Sixty Years Later*. Nova York: Continuum Books, 1982, p. 77.

[17]VERHAEGHE, Paul; DECLERCQ, Frédérique. "Lacan's Analytical Goal: "Le Sinthome" or the Feminine Way". In: THURSTON, L (org.). *Re-inventing the Symptom*. Nova York: The Other Press, 2002, p. 63.

[18]*Idem*, p. 77.

[19]"O que pensa, calcula e julga é o gozo". LACAN, Jacques. "...ou pior". In: *Outros escritos*. Trad. Vera Ribeiro. Rio de Janeiro: Zahar, 2003, p. 548.

[20]LACAN, Jaques. *O seminário, livro 1: Os escritos técnicos de Freud*. Trad. Betty Milan. Rio de Janeiro: Zahar, 1985, p. 25.

Lacan escreve: "O mecanismo de duplo gatilho da metáfora é o mesmo em que se determina o sintoma no sentido analítico. Entre o significante enigmático do trauma sexual e o termo que ele vem substituir numa cadeia significante atual passa a centelha que fixa num sintoma — a metáfora em que a carne ou a função são tomadas como elemento significante — a significação inacessível ao sujeito consciente onde ele pode se resolver"[21]. Lacan aproxima-se aqui da terminologia de Jean Laplanche, e é porque ele ainda é freudiano — o trauma sexual é recalcado, mas seus traços são codificados no sintoma.

O problema dessa posição é que ela não leva em conta o fato de que os sintomas também podem ser uma fonte de satisfação para a pulsão, portanto, podem encarnar e regular o gozo. Essa observação conduziu Lacan à via de um reino situado além do recalque, da representação e do saber, isto é, na direção do que ele chama de real. Como Lacan propunha em seu seminário *Mais, ainda*: "O real, eu diria, é o mistério do corpo falante, é o mistério do inconsciente"[22]. O *sinthoma*, que não é mais uma mensagem a ser decifrada, dá testemunho de uma realidade que emerge transformada, sobredeterminada por um excedente de gozo.

O conceito de *sinthoma* na clínica do clinâmen fornece uma ferramenta clínica valiosa. Acho útil distinguir estruturas patológicas de estruturas não patológicas. Tal conceito implica que a materialidade do corpo não é definida por órgãos mais ou menos visíveis, não é um destino manifesto. A encarnação às vezes requer um *sinthoma* criativo. Em minha prática, prefiro falar dos sintomas do transgênero situando-os na neurose, perversão ou psicose. Hervé Hubert já propôs uma prática clínica diferencial do *sinthoma* transexual em 2006, pois ele procurava evitar a noção patologizante e medicalizada da "síndrome transexual"[23]. Em *Extrasexo* (1983), Catherine Millot

---

[21]LACAN, Jacques. "A instância da letra no inconsciente ou a razão desde Freud". In: *Escritos*. Trad. Vera Ribeiro. Rio de Janeiro: Zahar, 1998, p. 522.

[22]LACAN, Jacques. *O seminário, livro 20: Mais, ainda*. Trad. M.D. Magno. Rio de Janeiro: Zahar, 1985, p. 178.

[23]HUBERT, Hervé. *Transsexualisme: Du Syndrome au Sinthome*. Tese de doutorado. Université de Rennes 2, Haute Bretagne, Lille, 2006.

foi a primeira a observar que a transformação transexual podia ter uma função de *sinthome*. Millot via na transformação transexual uma função análoga àquela que Lacan atribuía à escrita de Joyce. Para muitos lacanianos, o nome "Joyce" é sinônimo de psicose. Esta não é a posição de Lacan.

A afirmação de Millot também levou muito(a)s psicanalistas lacaniano(a)s e pós-lacaniano(a)s a supor que as manifestações transgênero eram inevitavelmente um sinal de psicose. Desviando-se dessa posição, Pierre-Henri Castel, em 2003, estudou a encarnação do transgênero e considerou a noção de *sinthoma* de Lacan como uma construção reparadora quando a metáfora edipiana falha. Geneviève Morel concentrou-se, em 2008, naquilo que chamou de "*sinthoma* sexual", que questiona os limites da função fálica. Essa noção foi sistematicamente retomada por Rafael Kalaf Kossi em 2011 para propor um "*sinthoma* transexual" que pode ser encontrado em estruturas psíquicas patológicas e não patológicas[24]. Oren Gozlan, em 2011 e 2015, e Sheila Cavanagh, em 2016, consideraram a noção de *sinthoma* útil para lidar com a encarnação de transexuais e evitar a armadilha da patologização[25].

Conforme propus em 2010, penso que a teoria do *sinthoma* de Lacan oferece um quadro adequado para repensar a diferença sexual — trans e cis. Como o *sinthoma* pode ser encontrado em qualquer estrutura (neurose e psicose), é possível, com a ajuda dessa teoria, colocar em questão a abordagem patológica adotada com demasiada frequência pela psicanálise diante de expressões não normativas da sexualidade e da identidade sexual.

Hubert, assim como Millot e Lacan, toma Joyce como paradigma não da psicose, mas de um corpo particular, um corpo que

---

[24]Ver CASTEL, Pierre-Henri. *La métamorphose impensable: Essai sur le transsexualisme et l'identité personnelle*. Paris: Gallimard, 2003; MOREL, Geneviève. *La Loi de la mère. Essai sur le sinthome sexuel*. Paris: Anthropos Economica, 2008; KOSSI, Rafael Kalaf. *Corpo em obra: Contribuições para a clínica psicanalítica do transexualismo*. São Paulo: Enversos, 2011.

[25]CAVANAGH, S. L. "Transsexuality as Sinthome: Bracha L. Ettinger and the Other (Feminine) Sexual Difference". In: *Studies in Gender and Sexuality*, vol. 17, n. 1, 2016; GOZLAN, O., "Transsexual Surgery: A Novel Reminder and a Navel Remainder". In: *International Forum of Psychoanalysis*, vol. 25, n. 1, 2011, p. 1-8.

poderia cair de si mesmo, como uma embalagem que não segura bem. A análise de Hubert é matizada e insiste no real[26].

O Stephen Dedalus de Joyce ofereceu algo esclarecedor para Lacan compreender a "psicologia" da relação com o corpo. Lacan explica: "No final, a psicologia não é outra coisa senão a imagem confusa que temos de nosso próprio corpo". Em Stephen, Lacan detecta um tipo de corpo que "exige apenas sair, ser largada como uma casca". E acrescenta: "Ter relação com o próprio corpo como estrangeiro é, certamente, uma possibilidade, expressada pelo fato de usarmos o verbo *ter*. Tem-se seu corpo, não se é ele em hipótese alguma. [...] Mas a forma de Joyce *deixar cair* a relação com o corpo próprio, é totalmente suspeita para um analista, pois a ideia de si como corpo tem um peso. É precisamente o que chamamos de ego"[27]. A prática clínica confirma que, em muitos casos, não basta proceder a uma reconstrução corporal, pois um ego *scriptor* deve intervir para recuperar o corpo e criar uma vida vivível. Somente um conceito como o de *sinthoma* — e entenderemos melhor sua lógica tortuosa no próximo capítulo — poderá, portanto, realizar essa arte.

---

[26] HUBERT, Hervé. *Transsexualisme: Du syndrome au sinthome*. Tese de doutorado. Université de Rennes 2, Lille, 2006, p. 596.

[27] LACAN, Jacques. *O seminário, livro 23: O sinthoma*. Trad. Sérgio Laia. Rio de Janeiro: Zahar, 2007, p. 145-146.

CAPÍTULO DEZOITO

Tornar a vida vivível

O conceito de sintoma que Lacan então elaborou o levou a afirmar que a heterossexualidade normativa era um *sinthoma*, e que o posicionamento sexual também constituía um sintoma — *sinthoma-ela* ou um *sinthoma-ele*, ele os chamou[1]. Ser uma "ele" ou um "ela" seria considerado como uma solução que tenta fazer suplência à desarmonia entre os sexos. Como vimos, a proposição de Lacan "Não há relação sexual" foi introduzida para dar conta de uma pulsão sexual fragmentada que encontra seu gozo em objetos parciais não simétricos, o que acaba por criar uma disjunção entre os parceiros sexuais. Um posicionamento masculino ou feminino, ou qualquer outro, pode ser considerado como uma criação que permite tolerar essa não relação. A assunção de um corpo sexual requer, em certos casos, o saber-fazer que um *sinthoma* confere. É por isso que Paul Verhaeghe afirma que as relações amorosas funcionam quando a ênfase não é colocada na quimera da superação da desarmonia entre os sexos, mas na liberdade concedida por uma criação construída em torno das diferenças. Assim, o(a)s amantes muitas vezes sentem a necessidade de inventar sua própria linguagem e dar a si mesmos um pequeno nome privado[2]. Mas deixe-me, primeiro, voltar um pouco.

---

[1] Ver LACAN, Jacques. "Conclusions du IXe Congrès de l'École freudienne de Paris", *La cause du desir*, n. 103, 2019, p. 21- 23. "Um *sinthoma* não é uma queda, embora pareça. A ponto de eu considerar que vocês aí, todos vocês, têm como *sinthoma* cada um, cada uma, o seu. Há um *sinthoma* ele e um *sinthoma* ela. Isso é tudo o que resta do que chamamos de relação [*rapport*] sexual. A relação sexual é uma relação *intersintomática*" (p. 23).

[2] Ver VERHAEGHE, Paul. *New Studies of Old Villains: A Radical Consideration of the Oedipus Complex*. Nova York: Other Press, 2009, p. 99.

Para Lacan, a criatividade do sintoma pode estar relacionada à arte. Essa ideia já aparecia em sua tese de doutorado. Ao trabalhar de perto e sistematicamente um único caso de "autopunição paranoica", Lacan alcançou uma espécie de "conhecimento paranoico" que lhe permitiu acessar um valioso vislumbre sobre o papel da arte e da criatividade no sintoma. O poeta Paul Éluard saudara as citações de Aimée como prova de que existia uma "poesia involuntária". Lacan vincula isso ao sintoma, pois "a fidelidade ao invólucro formal do sintoma, que é o verdadeiro traço clínico pelo qual tomávamos gosto, levou-nos ao limite em que ele se reverte em efeitos de criação. No caso de nossa tese (o caso Aimée), efeitos literários — e de mérito suficiente por terem sido recolhidos, sob a rubrica (reverente) de poesia involuntária, por Éluard"[3]. Se o sintoma era, como observava Freud, uma "solução de compromisso", essa solução tinha de ser criativa. Os escritos de Aimée deram a Lacan uma visão de como a escrita opera na dimensão do real. O sintoma não era, portanto, um problema incapacitante, mas uma solução criativa.

Após seu seminário sobre *Os quatro conceitos fundamentais da psicanálise*, em 1964, o impacto do real ficou mais claro. Uma passagem desse seminário é dedicada à lógica do traumatismo para evocar o casal aristotélico *tiquê* e *automaton*, o acontecimento ou acidente fortuito oposto à questão da repetição. Ele define a *tiquê* como "o encontro do real"[4]. Trata-se de um "acidente" que determina esse encontro: "Se o desenvolvimento se anima inteiramente pelo acidente, pelo tropeço da *tiquê*, é na medida em que a *tiquê* nos traz de volta ao mesmo ponto em que a filosofia pré-socrática procurava motivar o próprio mundo. Ela precisava de um clinâmen em algum lugar. Demócrito — quando tentou designá-lo [...] nos diz [...] *não é um* μηδεν [*miden*], *é um* δεν [*den*], o que, em grego, é uma palavra forjada [...]. *Nada, talvez? não — talvez nada, mas não nada*"[5].

---

[3]LACAN, Jacques. "De nossos antecedentes". In: *Escritos*. Trad. Vera Ribeiro. Rio de Janeiro: Zahar, 1998, p. 70.
[4]LACAN, Jacques. *O seminário, livro 11: Os quatro conceitos fundamentais da psicanálise*. Trad. M.D. Magno. Rio de Janeiro: Zahar, 1988, p. 56.
[5]*Idem*, p. 64, grifos meus.

A discussão a seguir é complexa, como Madlen Dolar observou. Lacan combina em um único parágrafo conceitos-chave extraídos de diferentes filósofos, Aristóteles (*"tiquê"*), Epicuro e Lucrécio (*"clinamen"*) e Demócrito (*"den"*). Lacan parece abordar tanto Ser e Não-Ser, Unidade e Vazio, negatividade, contingência, repetição e as conexões emaranhadas entre materialismo e idealismo. Dolar comenta que, de um ponto de vista acadêmico tradicional, o recorte conceitual de Lacan poderia ser considerado "sem escrúpulos" e até mesmo "pec[ando] contra os bons costumes acadêmicos"[6]. A suposta transgressão de Lacan tem um propósito: Demócrito pensa no átomo não como um corpo, não como uma entidade, não como um, não como Ser, mas como Não Ser. Dolar assume que tal desvio com relação a todos os tipos de ontologia colocava Lacan no caminho do objeto *a*, o verdadeiro objeto da psicanálise. Lacan revisita a física do nada de Demócrito, que ele toma como uma passagem para o objeto eminentemente ausente da psicanálise, ou o objeto *a*.

De fato, "nada é mais real que o nada" era uma das máximas favoritas do filósofo. Um certo conceito de negatividade foi introduzido no coração do cosmos grego por Demócrito que, aliás, considerava que o pensamento e a alma eram materiais. O romano Lucrécio, no "Livro II: A dança dos átomos" de seu poema científico *De rerum natura* [*Da natureza das coisas*], dá um relato claro e convincente da teoria atomista grega clássica:

> Agora vá, vou explicar com que movimento
> os corpos geradores da matéria geram as várias coisas,
> e, uma vez criadas, as desfazem e com que força
> são levados a fazê-lo, e que mobilidade
> lhes é concebida para se deslocarem pelo vazio imenso[7].

Lucrécio observa que todo material está sujeito a decomposição irreversível, mas também pode se recriar. Como os mesmos materiais,

---

[6]Ver DOLAR, Madlen. "Tuché, clinamen, den". In: *Savoirs et clinique. Jacques Lacan, matérialiste: Le symptôme dans la psychanalyse, les lettres et la politique*, 16 de janeiro de 2013, p. 140-151.

[7]LUCRÉCIO. *Da natureza das coisas*. Trad. Luís Manuel Gaspar Cerqueira. Lisboa: Relógio D'Água Editores, 2015, livro II, vv. 62-66, p. 81.

plantas, animais podem ser recriados repetidamente? Uma solução óbvia é supor que poderia haver propriedades internas transmitidas de forma não visível a olho nu, daí a existência de "átomos", algo que armazena e transmite propriedades inerentes e indivisíveis.

Os "átomos" clássicos parecem mais próximos de nosso conceito moderno de "molécula" do que dos átomos da ciência moderna. O outro grande ponto do atomismo clássico é que deve haver um grande espaço aberto entre esses "átomos": o vazio. Segundo Lucrécio, os corpos caem no vazio segundo a física do caos criativo:

> Na verdade, porque vagueiam pelo vazio,
> é necessário que todos os átomos das coisas
> sejam deslocados pelo seu próprio peso ou então
> por choques casuais de outros, pois, ao chocarem velozmente
> uns contra os outros, ressaltam repentinamente cada um para seu lado [...][8].

Lucrécio sustenta que o vazio é absolutamente necessário para explicar como gases e fluidos podem mudar de forma, fluir, ao passo que os metais podem ser moldados, sem alterar as propriedades básicas dos materiais. Demócrito e outros atomistas acreditavam que, embora os átomos fossem indivisíveis, as formas que assumiam mudavam infinitamente. Esses átomos existiam no vazio e se deslocavam, combinando-se e recombinando-se. Esse movimento exigia um vazio. Demócrito diz, ao nomear o vazio "*a nothing*", que se tratava de um "*no-nothing*", que um (nada) não existe mais do que a outra (coisa[9]). Michel Serres insiste na deriva do movimento no vazio, como mostra sua leitura esclarecedora de Lucrécio. O clinâmen, o desvio atômico ou "guinada", o ângulo mínimo de

---

[8] *Idem*, livro II, vv. 83-87, p. 83.
[9] Demócrito usou um neologismo, "*den*". Como negação de *hen* (um), "*den*" fazia parte de uma das duas palavras que serviam para designar o nada, utilizadas pelos antigos gregos: *ouden*, que se refere à negação factual, algo que não poderia ser, e *miden*, algo que, em princípio, não pode ser. "*Den*" é malapropismo, "*nothing*" sem o "*no*". Ver minha discussão sobre o "*den*" de Demócrito em: "Laughing about Nothing: Democritus and Lacan". In: GHEROVICI, P.; STEINKOLER, M. (org.). *Lacan, Psychoanalysis, and Comedy*. Nova York: Cambridge University Press, 2016, p. 65-68.

divergência que cria a turbulência, funciona como uma chave, pois "o desvio é o nascimento de tudo". A terminologia de Serres e a de Lacan apresentam paralelos evidentes.

Lacan usa o clinâmen lucreciano para repensar a lógica do traumatismo. Se Lacan havia insistido em seu seminário *Os quatro conceitos fundamentais da psicanálise* sobre o "nada" (*den*) ressaltado por Demócrito, é porque ele encontra outro ponto de analogia: os átomos são como letras que, combinadas em frases, podem ser unidas para formar volumes. Se aceitarmos tomar como *tiquê* ou como efeito do clinâmen o desvio que abala um equilíbrio anterior, essa concepção introduz turbulência num inconsciente "estruturado como uma linguagem". Ao introduzir o acaso, a turbulência torna o inconsciente um sistema menos fechado. Se podemos falar, é por causa desse desvio. O clinâmen introduz uma ruptura na ordem e, assim, opõe-se radicalmente à repetição. Michel Serres sugere que "o sentido é uma bifurcação na univocidade"[10]. As turbulências abalam a repetição perturbando o fluxo do idêntico, e puxam e empurram da mesma forma que o *sinthoma*.

O trabalho psicanalítico utilizará a turbulência em uma prática deliberada de equívocos e jogos de palavras verbais para desfazer todos os significados fixos e unívocos inicialmente apresentados pelo(a) analisando(a)[11]. A prática da "sessão psicanalítica de duração variável", controversa técnica de escansão de Lacan, introduz um corte em um ciclo de repetições. Sobretudo, interfere com o gozo do(a) analisando(a) ao introduzir no vazio uma inclinação, um clinâmen. Como um jogo de palavras, o corte da escansão reorganiza as letras e remete o(a) analisando(a) a um enigma cuja resolução não está na reconstrução histórica, mas na invenção de novos significantes. A ideia é provocar um efeito de nomeação e não de substituição simbólica ou metafórica. É um movimento que, ao contrário de uma metáfora, não é reversível. Ele não se desloca ao

---

[10]SERRES, Michel. *O nascimento da física no texto de Lucrécio: correntes e turbulências*. Trad. Péricles Trevisan. São Carlos: EdUFSCAR, 2003, p. 224.
[11]Sobre os efeitos da turbulência na clínica ver: HARARI, Roberto. "The sinthome: Turbulence and Dissipation". In: THURSTON, L. (org.). *Re-inventing the Symptom: Essays on the Final Lacan*. Nova York: Other Press, 2002, p. 45-57.

longo da cadeia como no falso nó encontrado nos anéis olímpicos, mas em um verdadeiro nó borromeano em que os três anéis são tão interdependentes que se você cortar um deles, os outros dois se soltam. O problema não é substituir um anel por outro, mas puxar os barbantes para apertar um nó.

Já na sessão de 19 de dezembro de 1974 do seminário *RSI*, Lacan fala dos limites da metáfora e propõe deixar de lado a busca de sentido. Interpreto isso como uma proposição segundo a qual a resolução do sintoma não é mais a decifração do sentido oculto, mas a criação de algo novo que aparece no vazio.

Essa principal mudança na teorização do sintoma de Lacan ocorre em 1974, ano do seminário *RSI*. De fato, pouco antes do lançamento do seminário, em 31 de outubro de 1974, em *A terceira*, Lacan declara: "Chamo de sintoma o que vem do real"[12]. Essa ideia é desenvolvida na sessão de abertura do seminário *RSI* quando Lacan comenta sobre uma greve: "Como analista, só posso considerar a greve como um sintoma, no sentido de que talvez este ano consiga convencê-los de que o sintoma é, para referir uma das minhas três categorias, é real"[13]. Lacan acrescenta em seguida: "é no sintoma que identificamos o que se produz no campo do real: se o real se manifesta na análise, e não somente na análise, se a noção de 'sintoma' foi introduzida, bem antes de Freud, por Marx de modo a torná-lo signo de algo que é o que há de errado com o real, se, em outras palavras, somos capazes de operar sobre o sintoma, é na medida em que o sintoma é efeito do simbólico no real"[14].

Se a referência a Marx podia nos levar a pensar que o *sinthoma* é uma formação puramente histórico-social, Lacan completa esse giro teórico de 180° ao dar um novo sentido clínico à noção de sintoma ao reescrevê-lo como *sinthoma*. Foi em 1975-1976 com o *sinthoma* de Joyce, como vimos. Esse novo *sinthoma* aparece no lugar onde o nó falha, onde há um "lapso" ou "deslizamento" no nó[15]. O sintoma,

---

[12]LACAN, Jacques. "A terceira". In: LACAN, J.; MILLER, J-A. *A Terceira — Teoria de lalíngua*. Trad. Teresinha Prado. Rio de Janeiro: Zahar, 2022, p. 26.
[13]LACAN, Jacques. *Séminaire 22: R.S.I.*, inédito, aula de 19 de novembro de 1974.
[14]*Idem*, aula de 10 de dezembro de 1974. Cf. *Ornicar?*, n. 2, 1975, p. 96.
[15]LACAN, Jacques. *O seminário, livro 23: O sinthoma*. Rio de Janeiro: Zahar, 2007, p. 75-87. Cf. *Ornicar?*, n. 8, p. 19.

claramente situado no real, é enodado, "considerado equivalente do real [...] [desse] imaginário, a saber, do corpo, tudo o que mantém separados os dois do conjunto que constituí aqui pelo nó do sintoma e do simbólico"[16]. Lacan ilustra aqui de forma exemplar o valor clínico do sintoma como nó. É uma ideia que considero extremamente útil em meu trabalho com o(a)s mais variado(a)s analisando(a)s, mas em particular com o(a)s analisando(a)s transexuais. Com ele(a)s, observo a emergência de uma nova materialidade do sentido, em uma linguagem que parece abandonar a cadeia significante. Essa cadeia será substituída pelo nó borromeano na medida que ela diz respeito à escrita.

A ALEGRIA DA MÚSICA

Jay começa sua análise descrevendo a si mesmo como uma pessoa com um "leve" problema de dependência e vício. Além disso, Jay se identificou como trans, mas não foi por isso que ele veio. Ele inicialmente não expressou nenhuma preocupação de gênero. Ele "passa", o que significa que é aceito como homem; ele nunca esteve na posição embaraçosa de ter que corrigir pronomes. Quanto à sua "dependência", ele se via apenas como um "consumidor" social de drogas e álcool — bebia e usava drogas com seus amigos e conhecidos, e sempre sentia que sua dependência estava sob controle. Foi por incentivo da meia-irmã que ele começou a procurar um analista. Ela sentia que Jay havia se tornado "viciado" no consumo de substâncias psicoativas. Jay admitiu que tinha "crises" de tempos em tempos, momentos em que fumava maconha pesadamente, na verdade todas as noites da semana e todos os fins de semana, sem parar. Ele também bebia até desmaiar, mas nunca faltava ao trabalho por causa de uma ressaca. Jay não tinha a impressão de que o fato de ser "viciado" fosse um problema para ele, era apenas um aspecto de sua vida social.

Jay estava satisfeito com suas realizações. No início de seu tratamento, ele era coproprietário de uma loja e de um restaurante muito

[16]*Idem*, p. 135. Cf. *Ornicar?*, n. 10, p. 12.

popular, e imaginava novos empreendimentos comerciais que prometiam ser igualmente bem-sucedidos. Curiosamente, o fato de Jay ser um "toxicômano" funcionou primeiro como um rótulo que lhe permitiu se encaixar no grupo de outros "toxicômanos", e não somente amigos que bebiam com ele ou lhe forneciam drogas. Jay era um "toxicômano", mas esse rótulo o ligava a um grupo, então não era um problema real: além disso, o fato de se considerar um toxicômano permitia que ele se identificasse com um modelo de contracultura. "Dependente" parecia funcionar para Jay como algo fora da significação, um significante-mestre (S_1), uma significação apontando para ele mesmo que lhe dava uma ilusão de domínio e um semblante de laço social.

Embora Jay não tivesse identificado inicialmente nenhum sintoma além do mal-estar generalizado, ele ficou entusiasmado com a ideia de fazer uma psicanálise no início do tratamento. Apesar de "gostar" de estar em análise, achava difícil falar durante as sessões. Encarei essa resistência como um bom sinal — sua transferência maciça havia encontrado um bom contraponto. Suas palavras eram frequentemente entrecortadas por longos silêncios. Por trás da aparente segurança e zelo de Jay, havia um sentimento de grande solidão e fragilidade.

Às vezes ele pedia conselhos, mas de tal forma que essa demanda não precisasse ser satisfeita; ele estava procurando por um mestre que lhe desse uma direção da qual ele pudesse se desviar. Havia momentos em que seu entusiasmo beirava a impulsividade; era como uma pulsão maníaca, na verdade, um pedido para tornar o Outro completo. Sua busca visava criar um Outro onipotente capaz de gerenciá-lo, controlá-lo e supervisioná-lo.

O paradoxo era que, embora seu uso de drogas fosse semelhante a abandonar-se à atração devoradora do gozo, a forma como Jay organizava os momentos em que consumia drogas ou tomava porres não era espontânea, mas calculada. Jay queria se machucar; era um mestre na arte de infligir dor a si mesmo. "Faço-me sofrer" parecia ser o seu lema. Jay me consultara porque esse cálculo de dor tinha saído do controle.

A namorada recente de Jay (uma mulher cis que se identificava como *queer*, o que significava não tradicional e não normativa em matéria de sexo) fora morar com ele um mês antes de começar seu tratamento. O relacionamento deles estava se tornando cada vez mais violento e instável. Marty era mais jovem (Jay tinha 37 anos quando a conheceu e Marty tinha acabado de fazer 21). Marty tinha um filho de 2 anos de um relacionamento anterior. Jay concordara em morar com Marty e seu filho sabendo desde o princípio "que as coisas não iam dar certo". No entanto, ele rapidamente se apegou ao filho de Marty, Gary, e até parecia seduzido pela ideia de uma vida familiar. Ele descrevia Marty como "inteligente", "cheia de recursos", "divertida". Ele também podia qualificá-la como "muito estúpida": ela tinha "opiniões sobre tudo, mas não sabia nada sobre a vida". Enquanto Jay parecia feliz o bastante em seu papel como padrasto de Gary, sua relação com Marty era pontuada por abusos verbais e físicos. Havia brigas de bêbados que geralmente levavam a "combates de quem conseguia gritar mais alto". Elas eram acompanhadas de violências físicas recíprocas e só terminavam quando os vizinhos chamavam a polícia.

Jay reclamava que seu relacionamento com Marty não era mais sexual. A relação deles começou de forma apaixonada e Jay se sentia então "entusiasmado, revivido". O período de lua de mel durara pouco; parecia que sua libido havia passado dos prazeres do sexo para as emoções e tensões de suas brigas físicas. Para explicar isso, Jay avançava a hipótese de que, mesmo que Marty dissesse que estava feliz por estar em um relacionamento com um trans, ela "não era tão *queer* assim". Ele achava que ela sentia falta das relações sexuais com um homem cis. Jay estava desconfiado porque ela ficava muito "excitada" sexualmente quando ele usava uma cintaralho. Ele também era constantemente torturado pelos flertes via SMS que ela mantinha com vários de seus ex-namorados. Ele concluía que, como homem trans, era inferior a um homem cis. Embora parecesse que Marty estava gostando de fazer sexo com ele, Jay estava convencido de que havia um problema que ela não ousava lhe contar.

Jay parecia confundir o pênis com o falo. Privado do órgão para o qual dava tanto valor, sentia-se em desvantagem quando tinha relações sexuais com uma mulher cis como Marty. Na verdade, ele admitiu que evitava oportunidades de fazer amor, adiava a hora de encontrá-la em sua cama ficando acordado até tarde jogando videogame, ou se masturbando furtivamente diante de pornografia gay, ou pesquisando na internet representações gráficas de "cirurgia genital": isso confirmava suas suspeitas de que a tecnologia cirúrgica atual para faloplastia não conseguia construir um pênis confiável. Isso fazia com que ele caísse no sono quase todas as noites no sofá da sala e não no quarto com Marty. Cada vez mais, Jay evitava a intimidade, desfrutando inconscientemente de seu papel de parceiro rejeitado, vítima da falta de interesse de Marty. Ele também fantasiava ter relações sexuais com homens gays cis e declarava que, para ele, chegar ao orgasmo sempre implicava imaginar que ele tinha um pênis. Após o orgasmo, muitas vezes ele se sentia muito triste.

Devido à relação cada vez mais tempestuosa com Marty, as águas da análise turvaram-se. Jay começou a questionar os efeitos do tratamento e reclamou da inutilidade da psicanálise. Ao mesmo tempo, alguns elementos foram mudando em sua apresentação. Ele não estava mais bebendo tanto, não estava ficando chapado com tanta frequência; agora estava ganhando peso, pois seu objeto *a* parecia bloqueado na zona oral: comida ou grito. Ele reclamava de que não se sentia mais atraente, admitindo até mesmo que sua irmã o chamava de "gordão". A opinião de sua irmã mais velha significava muito para Jay; ela não apenas o encorajara a se lançar numa psicanálise, mas também tinha desempenhado um papel importante em sua vida. Eles tinham o mesmo pai e ela era um elo importante com a linhagem paterna, assim como uma presença solidária, sobretudo quando Jay iniciara o processo de transição de gênero. Com ela, Jay estava ligado a algo diferente com relação ao lado paterno; sua irmã era uma presença confiável que introduzia outra versão do pai. Ela era uma espécie de embaixadora do pai. Através dela, Jay começou a ver seu pai não apenas como alguém não implicado e negligente, mas também como um homem que amava Jay, mas era incapaz de se relacionar com seu filho.

Naquele exato momento, o apelido que Jay adotou para sua namorada abriu uma saída para o ciclo de repetições. No início de seu relacionamento, Jay carinhosamente chamava Marty de "Ma". Durante uma sessão após uma enorme briga que terminara com Marty e seu filho se mudando por alguns dias, Jay relatou o confronto num tom de voz em que sentia sua mistura característica de dor e prazer, gozo e desespero. Foi então que ele cometeu um lapso; querendo dizer "Ma", ele gaguejou e disse "Ma... Ma". Eu respondi: "Mamãe?" Ele pareceu aborrecido e respondeu: "Não, Ma... não mamãe". Nesse momento, Jay pareceu completamente confuso. Suspendemos a sessão neste ponto.

Esse lapso foi uma interrupção bem-vinda; ele trouxe algo novo. Durante a sessão seguinte, Jay reconheceu que as brigas, em particular a violência física com Marty, lhe davam uma sensação de exaltação semelhante à que ele sentia quando estava bêbado; essa excitação estava ligada à contínua decepção que sentira com seu pai, aquele que era "Não a mãe". Suas ausências o faziam sentir como se nada existisse fora do amor de sua mãe. Esse "nada" tornava-se o objeto que ele buscava em seu consumo excessivo de álcool e drogas. Ele costumava dizer que enquanto se recuperava de uma ressaca, "não sentia nada".

Se por um lado, depois das brigas com Marty, ele se arrependia, também se resignava à autodestruição que atenuava sua culpa. Ele não conseguia recusar a interpelação do supereu. No entanto, era como se as drogas, a bebida e até as brigas físicas funcionassem como rolhas girando no vazio, enquanto o vazio permanecia oculto, bloqueado, velado pelo objeto real. É esse mesmo vazio que ele vivia após o coito, causando sua tristeza.

Na sessão seguinte, Jay notou que, se seu apelido para Marty era "Ma", a alcunha que Marty costumava usar para falar dele era *"Dumpling"* (bolinho). Jay parou no meio da frase e repetiu para si mesmo: *"Dump"* (de *to dump*: descartar). *"Dump?"*, perguntei a ele. Ele me respondeu: "Sim, isso é o que Ma faz, ela me trata como merda." O que está em jogo nessa interação é o objeto *a* na forma de fezes. A merda era um substituto para Jay, mas também uma lembrança da primeira perda, como vimos: o primeiro presente ao qual a criança renunciou é o protótipo da inscrição da falta, o objeto "sacrificado", que separa o gozo do desejo.

Cansado de "ser um cuzão", cansado desse tipo de gozo deletério, logo depois Jay terminou com Marty. Ele ficou com várias pessoas por dois meses e retomou sua antiga rotina diária de ginástica, o que lhe deu um impulso narcísico. Um dia, ele conheceu uma mulher cis "encantadora" que achou "linda", "perfeita", uma "mulher ideal — bonita e magra". A nova namorada, Allyssa, era o oposto de Marty; ela era um pouco mais velha e nunca houve qualquer conflito entre eles.

Esse relacionamento distraiu Jay da necessidade de usar drogas ou beber muito. Jay foi capaz de se sentir deprimido sem cair em desespero. Ele também se sentia mais confiante no que dizia respeito a ter relações sexuais com Allyssa. "Achava que não era uma boa ideia fazer sexo logo de cara", mas ele fez, e encontrou nela "o sexo que eu sempre quis". Pela primeira vez, Jay parecia ter encontrado alguém que realmente o desejava: "Ela está tão a fim de mim. Ela tem tanta energia, tanto desejo por mim. Não consigo acreditar nisso. Ela era tão agressiva, estava em cima de mim". O medo não estava longe: "Tenho que admitir que isso me assusta um pouco".

Logo depois, os sintomas apareceram. Mais uma vez, Jay ficou com ciúmes, verificando secretamente o celular da namorada; sem nenhuma prova, ele estava convencido de que Allyssa ia traí-lo a qualquer momento. Jay teve ataques de pânico e ficava tão angustiado, que sentia que ia morrer. Isso era acompanhado por um tique nervoso ao redor dos olhos e crises de insônia. Além disso, seu corpo era atormentado por dores como contrações no pescoço, cãibras repentinas e espasmos musculares. Esse corpo, que até então tinha apenas o papel de lugar de consumo, tornava-se a prova de seu sofrimento. Ele consultou médicos que o asseguraram de que não era nada sério e atribuíram seus sintomas ao estresse. Jay não estava convencido.

Jay estava tentando substituir as drogas ilegais que havia abandonado por drogas legais que um médico pode prescrever. Acima de tudo, ele estava procurando um nome para seu sofrimento. Ele exigia isso, um diagnóstico para saber como chamar sua "doença"; precisava de uma nomeação. Já havia conseguido uma primeira nomeação chamando a si mesmo de "Jay" durante sua transição. Quanto à análise, apesar de sua relutância, ele admitiu que foi isso que "o manteve vivo, mesmo que não tenha ajudado muito ultimamente". Essa fase "negativa" da análise foi importante para Jay e permitiu levar o sintoma para a criação de um re-enodamento, para a invenção de um *sinthoma*. Minha presença representava um Outro, um Outro ausente, decerto, mas um Outro que estava ali; um Outro incompleto, mas que não ia descartá-lo (*to dump*), como Marty o chamava. Se Jay quisesse interromper o tratamento, essa decisão seria dele.

Para Jay, separação e apego não eram questões simples. Sua mãe talvez estivesse presente demais em sua vida, provavelmente para compensar um pai que parecia ter intervindo apenas como genitor. Ou talvez fosse Jay que estivesse presente demais para sua mãe, satisfatório demais, seu triunfo. Jay fora "um bebê milagroso", uma gravidez surpresa para uma mulher que se tornou mãe aos 40 anos depois de perder a esperança de ter um filho biológico. Seu pai era um homem que sua mãe estava namorando informalmente na época; embora ele "estivesse por perto", ele estava apenas intermitentemente envolvido na vida de Jay. Seus pais não ficaram juntos após o nascimento de Jay, e sua mãe nunca teve um relacionamento romântico estável e duradouro depois disso. O pai de Jay era visto como um visitante ocasional que levava Jay para passar o dia, de tempos em tempos e sem aviso prévio. Mas durante o tratamento, sua posição na vida de Jay não era mais uma presença tão periférica e imprevisível, pois eles se viam regularmente; embora passassem muito tempo compartilhando refeições juntos, Jay tinha "sentimentos contraditórios com relação a ele".

Quando criança, Jay ansiava por passar tempo com o pai e se sentia bastante desamparado quando ele não aparecia para buscá-lo, o que acontecia com bastante frequência, mas ele sentia que nunca poderia compartilhar esses sentimentos com a mãe: "Apenas esperei. Sinto que passei a maior parte da minha vida esperando". Jay dizia: "Nunca abandonei ninguém, alguém sempre me abandonou". Ele parecia ignorar que a passividade podia ser uma forma de atividade.

Nesse ponto do tratamento, suas crescentes crises de pânico estavam restringindo severamente sua vida cotidiana. Ele tinha medo de sair. Ficava em casa, protegido por quatro paredes, o espaço em que podia manter seu desejo. A relação com Allyssa era afetuosa, mas ela era fonte de insegurança para Jay. Era impossível para ele acreditar que ele podia ser um objeto de amor para ela. Ele vivia com medo. Abandonado os objetos de substituição (álcool, maconha, brigas) que escondiam a falta, o nada que tornava o desejo possível e a vida vivível aparecia, então, nu e ameaçador.

Jay não apenas desconfiava de Allyssa, mas também suspeitava dos médicos e até de sua psicanalista. Ele reclamava da ineficiência geral daqueles que o tratavam — repreendia os médicos por não encontrarem a receita certa para tratá-lo (pois achava que a causa de seu sofrimento era "algo no meu corpo") e dirigia uma reclamação geral a mim, sua analista, ressaltando que os psicanalistas "não conhecem o corpo". Na verdade, ele estava certo: eu não sabia muito sobre seu corpo, que era, de fato, um lugar de sofrimento intenso.

Ele nunca havia se sentido como um homem preso no corpo de uma mulher. Mas seu corpo ainda estava em desvantagem, ainda com baixo desempenho, um tanto falho; era um corpo que o lembrava de que ele havia nascido "mulher". Anos de injeções mensais de testosterona e uma "cirurgia superior" (dupla mastectomia) quase uma década antes haviam mais ou menos reconciliado Jay com seu corpo. Minha ignorância, no entanto, provou ser produtiva. Se havia um saber a ser adquirido, tinha que vir dele.

Jay nunca falava de sua transição como um destino, mas sim como uma estratégia de sobrevivência, como uma transformação necessária que lhe permitira viver. "Eu não tinha escolha. Teria morrido se não tivesse feito a transição — teria me matado". Ele relembrou sua mastectomia: "Fiz uma operação, uma operação séria. Tudo isso valia a pena. Teve uma espécie de efeito curativo". Ele disse que evitava olhar no espelho por medo de encontrar vestígios de um corpo feminino. "Toda vez que vou tomar banho — fora quando vou fazer sexo, são as únicas vezes em que estou nu — lembro que nasci com corpo de mulher. Lembro que nasci com um corpo de mulher, o que não é normal, sobretudo com toda essa gordura que tenho agora. Não odeio meu corpo, não o amo, só isso. Nasci mulher, mas agora sou homem. Isso ainda me intriga".

Os novos sintomas somáticos de Jay, as dores em constante evolução que habitavam seu corpo, não pareciam acessíveis por meio de associações verbais. Eles não pareciam funcionar como portadores de sentido recalcado. Representavam um impasse para os efeitos da fala e da metáfora. Na verdade, eles estavam mais próximos do real de seu corpo como pura carne do que do corpo gozante, um corpo fora do alcance das reverberações simbólicas e metafóricas. Tais sintomas exigiam o *sinthoma*.

O objeto *a* (voz) abriu um novo caminho. Não havia mais "crises" relacionadas às drogas, que eram "*cry-ses*" (de *to cry*: chorar), gritos de socorro que funcionavam como um apelo a um Outro ausente que ele desejava ardentemente, mas para vê-lo fracassar. A partir de então, a pulsão invocante não mais emergia em função dos cruéis imperativos do supereu que seu consumo de drogas e álcool tentaria apaziguar e exacerbar simultaneamente. A voz interna "afônica" de reprovação se deslocava para o registro dos sons, para um campo acústico que ele podia compartilhar com os outros.

Jay sempre gostou de música e colecionava muitos discos de vinil antigos. Por capricho, ele vendera sua parte no restaurante que possuía e pagou sua mãe de volta um empréstimo que lhe permitira começar essa empreitada. Com o resto, abriu uma loja *on-line* de discos antigos que se tornou um *site* lucrativo de compra e venda, além de patrocinar e produzir apresentações musicais experimentais. O que havia começado como um *hobby* se tornara um trabalho em tempo integral. O objeto *a* saíra do campo do Outro para se tornar um objeto que circulava e que ele podia recuperar. A voz ainda se dirigia a ele, mas agora o registro do som e da materialidade acústica prevalecia de forma distinta. "Nem todo mundo escuta as músicas de que eu gosto... mas quem gosta, adora". Ele não se sentia um pioneiro (como trans, como empresário) porque o Outro era castrado, mas com aquelas e aqueles cujo objeto era parecido com o seu, ele podia criar um vínculo, um vínculo que concedia vários benefícios. "Tudo isso é precioso para mim, de uma maneira que eu não conseguia imaginar antes". Ele agora podia deixar sua marca, fazer uma contribuição única usando seu saber-fazer único. Nesse sentido, Jay ia deixar uma inscrição, sua assinatura.

Com este novo negócio, Jay teve que viajar muito, o que o obrigou a superar suas crises de pânico. "Estava com muito medo porque pensava demais, era só ir embora". Jay deixou a fusão com a mãe, o que incluía o restaurante. A nova empreitada o aproximou do pai, até então ausente. O pai havia sido DJ por um certo tempo. Jay então percebeu que o nome que escolhera lhe permitira reescrever a atividade mais querida de seu pai. Em seu novo personagem como empresário, ele era conhecido como "J.J.". Ele até batizou sua nova empresa como "J-Music", com o *slogan* "As alegrias da J-Music". Ele passou do nome Jessica, dado ao nascer, para o de Jay, depois para o de J.J., seu nome profissional no mundo musical. Se por um lado Jay nunca tinha ouvido falar de James Joyce, seu *sinthoma*, curiosamente, reescreve a assinatura de James Joyce. Tal como acontece com o Swift Shuker, um "corpo maldito cortado na carne" pudera se tornar carne e sentido.

CAPÍTULO DEZENOVE

Transtornos do corpo

Sob o pseudônimo de "N. O. Body", um(a) autor(a) escreveu em alemão um belo e comovente livro de memórias publicado originalmente em 1907 com o intrigante título *Aus eines Mannes Mädchenjahren*[1](literalmente "Sobre os anos de solteira de um homem"). Como o pseudônimo "N. O. Body" pode ser lido alternadamente como "*No Body*" ("Sem corpo") ou "*Nobody*" ("Ninguém"), a escolha ficará a cargo do leitor. Este pseudônimo foi inspirado no famoso romance utópico de Theodor Herzl, *Old New Land*, publicado cinco anos antes. O pseudônimo é mencionado na cena de abertura, que se desenrola em um dos cafés mais charmosos de Viena, não muito longe da casa de Freud, no número 19 da Berggasse. Herzl apresenta dois jovens discutindo um anúncio de jornal:

– Bem, olhe isso. Schiffmann entregou o jornal a Friedrich e mostrou-lhe um pequeno anúncio. Dizia: "Procura-se jovem instruído, desesperado, pronto para fazer a última experiência de sua vida. Entre em contato com N. O. Body, neste escritório".

– Você tem razão — disse Friedrich. — É uma propaganda notável. "Um jovem instruído e desesperado". Tal homem poderia ser encontrado, é claro, mas a condição imposta é muito difícil. Um homem, com efeito, deve estar desesperado para sacrificar sua vida por uma última experiência.

---

[1]Ver N. O. BODY. *Aus eines Mannes Mädchenjahren*. Berlim: Heintrich Druck, [1907] 1993. O livro sobre o qual estamos nos apoiando aqui é a versão em inglês: N. O. BODY. *Memoirs of a Man's Maiden Years*. Trad. D. Simon. Filadélfia: University of Pennsylvania Press, 2006.

– Bem, o Sr. Body parece não o ter encontrado. Ele já colocou este anúncio há algum tempo. Mas eu gostaria de saber quem é esse Sr. Body com seus gostos esquisitos.
– Não é ninguém.
– Ninguém?
– N. O. Body — Ninguém. Quer dizer "ninguém" em inglês.
— Ah, entendi. Não tinha pensado no inglês. Sei tudo, não preciso de nada...[2]

Se seu pseudônimo evocava o personagem desesperado pronto para jogar sua vida numa experiência no romance de 1907, o verdadeiro N. O. Body publicava suas memórias porque sua vida, segundo ele, havia sido uma "experiência". Sua vida fora marcada pela dor extrema causada pelo erro de atribuição de sexo que havia sido mascarado pelo sigilo e pela negação. As consequências foram tão terríveis que ele chegou ao ponto de querer acabar com a própria vida. As memórias de N. O. Body começam com esta declaração reveladora: "Este livro conta uma história verdadeira. [...] Nasci menino e fui criada menina". De fato, N. O. Body, nascido em 1885, viu ser-lhe atribuída uma identidade feminina e foi criado como menina. Durante sua infância, N. O. Body, no entanto, se envolveu naquilo que era considerado um comportamento masculino estereotipado. N. O. Body não mostrava "nenhum interesse em brinquedos de meninas e uma clara inclinação para jogos de meninos"[3]. Sua adolescência foi sombria e tortuosa, seu corpo assumiu formas masculinas e N. O. Body desenvolveu uma forte atração por mulheres. Depois de duas décadas se sentindo em conflito com seu corpo, N. O. Body amou apaixonadamente uma mulher casada, após o que o suicídio parecia inevitável. Foi então que um médico sugeriu "uma pequena operação", declarando: "Você é tão homem quanto eu!" Essa declaração deu coragem e esperança a N. O. Body.

---

[2]HERZL, Theodor. "Texts Concerning Zionism: 'Altneuland'". In: *Jewish Virtual Library*. Disponível em: <https://tinyurl.com/fc5ab69b > (Acesso: 19 jun. 2021).
[3]N. O. BODY. *Memoirs of a Man's Maiden Years*. Trad. D. Simon. Filadélfia: University of Pennsylvania Press, 2006, p. 7.

TRANSTORNOS DO CORPO

Além disso, o médico acrescentou que para este tipo de transformação, "as autoridades não podiam recusar dar autorização"[4].

O narrador das memórias nasceu, portanto, duas vezes, primeiro sob a forma de uma menina chamada "Nora" na ficção, depois como um homem de 22 anos chamado "Norbert". N. O. Body era na verdade Karl M. Bauer, uma pessoa que hoje chamaríamos de intersexual. Bauer, nascido como Martha em 1884, morreu como Karl em Israel em 1956. Seu túmulo no cemitério Kyriat-Shaul em Tel Aviv tem a data de sua morte, mas não a de seu nascimento[5]. Suas memórias conheceram um sucesso imediato e foram reimpressas pelo menos seis vezes. Inspiraram dois filmes mudos e até uma sátira, confirmando assim a popularidade da obra[6].

Depois de sua mudança de sexo, Bauer se casou em 10 de outubro de 1907. Seus amigos publicaram o seguinte anúncio de casamento: "Norbert O. Body, autor do livro *Aus eines Mannes Mädchenjahren*, casou-se ontem em Viena com Hanna Bernhardovna, a mulher que desempenha um papel tão importante na última parte do seu livro. Por amor a ela, e com a ajuda de excelentes advogados e médicos, ele conseguiu persuadir o Ministro do Interior a concordar em alterar a sua inscrição pessoal no registro de pessoas físicas para passá-lo para o masculino. Body agora vive como funcionário público em Berlim"[7].

N. O. Body tornou-se assim Body, um corpo realmente encarnado, e não só pela intervenção de um bisturi e a retificação do seu estado civil, mas também pelo re-enodamento da sua subjetividade por meio da escrita[8]. Body foi capaz de cumprir e realizar uma verdadeira transição — transformando-se assim em "Ego scriptor", como Ezra Pound se autodenominava em seus *Cantos*.

Supõe-se frequentemente que o(a)s transexuais são seres marginais cuja experiência não pode ser compartilhada pela maioria de nós. Argumento que seus "problemas de gênero" e suas incertezas

---

[4]*Idem*, p. 99.
[5]SIMON, H. "Postface". *Idem*, p. 113-136.
[6]*Idem*, p. 134.
[7]*Idem*, p. 130.
[8]Ver meu livro *Please Select Your Gender*. Nova York: Routledge, 2010, p. 215-244.

fundamentais com relação ao gênero são universais. Eles enfatizam a impossibilidade de representar plenamente o sexo, e isso vem a perturbar a garantia das reivindicações identitárias. Os sujeitos intersexuais, transexuais e *gender queer* colocam em questão o determinismo biológico e o essencialismo do gênero. É por isso que um militante da envergadura de Magnus Hirschfeld deu seu aval à publicação das memórias de N. O. Body escrevendo o epílogo.

Hirschfeld publicou uma série de estudos sobre casos daquilo que era então chamado de "hermafroditismo", o que parecia provar a existência de uma bissexualidade congênita. Ele imaginou que a bissexualidade levaria a um "terceiro sexo", o qual ele via como arraigado na natureza na forma de uma androginia interior que tornava o corpo ao mesmo tempo masculino e feminino, portanto, nem inteiramente masculino nem totalmente feminino. Em seu epílogo às memórias de N. O. Body, Hirschfeld faz uma interessante declaração política, na qual ouvimos um eco de nossas discussões contemporâneas: "Quanto mais aprendemos sobre a transição entre os sexos, mais descobrimos a utilidade, para o homem e para a mulher, de conceder a maior liberdade possível à interação das forças presentes. [...] A velha exigência de liberdade e direitos iguais para todos encontra suas raízes muito mais nas diferenças entre as pessoas do que em sua semelhança. Para que cada indivíduo possa se desenvolver livremente e de maneira a se aproximar da beleza, todos devem ter as mesmas oportunidades"[9]. O comentário de Hirschfeld em seu epílogo às memórias de N. O. Body retoma um dos principais temas tratados neste livro: uma liberdade definida como o direito de escolher o próprio gênero, o respeito às diferenças individuais e a busca pela beleza.

Em 1907, Hirschfeld também fez uma afirmação semelhante à declaração de Caitlyn Jenner sobre sua transição, quando em 2015 ela falou em ter um "cérebro feminino". Hirschfeld declarou: "*O sexo de uma pessoa se situa mais em sua mente do que em seu corpo*, ou, para me expressar em termos mais médicos, ele se situa mais no

---

[9] HIRSCHFELD, Magnus. "Épilogue". In: N. O. BODY. *Memoirs of a Man's Maiden Years*. Trad. D. Simon. Filadélfia: University of Pennsylvania Press, 2006, p. 111.

cérebro do que nos órgãos genitais"[10]. Observamos um deslocamento para o alto: não são mais os órgãos sexuais e sua manifestação secundária que determinam, mas o órgão do pensamento. O próprio cérebro seria sexuado? Seria esta uma nova maneira de encarnar e renaturalizar a diferença entre os sexos?

BORN THIS WAY

A música *Born This Way* [Nascida assim], de Lady Gaga, me interessa não por eu ser fã dela, mas porque quero explorar o que J. Jack Halberstam chamou de "feminismo Gaga", isto é, um feminismo que favorece o gênero e a fluidez sexual. Para Halberstam, Lady Gaga "é uma voz forte para os diferentes arranjos de gênero, de sexualidade, de visibilidade e de desejo"[11]. As "múltiplas" mensagens de Gaga seriam muito variadas, pois ela desdobra "novas matrizes de raça, classe, gênero e sexualidade", e até se questiona sobre "a significação do humano". Halberstam descreve o feminismo *fashionista* de Lady Gaga como aquele que "deixa entrever formulações emergentes de uma política de gênero", um feminismo "investido em desdobramentos inovadores da feminilidade [...] caracterizado por seu excesso, seu abraço extático de perda de controle, em um sentido não conformista da identidade corporal"[12].

Enquanto a maioria das transições de gênero ocorrem — como sustenta Stoller, citando Winnicott — para expressar o "verdadeiro *self*" do sujeito, Gaga se situa na extremidade oposta da autenticidade, celebrando o irreal, o instável e o artificial[13]. Ela é "falsa", a tal ponto que Halberstam designa o feminismo de Gaga com o termo "*pheminism*"[14]. De fato, Gaga encarnaria uma nova forma de engajamento político como "uma monstruosa excrecência do conceito instável de 'mulher'"[15]. Representando mais do que sua pessoa,

---

[10]*Idem*, p. 110, grifos meus.
[11]HALBERSTAM, J. *Gaga Feminism: Sex, Gender, and the End of Normal*. Boston: Beacon Press, 2012, p. XII.
[12]*Idem*, p. XIII.
[13]STOLLER, Robert. *Sex and Gender*. Londres: Hogarth Press, 1968, p. 2.
[14]HALBERSTAM, J. *Gaga Feminism: Sex, Gender, and the End of Normal*. Boston: Beacon Press, 2012, p. XII.
[15]*Idem*, p. XIII.

Gaga desdobra a artificialidade com tal implacabilidade que se torna uma artista: "Gaga vai além das canções *pop* e se torna arte"[16]. Gaga se inscreve numa genealogia de prestígio ao lado de Emma Goldman, Yoko Ono, Grace Jones, Shulamit Firestone, Marina Abramovic, de músicos como Ari Up do The Slits, ou Poly Styrene do X-Ray Spex, e até mesmo do Comitê Invisível. Gaga contém multidões: ao mesmo tempo produto midiático e manipuladora midiática, ela é uma megamarca, um ponto de comutação para corpos futuros. Representa uma erosão da superfície, dos defeitos e dos fluxos, pois se situa no cerne do capitalismo de consumo. Em suma, Lady Gaga seria um Karl Marx içado em sapatos plataforma, alguém que inauguraria uma revolução não só na economia, mas também nas relações entre os sexos.

Em seus shows, Lady Gaga desdenha as clivagens habituais impostas pelas normas de gênero; sob o signo *"fashion is my freedom"* ("a moda é a minha liberdade"), ela um dia se apresentou disfarçada sob a forma de seu alter-ego masculino, Jo Calderone, chocando alguns, encantando outros, sempre surpreendendo pelos efeitos teatrais de gênero. Gaga coloca as normas de gênero em questão em sua música *Born This Way*. Ela canta que todos nascemos *superstars*, acrescentando a famosa injunção de não ser uma *"drag"* (um travesti, mas também um malandro, um pé-no-saco), mas ser uma *"queen"* (uma rainha), o que significa que a fama supera o gênero. Dizer que se nasce assim poderia sugerir que Lady Gaga adotou um certo essencialismo, algo que Halberstam viu, elogiando "o espírito Gaga da anarquia", mas acrescentando um aviso: "Esqueça essa ideia de '*Born this way*'". No entanto, mantenho que é precisamente nas contradições da cantora que podemos detectar melhor "a espinha dorsal de um hino libertador"[17]. Na letra de *Born This Way*, ouve-se o famoso refrão *"don't be a drag just be a queen"*. Esta frase, repetida três vezes, contém implicitamente a expressão *"drag queen"*, com a admoestação de não ser uma *"drag"*, em oposição a ser uma *"queen"*. A arte é uma forma de se tornar uma

---

[16] *Idem*, p. 139.
[17] *Idem, ibidem.*

verdadeira rainha, como a mãe da cantora desejava para a pequena Lady Gaga, o que era apenas uma questão de tempo, já que somos todos "*superstars*".

Gaga, cujo nome de nascimento é Stefani Joanne Angelina Germanotta, começou a chamar a si mesma Lady Gaga depois de conhecer uma *drag queen* chamada Lady Starlight. Lady Starlight disse-lhe que ela fazia mais do que música: ela fazia arte[18]. Não foi preciso dizer isso duas vezes a Stefani e, em vez de ser uma *drag*, ela se tornou uma *queen* em *drag*. Outros afirmam que seu nome vem da música da banda Queen chamada *Radio Ga-Ga*[19]. Nas duas versões da forma como Lady Gaga escolheu seu pseudônimo, sua nomeação segue o caminho do significante "*queen*". Isso reaparece na diferença sublinhada na letra da música entre ser "*not a drag*" e ser "*a queen*".

O resto da letra da música proclama a doxa americana fundamental: uma boa dose de individualismo lhe salvará; basta se orgulhar de sua identidade para vencer nos Estados Unidos. Somos todos iguais em direitos etc. Esta mensagem é inclusiva: sejamos "corajosos" e aceitemos a diferença tal como ela é encarnada pelas minorias discriminadas com base em disparidades étnicas, sexuais, de gênero e de classe: pode-se simplesmente ser uma rainha. Gaga nos convida para uma utopia em que podemos pertencer a qualquer raça, classe, ter ou não ter alguma deficiência, sermos intimidados, zombados ou rejeitados, gays, heterossexuais, bissexuais, transexuais, pois podemos nos rejubilar conquanto nos amemos.

A mensagem de inclusão e resiliência de Gaga inspirou ela e sua mãe a lançarem a *Born This Way Foundation*, uma fundação sem fins lucrativos criada em 2012 na Universidade de Harvard. Sua principal missão é fomentar uma sociedade mais aberta, em que as diferenças sejam aceitas e a individualidade celebrada[20]. Se existe um programa político que seria anunciado pela frase "*Born this way*", ele só pode evocar a expressão que escuto com

---

[18] *Idem, ibidem*.
[19] *Idem, ibidem*.
[20] Para saber mais sobre a *Born This Way Foundation*, consulte o site: <https://tinyurl.com/42mvt6uk> (Acesso: 12 jul. 2023).

frequência na minha prática clínica. Trata-se de uma expressão frequentemente evocada por pacientes cuja existência inteira parece devorada pela consciência de ter nascido com um gênero que contradiz sua anatomia. Isso é, por exemplo, o que Jay conseguiu aceitar. Como vimos, Jay nasceu com corpo de mulher, mas agora vive uma vida melhor como homem. Foi um processo que eu descreveria como a elaboração de uma vida vivível, que implicava uma transição de gênero.

A transição de Jay foi um processo longo e complexo que lidava com a diferença sexual tanto em nível imaginário quanto simbólico, ao mesmo tempo em que negociava com resquícios inefáveis do real que podem ser resumidos da seguinte forma: "o gênero deve ser encarnado, o sexo deve ser simbolizado". Por "simbolizado" não estou simplesmente invocando o falo, pois acho mais produtivo abordar esses casos usando a lógica do *sinthoma*. Acrescentemos que a música de Gaga desvia a fórmula essencialista "*Born this way*" e faz dizer exatamente o contrário. Gaga pretendeu impor um determinismo biológico, mas para aceitar uma diferença baseada em um paradigma de livre escolha. "*Born this way*" pode, então, significar que nasci com o cérebro de uma menina no corpo de um homem. É de fato um essencialismo contra a corrente.

O que é revelado pela música de Lady Gaga pode ser compreendido na lógica do *sinthoma* desde que outro sentido seja dado à ideia de *nascer*. Um *sinthoma* corresponde ao renascimento plástico de um sujeito. É um novo nascimento no qual a arte só pode fornecer uma solução confrontando suas contradições. Somente a arte pode permitir que alguém se torne a rainha ou o rei de sua nova autobiografia. O argumento do destino anatômico proposto por Lady Gaga em *Born This Way* apresenta uma realidade em que raça (no sentido em que esse termo é geralmente usado pelas autoridades nos Estados Unidos) ou orientação sexual são consideradas um atributo "natural", que é, ao mesmo tempo, uma escolha forçada.

De que escolha estamos falando quando a percepção interna de gênero parece contradizer o próprio corpo, como se o corpo fosse um envelope que não correspondesse ao seu conteúdo? Trata-se simplesmente de uma imagem que utilizamos ou de uma metáfora com a qual a maioria do(a)s pacientes trans vive?

TRANSTORNOS DO CORPO

Consideremos a posição adotada pela Dra. Joanna Olson, médica pediatra, que estava presente durante a entrevista televisiva de Diana Sawyers no momento do *coming out* de Caitlyn Jenner, e que afirmou que uma criança de 18 meses pode declarar seu sexo sem hesitação, simplesmente dizendo "Eu menino". Esta afirmação lembra a de John Money, pioneiro na história do(a)s transexuais nos Estados Unidos, que recomendava intervenções cirúrgicas precoces porque ele supunha que o sexo era neutro para a criança até os 18 meses[21]. A referência a 18 meses lembra a análise de Lacan do estádio do espelho, este momento em que a criança toma consciência de que sua imagem no espelho define sua identidade subjetiva. A percepção de seu corpo é o resultado da introjeção de uma imagem no espelho ou um esquema inato no cérebro?

Qual é a lógica por trás da ideia de Caitlyn Jenner, a saber, de que uma pessoa pode desenvolver o gênero como se se tratasse de um "aspecto" da personalidade, de um traço até então oculto, adormecido em algum lugar do cérebro? Seu corpo era masculino, mas sua alma e cérebro sempre foram femininos. Referimo-nos aqui à tese de Freud sobre o destino (*Schicksal*) ou a vicissitude do sexo? Não se pode deixar de notar a contradição observada por Elinor Burkett: quando Lawrence H. Summers, então presidente da Universidade de Harvard, declarou que os homens superam as mulheres em matemática e ciências por causa das diferenças de sexo no cérebro, isso causou um grande clamor e ele foi duramente atacado por seu essencialismo sexista. Mas quando a ideia de um cérebro sexuado foi apresentada por Caitlyn Jenner para explicar como ela sabia que era transexual, dizendo "Meu cérebro é muito mais feminino do que masculino", ela foi parabenizada por sua coragem e visão progressista"[22].

Freud evitou o dilema da anatomia como "destino" (sexo), de encontro ao gênero como convenção social. Como vimos, para a psicanálise, o sexo não é natural e não pode ser reduzido a uma

---

[21] Money foi responsável pela primeira clínica que realizou operações de mudança de sexo para bebês intersexuais no Hospital Johns Hopkins, em Baltimore.
[22] BURKETT, E. "What Makes a Woman?". In: *The New York Times*. Disponível em: <https://encr.pw/cvJYR> (Acesso: 03 jun. 2021).

construção discursiva. Permitam-me insistir: para a psicanálise, a diferença sexual não é sexo nem gênero, porque o gênero deve ser encarnado e o sexo deve ser simbolizado. Isso não significa que o gênero é imaginário e que o sexo é simbólico. O problema que se encontra na clínica é sempre da ordem do real, do aspecto inassimilável da sexualidade que não cessa de se escrever. Em um texto de 1915, "Pulsão e destinos das pulsões", Freud separa a sexualidade do destino da genitalidade, do destino do gênero e até mesmo do destino da reprodução.

Como vimos, Freud deixara claro que a pulsão sexual não era determinada pelo gênero. Acima de tudo, no pensamento de Freud, a pulsão tem apenas um objeto: o objetivo da pulsão é a satisfação, uma satisfação que, mesmo quando obtida, nunca é completa. A pulsão, força infatigável, contrariamente a outras funções biológicas, não conhece descanso, pois, como dizia Lacan, ela "não tem dia nem noite, [...] não tem primavera nem outono, [...] não tem subida nem descida. É uma força constante"[23]. A pulsão acarreta uma sexualidade que não pode ser representada no inconsciente. A pulsão não é uma força biológica nem uma construção cultural. Como vimos para o objeto excremental, a pulsão implica um objeto que não está no corpo, mas que dele caiu (o objeto *a*). Ao mesmo tempo, a pulsão delimita uma zona corporal da qual é causa; ela é colocada num lugar liminar, entre o orgânico e o inorgânico.

Somos "impulsados" pela pulsão. Ao contrário do instinto, a pulsão não é funcional; ela não funciona para o benefício do sujeito. Pode até ir contra o seu bem-estar, pois pode ser destrutiva[24]. Lacan estabelece um vínculo entre a pulsão e a morte: "A pulsão, a pulsão parcial, é fundamentalmente pulsão de morte, e representa em si mesma a parte da morte no viver sexuado"[25]. A morte é o motor da vida sexual. A trajetória da pulsão é tendenciosa, sua sequência não comporta outro ponto final além da própria morte.

---

[23]LACAN, Jacques. *O seminário, livro 11: Os quatro conceitos fundamentais da psicanálise*. Trad. M.D. Magno. Rio de Janeiro: Zahar, 1988, p. 157.
[24]LACAN, Jacques. *O seminário, livro 7: A ética da psicanálise*. Trad. Antonio Quinet. Rio de Janeiro: Zahar, 2008, p. 284.
[25]LACAN, Jacques. *O seminário, livro 11: Os quatro conceitos fundamentais da psicanálise*. Trad. M.D. Magno. Rio de Janeiro: Zahar, 1988, p. 195.

Atravessar a fronteira entre os sexos é muitas vezes experimentado como o cruzar um limiar mortal, a passagem de um destino iminente para um renascimento; o que está em jogo é precisamente a travessia de uma fronteira última. O drama de muito(a)s analisando(a)s identificados como transexuais é frequentemente articulado em torno de questões existenciais, pois além do problema de gênero, muitas vezes trata-se de uma questão de vida ou morte.

Jay, que conhecemos antes, me garantiu que, se não tivesse feito a transição, já estaria morto. Essa observação se junta à alarmante taxa de suicídio da comunidade transgênero. Mesmo quando Angelina Jolie optou por se submeter a operações profiláticas para evitar desenvolver câncer de mama e ovários, como vimos, sua decisão foi uma questão de vida ou morte. Após a cirurgia, seu então marido Brad Pitt compartilhou um comentário revelador com os jornalistas. Pitt quase negou a mortalidade de sua esposa, dizendo: "Ela não morrerá"; acrescentando somente após uma pausa: "disso". E até mesmo Caitlyn Jenner tomou a decisão de fazer seu *coming out* como mulher trans ao se referir à morte: "Se eu estivesse deitada no meu leito de morte e tivesse mantido isso em segredo e nunca tivesse feito nada para remediar, estaria deitada dizendo: 'Você acabou de desperdiçar toda a sua vida'"[26]. Vejo nessa irrupção da morte, por um lado, algo que toca o real e, por outro, um limite imposto à plasticidade da libido.

Vários textos de Freud tratam desse assunto, do qual um bom resumo pode ser encontrado em *O vocabulário da psicanálise*, de Laplanche e Pontalis[27]. Freud fala de "*Plastizität*" ou "*freie Beweglichkeit der Libido*" para designar uma mobilidade que se limita a uma intercambialidade de objetos e posições. Em seu artigo dedicado à "plasticidade da libido", Laplanche e Pontalis mostram como essa noção aparece tardiamente em Freud para se opor à de "viscosidade" da libido. A viscosidade da libido complica o tratamento, pois os sintomas permanecem fixos; a plasticidade parece

---

[26]BISSINGER, B. "Caitlyn Jenner: The Full Story". In: *Vanity Fair*. Disponível em: <https://tinyurl.com/ydmcbuha> (Acesso: 03 jun. 2021).
[27]LAPLANCHE, Jean; PONTALIS, Jean-Bertrand. *O vocabulário da psicanálise*. São Paulo: Martins Fontes, 2022.

ajudar na progressão do tratamento psicanalítico porque ela permite a mudança, o que nos traz de volta ao que descrevi como a nova plasticidade do corpo. A plasticidade é mais do que um esforço estético; se há beleza, é porque ela vem da irradiação do desejo que se torna visível, da beleza do ser.

Como escreveu o poeta Wallace Stevens, "a morte é a mãe da beleza". Essa frase frequentemente citada significa que nenhuma obra de arte perfeita consegue satisfazer nosso desejo de uma realidade não contaminada pela mortalidade. Essa ideia serviu de fio condutor para o meu livro, que veio à tona quando percebi que a verdadeira questão das manifestações transgênero era, na maioria das vezes, uma questão de vida ou morte. Trata-se de um ponto importante que não havia percebido totalmente quando publiquei *Please Select Your Gender*. Como muito(a)s psicanalistas lacaniano(a)s, concentrei-me no enigma do sexo e do gênero, deixando de ver com a necessária clareza que a demanda transgênero visava diretamente a fronteira entre a vida e a morte[28].

Contudo, eu tinha todos os elementos em mãos. Tanto Eugen Steinach quanto Harry Benjamin desenvolveram o estudo dos hormônios sexuais como parte de suas pesquisas médicas destinadas a prolongar a vida humana. Eles realizaram inúmeras operações de "rejuvenescimento" em busca da imortalidade. Quando Freud se submeteu a uma "operação de Steinach", sua preocupação imediata foi retardar a progressão de seu câncer de mandíbula, mas, como ele disse em *Além do princípio de prazer*, ele estava ciente de que os cânceres são causados por células que teimosamente se recusam a morrer. Essa teia complexa de hormônios sexuais recém-descobertos, células refratárias e o antigo desejo de vida imortal reaparece na demanda de muito(a)s analisando(a)s que se identificam como trans. O triunfo experimentado em muitos casos, após o processo por vezes extenuante de transição de gênero, pode ser condensado em uma frase: "Eu existo". Essa "existência" parece ter sido dada como supranumerária, um excesso para além da dicotomia entre vida e morte. Tal excesso acaba por encarnar a verdade de seu

---

[28] Agradeço a Geneviève Morel por me indicar este vínculo.

desejo. Permitam-me citar Wallace Stevens novamente: "A morte é a mãe da beleza / Segue-se que somente da morte virá / A satisfação de nossos sonhos e desejos"[29]. Como veremos com o mito de Tirésias, o desejo trans não é um desejo de ir além dos binários do gênero, mas um desejo de transcender os limites da existência mortal.

---

[29] STEVENS, Wallace. "Sunday morning". In: *Harmonium*, tradução nossa.

Coda

Phallus interruptus, ou a lição da serpente

Ao evocar a figura de Tirésias, o mítico homem-mulher que também era clarividente, Lacan fez dele um modelo para todos os psicanalistas. Lacan designava Tirésias como "aquele que deveria ser o padroeiro dos psicanalistas"[1]. Foi em 1963. Em seu seminário sobre a angústia, Lacan se interessa por esse personagem mítico que havia descoberto ao ler e traduzir o poema de T. S. Eliot, *The Waste Land*, durante a Segunda Guerra Mundial.

A lenda, condensada no livro III das *Metamorfoses* de Ovídio, citada em latim por Eliot nas notas de seu poema, diz que Tirésias só se tornou profeta depois de ter mudado de sexo duas vezes. Primeiro, sob a forma de um homem, ele caiu em cima de serpentes copulando e as separou. Os deuses o puniram por interferir no processo natural, transformando-o em mulher. Ele permaneceu mulher durante sete anos, o que lhe permitiu vivenciar diversos aspectos da feminilidade, pois fora até mesmo prostituta, mulher casada e mãe. Sete anos depois, Tirésias viu cobras enredadas da mesma maneira: o feitiço podia ser desfeito repetindo-se; Tirésias voltou a ser homem. Podemos nos perguntar se o discurso da ciência que promete mudanças de sexo rápidas e fáceis para todos não imita o gesto precipitado de Tirésias quando ele intervém nos processos naturais. A contrapartida do mito é que talvez precisemos repetir o procedimento para melhor compreendê-lo. As cobras aparecerão então entrelaçadas em uma vara como no caduceu, a alegoria usual da medicina, curando para além da morte e da sexualidade.

Júpiter perguntara a Tirésias quem tinha mais prazer no sexo entre mulheres e homens. Este último revelou aos deuses o segredo

---

[1]LACAN, Jacques. *O seminário, livro 10: A angústia*. Rio de Janeiro: Zahar, 2005, p. 202.

supremo da sexualidade: as mulheres sentiam nove vezes mais prazer no sexo do que os homens. Furiosa por ter afirmado, ela mesma, que os homens sentiam mais prazer do que as mulheres, Juno puniu a indiscrição cegando Tirésias. Em compensação, Júpiter deu-lhe o dom da profecia. O que Lacan encontrou em Tirésias foi menos um modelo de sexuação baseado na desnaturalização da sexualidade do que na consciência de que aquilo que vale fundamentalmente é o gozo.

Antes de descobrir na obra de Joyce a ideia de um santo homem que seria sintoma e *sinthoma*[2], Lacan tomou emprestada de outro famoso escritor modernista a figura de seu santo padroeiro para a psicanálise:

> (E eu, Tirésias, que já sofrera tudo
> O que nessa cama ou divã fora encenado,
> Eu, que ao pé dos muros de Tebas me sentei
> E caminhei por entre os mortos mais sepultos.)[3]

O Tirésias de Eliot, assim como o da lenda, nos diz inequivocamente que a psicanálise deve aprender mais com a experiência trans, e que esta é a única maneira de avançar para um futuro marcado por todos os tipos de problemas de gênero e transtornos no corpo. Com efeito, se jogarmos com as palavras, podemos ouvir que para que haja transferência, o analista deve encarnar o objeto *a* para o(a) analisante: "analistas que só o são por serem objeto — objeto do analisante"[4]. Em outro contexto, Lacan escreveu: "O analista, não basta que ele suporte a função de Tirésias. É preciso ainda, como diz Apollinaire, que ele tenha mamas"[5].

Tirésias representaria, portanto, para nós, psicanalistas, algo como um vidente, que foi ao mesmo tempo homem e mulher, que

---

[2]Nota da editora: em francês, *sinthome* soa exatamente como *saint homme*, "santo homem", homofonia explorada por Lacan no Seminário 23.
[3]ELIOT, T. S. "A terra desolada". In: *Poesia*. Trad. Ivan Junqueira. Rio de Janeiro: Nova Fronteira, 2006, p. 111.
[4]LACAN, Jacques. *Televisão*. Rio de Janeiro: Zahar, 1993, p. 12.
[5]LACAN, Jacques. *O seminário, livro 11: Os quatro conceitos fundamentais da psicanálise*. Trad. M.D. Magno. Rio de Janeiro: Zahar, 1988, p. 255.

experimentou o que realmente significa a bissexualidade. Aqui, o(a) psicanalista é um ser animado por um desejo de pura diferença, pronto(a) para encarnar a aparência do objeto eternamente faltante. Freud, pode-se dizer, também se referiu a Tirésias quando apresentou o mito de Édipo como a pedra angular da psicanálise. Podemos lembrar que foi Tirésias quem aconselhou Édipo depois que este último descobriu que algo estava errado em Tebas. Freud também assumiu características de Tirésias. Como vimos, enquanto lutava contra o câncer de mandíbula, Freud foi submetido a uma "operação de Steinach", também chamada de "castração" no jargão médico, pois era uma simples vasectomia que, esperava ele, o ajudaria a combater sua doença, lhe daria energia e permitiria que ele se sentisse jovem novamente. Os implantes de gônadas cruzadas de Steinach e suas operações de "rejuvenescimento" (ou "reativação", como Steinach preferia chamá-las) eram baseadas em especulações sobre o processo de envelhecimento; é aqui que todas as práticas e operações de mudança de sexo tardia começaram. Durante a década de 1920, a "operação de Steinach", com sua promessa de eterna juventude, tornou-se extremamente popular, e milhares foram realizadas em todo o mundo. Freud compreendera então que a psicanálise deveria levar a questão sexual para além dos conceitos darwinianos de instinto e evolução; ela deveria ir no sentido da pulsão de morte, na esperança de ir ainda mais longe, além da própria morte.

Ora, na *Odisseia*, Tirésias já está morto. Ele é o profeta cego que vive nas trevas do submundo. Se os ritos forem respeitados, se lhe for oferecido sangue para acordá-lo, ele dirá a Ulisses como chegar em casa. Tirésias encarna a verdade além da vida e da morte. O amigo de Joyce e Eliot, Ezra Pound, apresentou-o em sua própria versão de uma tradução latina posterior de Homero:

> A sheep to Tiresias only, black and a bell-sheep.
> Dark blood
> [...]
> I sat to keep off the impetuous impotent dead,
> Till I should hear Tiresias.[6]

---

[6]POUND, Ezra. *The Cantos of Ezra Pound*. New York, New Directions, 1972, p. 4.

> Um carneiro somente de Tirésias,
> Carneiro negro e com guizos.
> Sangue escuro escoou dentro do fosso
> [...]
> Fiquei para afastar a fúria dos defuntos,
> Até que ouvisse Tirésias.[7]

Se parece estranho hoje, em nosso mundo desencantado, falar em oferecer sangue a fantasmas, essa metáfora nos indica que devemos reviver essas alegorias antigas oferecendo-lhes um pouco de nossa substância viva. Se isso nos permitir superar as ideologias normativas da sexualidade e o medo de invadir as fronteiras da vida e da morte, a jornada terá valido a pena.

---

[7] POUND, Ezra. *Cantos*. Trad. José Lino Grünewald. Rio de Janeiro: Nova Fronteira, 2006, p. 26.